새로운 사회를 위한

경제이야기

이 도서의 국립중앙도서관 출판시도서목록(CIP)은 e-CIP홈페이지(http://www.nl.go.kr/ecip)에서 이용
하실 수 있습니다. (CIP제어번호: CIP2008003221)

새로운 사회를 위한
경제이야기

김수행 지음

한울
아카데미

강의를 시작하며

　먼저 이 책이 나오게 된 경위를 잠깐 이야기하도록 하겠습니다. 나는 2008년 2월을 끝으로 서울대학교 경제학부를 정년퇴임했는데, 고맙게도 성공회대학교에서 나를 사회과학부 석좌교수로 임용해 주었습니다. 석좌교수로서 학기마다 한 강좌씩 강의를 할 수 있었는데, 이미 강의시간표가 확정된 뒤에 임용된 터라 정규강의를 할 수 없었습니다. 그래서 사회과학부와 민주주의와 사회운동연구소가 정규 강의 대신에 대학(원)생, 활동가, 일반 시민을 상대로 하는 공개 강의를 제안해 왔고 이를 받아들여 여덟 번에 걸친 강의를 꾸리게 된 것입니다.

　이 책은 이 공개 강의를 녹음한 자료를 바탕으로 만들어졌습니다. 강의한 내용을 그대로 옮겨놓은 자료는 생각보다 읽기가 어려웠고 중복되는 부분도 많았습니다. 내가 글쓰기보다는 말하기에 능숙하지 못한 탓도 있었고, 런던에서 10년 이상을 살다보니 꼭 맞는 우리말이 금방 떠오르지 않는 경우도 많았기 때문입니다. 또 매주 새로운 청중을 상대로 강의하다 보니 지난 강의에서 말한 것을 반복해서 설명하게 되는 경우도 많았습니다. 그래서 원래의 강의 내용을 수정, 보완하여 일관성 있게 다듬고 문장을 수정해야 했습니다.

그러나 공개 강의의 주된 목적이 마르크스 경제학을 모르는 사람들을 위해 한국경제와 세계경제를 쉽게 설명하는 것이었기 때문에 이 책도 누구라도 어려움 없이 읽을 수 있게 쓰였습니다. 사실 나는 런던 생활에서 말과 글을 쉽게 구사하는 방법을 터득했지요. 내가 1976년부터 1982년까지 런던대학교 버크벡(Birkbeck) 대학에서 마르크스를 공부하던 시절은 한국에서 박정희와 전두환이 무시무시한 군사독재를 펼치던 때였습니다. 걸핏하면 간첩단 사건이나 독서회 사건과 같은 '빨갱이 사건'을 조작해 무고한 사람들을 투옥하고 '사법살인'을 일삼았죠. 나도 이를 직접 경험해본 적이 있기 때문에 런던 한복판에 살면서 전화도 놓지 않고 아내와 아들 셋을 상대로 우리말 연습을 할 수밖에 없었습니다. 특히 심심하거나 외로울 때는 아내를 상대로 마르크스 경제학을 강의했는데, 아내가 이를 전혀 알아듣지 못했죠. 그래서 어떻게 하면 아내를 이해시킬 수 있을까 골몰하다가 말솜씨와 글쓰기 실력이 크게 늘게 된 것입니다.

　이 책에서 나는 지금 우리 사회에서 크게 문제가 되고 있는 정치경제적 현상들 − 빈곤, 실업, 경제위기와 공황, 한미 자유무역협정, 금융공황, 제국주의, 민족주의 등 – 을 '비판적'으로 분석하면서 우리 사회가 나아가야 할 '새로운 사회'의 청사진을 제시하려고 노력했습니다. 특히 이명박 정부가 밀어붙이고 있는 '부자를 위한, 부자에 의한, 부자의 정치'가 우리 사회를 어디로 내몰고 있으며, 이런 사회에 대한 대안은 무엇일까에 초점을 맞추었습니다.

끝으로 이 책이 나오기까지 많은 도움을 주신 성공회대학교의 여러 선생님들께 감사의 마음을 전해야겠습니다. 특히 신영복 선생님은 이 책의 제자(題字)를 써 주셨고, 이재정 선생님은 마지막 강의에서 북한이야기를 해주셨으며, 조희연 선생님과 김진업 선생님은 공개 강의를 제의하고 진행을 도와주셨습니다. 나는 이 책의 인세를 모두 성공회대학교 우이기금(牛耳基金)에 기부하는 것으로 선생님들의 연대에 보답하고자 합니다.

2008년 9월 25일

성공회대 연구실에서

김수행

차례

01

자본주의 경제의 기본구조

오늘부터 매주 여덟 번에 걸쳐 여러분께 할 이야기는 한국경제, 세계경제, 그리고 새로운 사회에 관한 것입니다. 한국경제와 세계경제는 어떻게 움직이는지, 그리고 이를 어떤 시각에서 바라보아야 할지, 또 이러한 사회의 문제점을 극복한 새로운 사회란 어떤 사회인지에 대해 차근차근 이야기해보도록 하겠습니다. 제가 말을 굉장히 쉽게 하는 편이니 모두 편하게 생각하면서 들어주시면 쉽게 이해할 수 있을 것입니다.

오늘 강의에서는 자본주의 경제의 기본 구조에 대해 이야기할 것입니다. 먼저 세계경제에서 시작해 자본주의 경제의 특징을 이야기하고 이윤의 원천인 잉여가치가 무엇인지, 이러한 잉여가치를 증가시키는 방법에는 어떤 것이 있는지, 그리고 잉여가치는 어떻게 분배되는지와 같은 문제를 다뤄보도록 하지요. 강의를 세계경제에 대한 이야기에서 시작하는 것은 자본주의 경제인 한국경제를 이해하려면 무엇보다 세계경제라는 전체 구조를 알아야하기 때문입니다. 세계 전체 안에 한국이 있다는 것이죠. 아시다시피, 외국과 한국은 거래를 많이 합니다. 수출도 많이 하고, 수입도 많이 하고, 외국 자본도 많이 들어오고, 우리가 동남아시아와 중국에 투자도 많이 하기 때문에 세계경제에 대한 윤곽을 잡고 그 속에 한국경제가 있다는 것을 늘 염두에 두시기 바랍니다.

세계경제 | 세계경제에 대해 이야기할 때는 그 구성요소들, 즉 그 안에서 일정한 역할을 담당하는 사람들이나 기구를 먼저 살펴봐야 하는데, 그중에서도 가장 중요한 구성요소는 '국민국가'입니다. 세계경제 안에는 미국, 영국, 한국, 일본, 중국과 같은 여러 나라가 있기 때문에 전체를 알기 전에 먼저 세계가 이런 200개 이상의 국민국가와 국민경제로 나누어져 있다는 것을 고려해야 한다는 것이죠.

우리가 "세계경제는 여러 국민국가로 나누어져 있다"는 사실을 막연히 이해했을 때는 UN이나 IMF 같은 데 여러 회원국이 있고, 그 속에서 한 나라가 한 표를 행사하는 것과 같이 생각하는데, 사실은 결코 그렇지 않습니다. 한 나라가 한 표를 가지는 것이 아니라 큰 나라는 더 큰 힘을 행사하고 있다는 점에 주목해야 합니다.

1997년 12월에 IMF 사태가 일어났을 때를 한번 생각해볼까요? 그때 IMF가 들어와서 재정금융 긴축정책을 실시하라고 해서 시중 이자율이 50%까지 올라갔고, 많은 우리나라 기업과 은행이 퇴출되었습니다. 이에 대해서 사람들은 보통 IMF가 세계경제 전체를 보고 합리적인 판단 하에 이런 조치를 취했다고 생각하는데, 사실은 그렇지 않습니다. 왜냐하면 IMF는 미국이 지배하는 국제기구이기 때문입니다. 세계 대부분의 나라가 IMF에 가입되어 있고 이들 각자가 IMF의 주식을 가지고 있는데, 미국이 전체 IMF 주식의 17%를 가지고 있습니다. IMF도 주식회사이기 때문에 한 나라가 한 표를 행사하는 것이 아니라 주식 한 장이 한 표가 되는 거죠. IMF가 어떤 중요할 결정을 할 때는 총투표권의 85%가 동의해야 하는데, 미국이 총투표권의 17%를 가지고 있기 때문에 IMF의 어떤 주요 결정 사항에 대해서도 미국은 거부권을 행사할 수 있습니다. 그러니까 미국이 IMF를 지배하게 되는 것이지요. IMF라는 것이 세계를 지배하는 엄청나게 큰 국제기구인데, 이 IMF를 미국 정부가 마음대로 요리하고 있으니 미국이 세계를 지배한다고 해

> 미국 정부는 IMF 총투표권의 16.77%를 차지하고 있기 때문에 IMF의 어떤 주요 결정에 대해서도 거부권을 행사할 수 있다.

도 과언이 아닙니다. 이런 식으로 강대국이 국제기구를 지배하고 있기 때문에 국제기구의 결정이라고 하는 것이 사실상 강대국 자신의 이익을 챙기는 것이라는 점을 늘 생각해야 합니다.

　IMF 이외에도 후진국의 개발을 돕는다는 세계은행(IBRD), 세계무역을 원활하게 한다는 세계무역기구(WTO), 그리고 국제연합(UN), 유럽연합(EU), 미국과 캐나다와 멕시코가 만든 북아메리카 자유무역협정(NAFTA) 등이 모두 각 국가 간의 관계를 규정하는 매우 강력한 국제기구입니다. 이 국제기구들이 결정한 사항을 해당 국가가 지키지 않으면 처벌을 받지요. 국제기구들은 마치 한 나라에서 그 나라 정부가 가지고 있는 힘만큼 큰 힘을 전 세계에 행사하고 있기 때문에, 나는 이런 국제기구들을 '국제적인 국가기구'라고 부릅니다. 문제는 이 국제기구들이 강대국들에 의해 지배되고 있다는 점이죠. IMF가 김대중 정부에게 재정금융 긴축정책을 요구한 것은 한국경제의 장래를 격정해서가 아니라 미국 정부, 미국 금융자본가들, 미국 투자자들의 이익을 도모하기 위해서였다고 할 수 있습니다. 한국의 기업과 은행을 자금 부족으로

파산할 수밖에 없는 처지로 몰아넣은 뒤에 미국 투자자들이 값싸게 이를 매입할 수 있도록 IMF가 도와준 것이지요. 늘 듣던 이야기와는 많이 다르지요?

국민경제라고 하면 우리는 보통 다음과 같이 생각합니다. 한국경제, 일본경제, 중국경제, 미국경제가 있는데, 한국경제는 한국에 있는 모든 사람들을 대표한다, 즉 한국에 있는 모든 사람들의 이익을 옹호한다는 식으로 말이죠. 그런데 한국경제에는 사실 재벌도 있고, 노동조합도 있고, 비정규직도 있고, 중소기업도 있습니다. 이해관계가 서로 다른 다양한 집단들이 한국경제 안에 포함되어 있는 것이죠. 그러니까 "한국경제를 위해 무엇을 한다"는 정부나 재벌의 이야기를 들을 때는 "누구를 위해 무엇을 한다고?" 하면서 의심해봐야 합니다.

> 국민경제는 민족주의적인 이익공동체가 아니라 계급 간의 갈등과 투쟁이 지배하는 영역이다. "재벌을 위해 국민이 희생하면 한국경제가 살아난다"는 이야기는 재벌의 배를 부르게 할 뿐이다. 미국의 지배계급과 한국의 지배계급이 연합해 미국과 한국의 피지배계급을 공동으로 수탈할 수 있다. 한미 FTA가 한 예이다.

지금 정부가 한미 FTA를 체결하려고 굉장히 노력하고 있죠? 이에 대해 한번 생각해봅시다. 재벌들은 한미 FTA를 체결해야 한다고 강력하게 주장합니다. 그런데 농민들은 한미 FTA를 체결하면 우린 죽는다고 이야기하지요. 결국 정부가 '한국경제의 발전을 위해서' 한미 FTA를 추진한다는 말은 사실상 거짓말이라고 할 수 있습니다. 한미 FTA 체결로 이익을 보는 사람들, 손해를 보는 사람들, 즉 이해관계가 전혀 다른 사람들이 엄청나게 많다는 말입니다.

그래서 우리는 이런 민족주의적인 이야기, 즉 우리 대한민국 사람들은 단일민족이고 동일한 이해관계를 가지고 있기 때문에 "한국을 위해 그리고 한국경제를 위해 우리의 몸과 마음을 다 바쳐야 한다"는 이야기에 주의해야 합니다. 이는 순진한 사람들을 속이는 말이지요. 어떻게 재벌 총수나 사장의 이익과 노동자의 이익이 같을 수 있겠어요? 우리는 한 나라의 국민들 사이에도 이해관계가 굉장히 첨예하게 대립될 수 있다는 것을 알아야 하고, 한국의 국가이익을 위해 어떻게 해야 한다는 둥의 수사는 사실상 힘 있는 사람들, 즉 기득권자와 지배자들의 이익을 대변하는 이야기라는 점을 항상 생각해야 합니다. 한미 FTA를 체결하면 한국과 미국의 기득권자, 지배자들은 이익을 보겠지만 한국과 미국의 서민들과 저소득층은 오히려 손해를 볼 수 있습니다. 예컨대, 한미 FTA 협정문에는 미국의 투자자가 한국 정부의 정책에 의해 피해를 볼 경우 제3의 분쟁해결기구에 한국 정부를 제소해서 손해를 배상받을 수 있다고 되어 있습니다. 물론 한국의 투자자도 똑같은 경우에 미국 정부에 손해 배상을 청구할 수 있겠지요. 하지만 미국 투자자들이 세계적인 로펌을 이용해 소송에서 승리할 확률이 더 높겠죠. 그럼 어떤 경우에 미국 투자자들이 소송

> 한미 FTA의 대표적인 독소 조항 중 하나인 '투자자 - 국가 소송제'로 인해 한국 정부는 미국 투자자의 이익을 저해하는 정책을 실시하기 어려우며, 결국 자국민보다는 미국 투자자들의 이익을 옹호하는 꼴이 될 것이다.

을 제기할까요? 예를 들어, 한국 정부가 저소득층을 위해 약값을 싸게 한다든가 아파트값을 싸게 하는 경우에 미국의 제약회사나 부동산업자는 자신들이 손해를 본다고 한국 정부를 고발할 것입니다. 이럴 경우 소송에서 지면 엄청난 배상금을 부담하게 되기 때문에 한국 정부는 이를 피하기 위해 처음부터 저소득층을 위한 정책을 실시하지 않을 것입니다. 결국 한국과 미국의 서민이 모두 살기 어려워지는 꼴이 됩니다. 오로지 지금 잘사는 사람들만 더욱 잘 살 수 있는 거죠. 왜냐하면 저소득층이나 서민을 위해 세금을 더 많이 낼 필요가 없어지기 때문입니다. 이런 사태가 더욱 진전되면 한국 사회도 미국 사회와 같이 양극화가 심화되어 빈민촌이 크게 증가하고 권총 강도나 살인, 폭

력, 마약, 매춘 등이 난무하는 무법천지가 될 것입니다.

다음으로 자본의 세계화에 대해 생각해봅시다. 세계화라는 개념은 쉽게 말해서 자본이 세계 각국에서 영리활동을 한다는 말입니다. GM 같은 생산기업은 세계 각지에 진출하여 공장을 짓고 자동차를 만들어 팔 것이고, 월마트나 까르푸 같은 상업자본은 세계 각지에 상점을 열어 상품을 사고팔 것이며, 금융기관도 세계 각국에 지점을 열어 예금을 받고 대출을 할 것이고, 각종 펀드는 각국의 주식이나 증권을 사고팔면서 단기적인 투기이득을 올리려고 할 것입니다. 이런 것이 자본의 세계화이고, 그것을 실제로 추진하는 주체는 우리가 흔히 이야기하는 다국적 기업이라고 보면 되겠습니다.

그런데 우리가 잘못 생각하는 것이 하나 있습니다. 노무현 대통령도 이렇게 잘못 생각했습니다만, 기업의 힘이 이제는 너무나 강해져서 정부가 기업을 통제할 수 없게 되었고, 거꾸로 기업이 정부를 통제한다는 것입니다. 이런 생각은 전혀 터무니없습니다. 기업은 본부를 미국에 두든 한국에 두든 어느 나라에 '등록'을 해야 합니다. 그렇기 때문에 그 나라 정부의 허락을 받아야하고 정부의 통제를 받게 되어 있습니다. 그 나라의 법을 어기면 어느 기업이라도, 심지어 재벌 총수라도 당연히 벌을 받아야 합니다. 기업이 정부를 통제하는 것이 결코 아닙니다. 최근 있었던 삼성 재벌에 대한 특별검사의 수사도 정부가 기업을 감독하고 통제한다는 사실을 알려주는 사건이라고 할 수 있습니다.

각종 자본이 해외로 나가서 마음대로 영업활동을 할 수 있게 된 것은 기업이 정부의 규제를 넘어서서 자유를 누리는 사례처럼 보이지만 사실 정부가 외환관리법을 없앴기 때문에 가능한 일입니다. 영국에서는 마거릿 대처 (Margaret Thatcher: 1925~)가 1979년 10월, 수백 년 동안 있었던 외환관리법을 폐지하면서 영국에 있던 자본(예컨대 퇴직연금기금)이 세계 각국의 주식과 증권을 사고 투자를 할 수 있게 되었습니다. 정부가 규제하면, 자본은 해외로 나갈 수 없습니다. 우리도 마찬가지 아닙니까? 김영삼 대통령이 한국경제의 발전상에 도취되어 1996년에 OECD라는 선진국 클럽에 가입하면서 우리나라의 빗장을 풀었잖아요. 외국 상품과 외국 자본이 한국에 자유롭게 드나들고 한국 사람들도 외국에 자유롭게 송금할 수 있게 된 것입니다. 이런 개방화와 자유화는 정부가 법률에 따라 시행하는 것이기 때문에 자본의 힘이 아무리 세더라도 '유권자들'이 정부에 개방화와 자유화를 서두르지 말고 천천히 하라고 요구하면 정부는 어쩔 수 없이 이를 따를 수밖에 없습니다. 따라서 자본의 힘이 굉장히 커져서 국가가 이를 통제할 수 없게 되었다는 말은 사실이 아니라는 점을 늘 염두에 두시기 바랍니다. "대한민국은 민주공화국이다"라는 구호가 문득 생각나는군요.

자본주의의 역사성 | 지금까지 세계경제를 어떤 관점에서 바라보아야 하는지에 대해서 살펴보았습니다. 그렇다면 이제 일국경제에 대해 이야기해보도록 합시다.

한국이나 미국, 영국과 같이 현재 전 세계의 국민경제 대부분은 자본주의 경제입니다. 현재 자본주의가 아닌 경제로는 쿠바와 북한 정도를 들 수 있겠죠. 이들은 스스로 사회주의라고 주장합니다. 중국은 사회주의라고 이야기하긴 하지만 사실 자본주의입니다. 그리고 아마존 강 상류나 아프리카 오지 같은 곳에 가면 자본주의가 아닌 전혀 다른 경제체제가 있을 수 있겠죠.

그렇다면 자본주의란 무엇일까요? 이는 사실 굉장히 큰 문제입니다. 먼저 그림을 보면서 인류의 경제사에서 자본주의가 어떤 위치에 있는지 살펴보도록 합시다. 이를 살펴보면 자본주의사회도 역사적으로 특수한 단계의 하나

그림 1.1 _ 인류의 경제적 역사

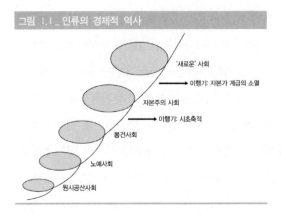

'새로운' 사회

이행기: 자본가 계급의 소멸

자본주의 사회

이행기: 시초축적

봉건사회

노예사회

원시공산사회

일 뿐이라는 것을 알 수 있습니다.

〈그림 1.1〉을 보면 가장 옛날의 사회인 '원시공산사회' 이후에 노예사회, 봉건사회, 자본주의사회가 나타난 것임을 알 수 있습니다. 이 그림은 어떤 사회가 스스로 발전하고 확대되어 가다가 그 안에 여러 가지 문제가 생겨서 다른 사회로 옮겨가는 모습을 보여줍니다. 결국 자본주의사회도 사라지면서 '새로운' 사회가 틀림없이 도래한다는 것이죠. 이 세상에 변하지 않는 것은 하나도 없기 때문입니다. 우리 인간도 그렇죠? 인간도 성장하면서 죽어가고 있잖아요. "나는 살아 있다"와 "나는 죽고 있다"는 완전히 반대되는 이야기 같지만, 사실 우리가 이런 이야기의 주인공이 아닙니까? 사람이 언젠가는 죽는 것과 마찬가지로 사회도 언젠가는 죽어 없어지게 마련이지요.

여기서 인류의 경제적 역사를 '원시공산사회, 노예사회, 봉건사회, 자본주의사회'로 나눈 것은 마르크스의 분류입니다. 물론 세계 모든 나라가 이와 같은 단계를 모두 밟았다거나 밟아야 한다는 뜻은 아니에요. 주류 경제학은 인류의 역사가 이렇게 다양한 사회로 구성된 것이 아니라 처음부터 끝까지 자본주의사회였다고 주장합니다. 이는 인간의 본성이 이기적이라는 가정에

입각해 있기 때문입니다. 인간은 오로지 자기의 이익을 최대로 증가시키려고 노력하는 존재이기 때문에 인간 사회는 자본주의사회일 수밖에 없다는 것이지요. 그런데 봉건사회를 생각해보면 그렇지 않다는 것을 쉽게 알 수 있습니다. 그때 영주들은 농민으로부터 거두어들인 생산물을 가지고 장사를 한 게 아닙니다. 자본주의사회였다면 당연히 장사를 했겠죠? 그런데 영주는 장사해서 돈을 벌려고 하지 않았습니다. 장사한다는 생각이 처음부터 머릿속에 없었거나 장사할 수 있는 상황이 아니었던 거죠. 거두어들인 생산물이 남으면 잔치를 벌이고 이웃 나라의 유명 인사들을 불러다가 강의를 듣거나 사교 활동을 하기는 했지만 돈을 벌 생각은 안 했습니다.

따라서 인류 역사를 생각할 때는 역사가 항상 변화하고 있다는 것을 고려해야 합니다. 이 자본주의사회라는 것도 유구한 인류 역사에 비추어 보면 찰나에 불과하다고 할 수 있습니다. 언제나 변화할 수 있고, 그러면서 다른 사회로 간다는 것이지요. 사실 안 그래요? 이렇게 엉터리 같은 사회가 오래가면 되겠습니까? (웃음) 사회가 변하지 않는다는 생각은 잘사는 사람들에게는 기분 좋은 일이지만, 못사는 사람들에게는 얼마나 절망적인 일이에요? 여기에서 자본주의를 유지하려는 세력과 타도하려는 세력 사이에 투쟁이 일어나게 되고, 이 과정에서 깡패자본주의가 복지자본주의로 변화하다가 자본가 계급의 재산을 모두 사회로 환원한 '새로운 사회'가 나타날 것이라는 이야기입니다.

자본주의
경제의 특징
이제 자본주의가 무엇인지 알아봅시다. 우리나라도 그렇지만 대부분의 나라들이 자본주의사회잖아요. 이 사회들이 가진 공통된 특징 중에서 매우 중요한 특징이 사회가 자본가와 노동자라는 두 개의 큰 집단, 즉 계급으로 나누어져 있다는 것입니다. 여기서 노동자 계급은 자신이 가진 육체적이고 정신적인 힘, 즉 노동력을 팔아야만 살아갈 수 있는 무산대중을 가리킵니다. 이 사람들을 '프롤레타리아'라고도 하는데, 이들은 예나 지금이나 굉장히 살기가 어렵죠. 우리나라 노동자들은 세계에서 가장 긴 노동시간, 가장 낮은 임금, 가장 높은 산업재해율을 견디면서 살아가고 있습니다. 이런 형편없는 직장이라도 없으면 굶어죽을 수밖에 없지요. 그런데 자본가들은 필요할 때 열심히 부려먹다가 쓸모가 없어지면 가차 없이 노동자들을 해고해 버립니다. 노동자 계급은 왜 이렇게 힘들게 살아가야 할까요? 자기가 가진 것이 없기 때문입니다. 자본가 계급은 돈도 있고 공장도 갖고 있기 때문에 일을 안 해도 먹고살 수 있지만 노동자는 그렇지 않은 것이죠.

그렇다면 이런 노동자 계급은 어떻게 생겨나게 되었을까요? 봉건사회에서 자본주의사회로 넘어오는 과정에서 농촌에서 관습적으로 자기 땅을 경작해서 먹고살던 농민들이 자신들의 생활 터전에서 쫓겨났지요. 도시로 쫓겨난 농민들은 가진 게 하나도 없는 완전한 빈털터리가 되었고, 이 때문에 자본가 밑에서 일을 해서 임금을 받아야만 먹고살 수 있는 노동자로 변신할 수밖에 없었던 것입니다.

이렇게 자본가의 처지와 노동자의 처지는 그 기반부터가 완전히 다르며, 자본주의사회는 처음부터 엄청나게 불평등한 사회였다는 점을 아셔야 합니다. 주류 경제학자들은 자본주의사회에서는 모두가 평등하다고 말합니다. 하나님이 매일 아침 모든 사람들의 집 앞에 일용할 양식(만나)을 갖다 준다고 가정하기 때문이죠. 이렇게 하나님이 모든 사람에게 일용할 양식을 평등하게 나눠줬는데, 어떤 사람은 사과보다 감을 좋아하고 어떤 사람은 감보다 사과를 좋아해서 모두가 이득이 되도록 사과와 감을 교환하기 시작한다고 말합니다. 부르주아 경제학에서는 생산도 하지 않고 교환부터 시작하는 것이죠. 이건 완전히 엉터리에요. 이런 주류 경제학의 기본 가정을 깨뜨리기 위해서는 자본주의사회가 처음부터 불평등한 사회라는 것을 인식하는 것이 굉장히 중요합니다. 흔히 주류 경제학자들은 실업자가 왜 생기는가 하고 물으면 주저 없이 그 친구가 일하기 싫어서 직장을 구하지 않기 때문이라고 대답합니다. 참으로 답답한 일이지요. 아무리 일을 하고 싶어도 직장이 없어 일을 할 수 없는 사람들이 멸시당하고 자살을 생각하게 하는 사회가 바로 자본주의사회인데도 말이죠. 기득권자, 부자, 자본가들과 그들의 이데올로기적 대변인들, 예컨대 학자들, 정치가들, 작가들, 기자들, 연예인들은 이 사회가 무너질까봐 온갖 거짓말을 서슴지 않으면서 자본주의사회에 대한 환상을 유포하고 있다는 점을 아셔야 합니다.

자본주의사회의 두 번째 특징은 생산의 목적이 이윤을 획득하는 데 있다는 것입니다. 자본가가 생산을 하는 목적은 이윤을 획득하기 위한 것이지, 인간들의 필요와 욕망을 충족시키기 위한 것이 아닙니다. 우리가 잘 알다시피 기업가들이 몸에 해로운 상품이나 가짜 상품을 진짜인 것처럼 만들어내는 이유도 여기에 있습니다.

공장장이 기계를 도입한다고 생각해봅시다. 기계를 도입하면 기계가 엄청나게 많은 생산물을 짧은 시간 안에 만들어낼 수 있습니다. 사람이 손으로 일할 때는 상품 1,000개를 만들기 위해 한 사람이 10시간 일해야 한다고 가정해봅시다. 그런데 기계가 들어오면 한 사람이 2시간만 일해도 1,000개를 만들 수 있다는 거죠. 그러면 노동자들은 2시간만 일을 하고 나머지 8시간은 공부를 하거나 자기 개발하는 데 쓸 수 있겠죠.

그런데 실제로 자본가들은 기계를 도입한 이후에 노동자들을 해고하고 오히려 노동시간을 10시간 이상으로 늘립니다. 손으로 일할 때는 사람이 힘과 근육을 써서 일을 했는데 이제는 기계가 어려운 일을 다 해주니까 오히려 일을 더 시키는 것입니다. 인간들의 욕구, 노동자들이 자기 자신을 개발하고 싶은 욕망을 무시하고 자본가들이 이윤만 추구하기 때문이죠. 실업자가 증가하는 이유도 마찬가지예요. 지금 100명의 노동자를 고용하고 있는 기업이 있는데, 상품이 잘 안 팔릴 때 100명의 노동자 모두에게 상품을 생산하게 하면 상품이 과잉생산되어 손해를 보게 되잖아요. 그래서 노동자를 해고하게 되는 거죠. 자본가가 이윤을 얻어야 하기 때문에 노동자를 해고해 지옥에 빠뜨리는 사회가 바로 자본주의사회입니다.

그래서 제 이야기는 모두가 이윤 개념, 즉 장사한다는 개념을 버리고 모든 사람들의 필요와 욕망을 충족시켜주는 그런 경제를 만들어가야 한다는 것입니다. "이윤을 증가시키자, 이윤율을 올리는 것이 효율성을 올리는 것이다"라는 사고방식을 버리고, 모든 사람들이 넉넉하게 생활할 수 있도록 노는 시간도 많이 주고, 절대로 실업자를 내지 않는 그런 새로운 경제를 만들어가야 됩니다. 저도 실직을 당해봤습니다만, 사람 꼴이 아니더군요. (웃음) 그건 인격적인 모독을 포함하고 있었어요.

자본주의사회의 세 번째 특징은 거의 모든 재화와 서비스가 상품으로서 매매된다는 것입니다. 자본주의 이전 사회에서 농민가족들은 농촌의 자기 땅이나 산에서 자기들이 필요로 하는 것들을 자급자족하며 살았습니다. 쌀농사도 짓고, 닭도 키우고, 서로 머리를 깎아주기도 했지요. 그런데 농촌에서 땅을 빼앗기고 도시로 밀려나니 자급자족할 수 있는 토대가 없어지게 되었죠. 이렇게 되니 자급자족하던 모든 물건들을 시장에서 돈을 주고 살 수밖에 없게 된 것입니다. 재화와 서비스 대부분이 상품으로 매매되는 사회, 이것이 자본주의입니다.

이제는 컴퓨터 회사도 많고, 자동차 회사도 많고, 출판사도 굉장히 많습니다. 그런데 각각의 생산자는 다른 생산자들이 얼마나 많은 양의 상품을 어떤 가격으로 시장에 내놓을지 알 수가 없습니다. 따라서 각각의 생산자는 내년도 판매량과 판매가격에 대한 예상만으로 상품을 시장에 내놓게 됩니다. 하지만 만약 물가 상승이나 실업률 증가, 공공서비스 요금의 인상 때문에 예상과 달리 컴퓨터 수요가 뚝 떨어진다면 컴퓨터 회사 중 다수는 망해버릴 것입니다. 자본주의와 같은 상품경제나 화폐경제에서는 상품이 얼마나 팔릴 것인지 미리 알 수 없기 때문에 자본가와 노동자 모두 언제나 불확실한 세계에서 불안에 떨며 살 수밖에 없습니다. 스트레스가 쌓이고 각종 암이 생기는 것도 바로 이런 사회에서 살기 때문인 거죠.

> 자본주의사회에서 생산의 목적은 인간들의 욕구를 충족시키는 데 있는 것이 아니라 이윤을 획득하는 데 있다. 또 자본주의사회의 신진대사는 '상품의 교환'을 통해 이루어지며, 상품의 수요를 미리 정확하게 알 수 없기 때문에 불확실성과 불안정성에 사로잡혀 있다.

이런 자본주의 대신 '새로운 사회'를 생각해봅시다. 우리나라 사람들은 컴퓨터 개발이나 사용에 필요한 재능을 많이 가지고 있어서 모든 가정에 컴퓨터가 한두 대씩은 있는 상황입니다. 그래서 전체 경제를 계획적으로 운영하려는 주민단체에서 "당신 가족은 내년에 어떤 재화와 서비스를 얼마만큼 필요로 하십니까?" 하고 컴퓨터로 질문을 한다고 가정해봅시다. 그러면 각 가정에서는 "쌀 두 가마, 1,500cc 자동차 한 대, 휘발유 130리터, 머리 손질 12회, 내과 병원 서비스 5회, 테니스 교습 서비스 10회, 마르크스의 『자본론』 한 질, 포도주 20병, 가사노동서비스 하루 3시간 등"과 같은 형식으로 주민단체에 답신을 보내겠죠. 생각만 해도 기분이 좋아지네요. (웃음) 이렇게 해서 새로운 사회에서는 그 사회가 필요로 하는 재화와 서비스의 수량을 전부 파악할 수 있습니다. 그런데 이 새로운 사회에서는 그 사회의 모든 인적 자원과 물적 자원을 '공동으로' 이용하기로 이미 결정했기 때문에, 주민들이 필요로 하는 재화와 서비스를 그 사회가 동원할 수 있는 인적·물적 자원을 가지고 만들어서 배급할 수 있을 것입니다. 이것이 참여계획경제의 핵심입니다. 자본주의 경제에서 상품이 과잉생산되어 팔리지 않고 결국 그 상품을 만드는 데 들어간 인적·물적 자원이 낭비되는 것에 비하면 매우 효율적인 경제인 것이죠. 주류 경제학은 계획경제에서 낭비가 심하다고 하지만 제가 구상한 계획경제는 자본주의사회에서 나타나는 그런 낭비가 없을 뿐 아니라 스트레스 없이 모두가 행복하게 지낼 수 있는 사회라고 할 수 있습니다.

제가 자꾸 새로운 사회에 관해 이야기하는 이유는 한국의 지배적인 사상을 공격할 필요가 있기 때문입니다. 우리나라는 1945년 해방 이래 미국 사상에 너무 많이 감염되어 있습니다. 그래서 한국의 지배적인 지적 분위기는 어느 이론이나 사상의 옳고 그름을 과학적으로 따지기보다는 오히려 그것이 미국의 사상과 얼마나 차이가 있는지, 자본주의의 유지와 확대에 얼마나 기여하는지, 또 기득권의 이익에 도움이 되는지를 파악하는 데 치중되어 있습니다. 이 기준에 의해 주류 경제학은 최고가 되고 비주류 경제학, 특히 마르크스 경제학은 가르칠 필요가 없는 학문이 되는 것입니다. 서울대학교의 경제학부 교수가 현재 31명인데, 모두가 주류 경제학적 방법을 채택하고 있고, 그중 29명이 미국에서 박사학위를 받은 사람들입니다. 미국의 사상이 한국의 대학뿐 아니라 정부, 국회, 법원, 언론, 종교, 기업 등 모두를 지배하고 있다고 해도 과언이 아니에요. 그런데 미국 사회는 선진국들 중에서도 가장 복지수준이 떨어지는 나라라는 것을 아셔야 합니다. 유럽에 비하면 사회보장제도가 없는 것이나 마찬가지입니다. 그런데도 이 촌놈들이 (웃음) 깡패자본주의에서 배운 것을 그대로 한국에서 실시하려는 겁니다. 정치가들이나 학자들이나 사회보장제도가 좀 더 잘 되어 있는 나라를 보고 어려운 사람들을 어떻게 하면 잘 살 수 있게 할지를 고민해야지 이래서야 되겠어요?

제가 다시 한 번 강조하고 싶은 것은 자본주의사회도 언젠가는 지금과는 다른 새로운 사회로 넘어간다는 것입니다. 하지만 이는 저절로 이루어지는 것이 아닙니다. 우리의 노력이 필요하죠. 새로운 사회에서는 재벌 총수가 기업의 재산을 마치 자신의 사유재산처럼 처분할 수 없도록 해야 합니다. 그렇다고 재벌 총수가 스스로 기업의 재산을 사회에 환원하지도 않겠지요. 따라서 자본주의에서 억압 받는 민중들, 노동자와 농민들, 치유할 수 없는 자본주의의 병폐를 잘 아는 지식인들, 국회의 진보적인 정치인들, 그리고 새로운 사회를 열려는 사회운동가들이 단단히 힘을 모아 '합법적으로' 새로운 사회를 위한 혁명을 일으켜야 할 것입니다. 이것은 굉장히 중요한 이야기입니다. 지금과 같은 사회는 망하고 새로운 세상이 온다는 것, 그리고 우리는 지금 그 새로운 세상을 어떻게 만들어가야 할 것인가를 늘 생각하고 연구해야 하는 것입니다.

이윤의 원천인
잉여가치

자, 이제는 자본가들의 목적인 이윤은 어디에서 나오는가 하는 굉장히 큰 문제를 다루려고 합니다.

자본의 순환을 보여주는 〈그림 1.2〉를 보면서 설명해보죠. 공장장이 100원의 돈을 가지고 컴퓨터 회사를 만든다고 가정해봅시다. 그는 100을 투자하는데, 그중 70을 가지고 컴퓨터를 만드는 기계와 원료를 사고 30을 주고 노동력을 삽니다. 여기서 '노동력'은 노동자가 가지고 있는 정신적·육체적 힘을 말하는데, 이것이 상품이라는 것입니다. 자본주의사회에서 노동자는 노예사회의 노예와 같은 존재가 아니기 때문에 '노동자'가 그 자체로 상품이라고 말할 수는 없습니다. 자기가 싫으면 이 기업에서 일하다가 다른 기업으로

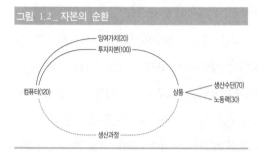

그림 1.2 _ 자본의 순환

잉여가치(20)
투자자본(100)
컴퓨터(120)
상품
생산수단(70)
노동력(30)
생산과정

갈 수도 있잖아요. 즉, 노동자는 노예가 아니라 자유로운 사람입니다. 이러한 자유로운 노동자가 자본가에게 파는 것은 자신의 인격이나 몸이 아니라 일하는 힘, 즉 노동력입니다. "노동자가 일한다, 노동한다"는 이야기는 정치경제학적으로 정확히 표현하면 "노동자가 자기의 노동력이라는 힘을 지출한다, 또는 사용한다"가 되겠지요. 나중에 보면 알겠지만, 마르크스는 이처럼 노동력과 노동을 구별함으로써 이전의 어떤 경제학자도 풀지 못한 '이윤의 원천'이라는 수수께끼를 해명할 수 있게 됩니다.

여기서 30원을 주고 노동력을 구매했다는 것은 몇십 명이 되었든 몇백 명이 되었든 노동자를 고용하는 데 지출한 돈이 30원이라는 뜻입니다. 이렇게 해서 생산과정에서 노동자로 하여금 기계를 사용해 원료를 가공하도록 함으로써 컴퓨터라는 상품을 만들어냅니다. 그리고 이것이 120원에 팔리니까 20원이 더 들어온 것이죠. 이것을 일단 '잉여가치'라고 합시다(나중에 '이윤'이라는 개념이 또 나오는데, 여기서는 먼저 잉여가치라고 해둡시다). 그러면 그 20은 어디서 나왔느냐 하는 것이 문제가 되겠죠? 이 잉여가치 20이 무엇이냐 하는 것을 가지고 마르크스가 몇 년 동안 연구를 한 겁니다. 마르크스가 이 20원의 출처에 대한 기존의 연구를 모두 읽고 분석한 결과는 지금 『잉여가치학설사』라는 세 권의 책으로 출판되어 있습니다. 하지만 마르크스가 직접 교정을 보면서 출판한 책이 아니라 1861년부터 1863년까지 그가 100여명의 경제학자들의 책을 읽고 분석한 애초의 원고를 그대로 모아둔 것입니다. 1867년에 출판된 『자본론』 제1권을 위한 준비가 바로 『잉여가치학설사』인 것이지요. 어쨌든 마르크스는 선배나 동료 경제학자들이 이 20원의 출처를 전혀 해명하지 못했다고 판단하고 자신의 이론을 만들어낸 것입니다. 주류 경제학에서도 잉여가치 20원이 어디서 나왔는지를 제대로 설명한 경제학 책이 하나도 없어요. 주류 경제학은 그렇게 잘난 척을 하지만 (웃음) 이론적으로도 실천적으로도 '텅 빈 상자'일 뿐이에요.

　　마르크스는 잉여가치가 어디에서 나오는가 하는 매우 큰 문제를 몇 개의 작은 문제로 나누어서 설명을 시작합니다. 먼저 상품을 사고파는 과정에서 잉여가치가 생기는지에 대해서 해명해보죠. 대부분의 경제학자들은 상품을 값싸게 사서 비싸게 팔아 이윤을 얻는다고 말하는데, 이것은 잉여가치의 발생을 설명할 수 없다고 마르크스는 말합니다. 상품을 팔 때 상품의 원래 가격에다 20원을 더 붙여 팔았다 하더라도 구매자가 20원의 손해를 보기 때문에 사회 전체적으로는 20원의 잉여가치가 생기지 않는다는 것이죠. 다시 말해 상품을 사고파는 과정에서는 잉여가치가 생기지 않는다는 것입니다. 그렇기 때문에 우리가 앞에서 이야기한 대로 잉여가치가 20원이 생겼다면 이는 상품의 판매과정에서 생긴 것이 아니며, 컴퓨터의 원래 가격이 120원이었다는 결론이 나옵니다. 120원짜리 상품을 팔아 120원의 화폐를 얻었다고 이야기할 수밖에 없는 것이지요. 이는 노름의 원리를 생각해보면 이해가 갈 겁니다. 밤새도록 노름을 해봐야 새로운 것은 하나도 생기지 않아요. 그저 돈이 왔다 갔다 할 뿐이죠. 물론 나중에 보면 딴 돈과 잃은 돈이 안 맞기는 합니다만. (웃음) 그러니까 사회 전체적으로 본다면 물건을 사고파는 것에서는 잉여가치가 발생하지 않습니다.

그래서 결국 문제가 되는 것이 컴퓨터 가격 120원입니다. 자본가가 실제로 투자한 돈은 기계나 원료를 사는 데 든 돈 70원과 노동력을 사는 데 든 돈 30원이잖아요? 100원을 투자했는데 120원짜리 컴퓨터가 생긴 것이죠. 결국 이 차이인 잉여가치 20원은 생산과정에서 생겼다고 밖에는 볼 수 없습니다. 70원짜리 기계와 원료, 그리고 30원짜리 노동력이 생산과정에서 어떤 변화를 일으켜서 컴퓨터 값을 120원이 되게 만들었는가 하는 문제가 등장하는 것입니다. 이것이 '잉여가치' 또는 '이윤의 발생'이라는 수수께끼의 핵심이에요.

자본가는 생산과정에서 노동자가 기계를 사용해 원료를 가공하도록 함으로써 새로운 상품인 컴퓨터를 만들게 합니다. 그런데 기계는 컴퓨터를 만드는 과정에서 다 낡아빠져 못쓰게 되지요? 그리고 원료도 컴퓨터를 만드는 과정에서 형체를 알아볼 수 없을 지경으로 변해버리잖아요? 즉, 기계는 마멸되고, 원료는 변형됩니다. 물론 원료는 금방 사라지고 기계는 좀 더 오래간다는 차이는 있지만 기계나 원료가 모두 한 달이면 한 달, 일 년이면 일 년 같은 시간에 사라져버린다고 가정해봅시다. 문제는 기계나 원료는 상품의 가격에 얼마나 기여할 것인가 하는 것이겠죠? 120원짜리 컴퓨터가 생산됐을 때, 자본가가 기계나 원료에 투자한 돈 70원은 컴퓨터 가격 120원에 얼마만큼 기여했을까 하는 것이죠. 결론적으로 말하면, 기계나 원료는 자기의 값 70원만큼 컴퓨터의 값 120원에 보탠 것이라고 볼 수밖에 없습니다. 컴퓨터 회사가 구매했던 값 70원을 새로운 상품인 컴퓨터로 '이전'할 뿐입니다. 70원인 기계와 원료가 컴퓨터로 모습을 바꿔 70원을 기여했을 뿐이라고 볼 수 있는 것이죠.

그다음에 나오는 것이 노동력을 사는 데 든 돈 30원입니다. 컴퓨터의 가격이 120원인데, 지금 기계와 원료가 기여한 것은 70원이니까 나머지 50원은 이 노동력으로부터 나온 것일 수밖에 없겠죠? 다시 말해 자본가가 노동자에게 일을 시키는 과정에서 노동자가 새로운 가치 50원을 상품에 추가해야 한다는 것입니다. 그런데 한번 잘 생각해보세요. 먼저 자본가는 노동자에게 임금으로 30원을 주었잖아요. 그럼 노동자는 30원을 가지고 무엇을 했겠어요? 자기 집에 가서 가족들과 함께 모두 써버리겠죠? 쌀도 사고, 옷도 사 입고, 애들 학교 보내고, 병원에도 가고, 온갖 의식주생활을 이 돈으로 해결했을 것입니다. 30원을 다 써버리고, 그다음 날에 공장에 나와 컴퓨터 만드는 일을 하는 거예요. 일을 한다는 게 노동한다는 것 아닙니까? "노동이 새로운 가치를 창조한다"는 말이 여기에서 핵심입니다. 얼마를 받았든 임금으로 받은 것은 모두 자기와 가족을 재생산하는 데 다 써버리고, 그다음 날 다시 일을 시작해서 새로운 가치 50원을 창조해서 컴퓨터에 추가한다는 말입니다. 이것이 30원짜리 노동력이 컴퓨터의 가격에 50원을 추가하는 방법입니다.

여러분, 아무 일도 안 하고 놀면 뭐가 창조됩니까? 일을 해야 뭔가가 생기겠죠. "노동이 새로운 가치를 창조한다"는 것이 노동가치론의 핵심입니다. 결국 노동자는 30원의 임금을 받고, 노동하는 과정에서 50원의 새로운 가치(부가가치)를 창조해 컴퓨터에 추가하는 셈이 됩니다. 컴퓨터의 가격이 120원이 된 것은, 기계와 원료가 컴퓨터에 이전한 70원의 가치와 노동자가 노동과정에서 '창조'한 50원의 새로운 가치를 합한 것이라고 할 수 있습니다.

결국 노동자가 30원을 임금으로 받고 50원을 창조해 컴퓨터의 값에다 추가했기 때문에 자본가가 20원의 잉여가치를 얻는 것입니다. 다시 말해 노동자는 50원의 새로운 가치를 창조해 그중 30원은 자기의 임금으로 받고 나머지 20원은 자본가에게 공짜로 바친 것이지요. 결국 잉여가치 20원은 노동자가 창조한 것이지만, 자본가가 컴퓨터 공장의 주인이라는 이유로 이 20원을 독차지하는 것이죠. 이와 같이 자본가가 아무 일도 안 하고 20원을 가져가는 것을 가리켜 "자본가가 노동자를 착취한다"고 말합니다.

내가 노동자의 노동이 잉여가치(또는 이윤)를 창조하니까 "자본가는 마치 흡혈귀처럼 노동자의 노동을 흡수함으로써만 활기를 띠게 되고, 노동자의 노동을 많이 흡수할수록 점점 더 활기를 띠게 된다"고 신문에다 썼더니 어느 자본가 단체의 부회장이 "서울대 교수가 굉장히 야비한 이야기를 한다"면서 잔뜩 화를 내더군요. (웃음) 하지만 이론적으로 보든 현실적으로 보든 사실이 그런 것을 어쩌겠어요? (웃음) 10분만 쉬었다 합시다.

다시 시작할까요? 쉬는 시간에 여러분이 질문을 많이 했는데, 질문시간은 강의 마지막에 20분쯤 시간을 내서 따로 받도록 하겠습니다. 그때 자유롭게 질문해주시기 바랍니다.

지금까지 우리는 잉여가치가 어떻게 생산되는지에 대해 살펴보았습니다. 노동자가 임금 30원을 받고는 50원어치의 가치를 생산과정에서 창조해서 그것을 컴퓨터의 가격에 추가한다고 했지요. 이렇게 되면 노동자는 30원을 임금으로 받고 20원을 공짜로 자본가에게 준 것이 됩니다. 이를 두고 주류 경제학은 이렇게 이야기합니다. "어, 노동자는 바보네. 자기가 50원을 생산했으면 당연히 50원을 받아야지, 왜 30원밖에 못 받느냐" 이렇게 말을 하지요. 실제로 50원 모두를 노동자가 가져가버리면, 이윤이 0이 되기 때문에 자본주의는 망하게 됩니다. 이 주류 경제학자들이 자본주의를 망하게 하려고 그런다고요. (웃음) 주류 경제학자들의 이런 이야기는 자본주의가 뭔지 모르고 하는

이윤의 원천인 잉여가치

컴퓨터의 가격 120원 = 70원(이전에 있었던 가치) + 50원(새로 창조한 가치)

= 생산수단의 가격 70원 + (임금 30원 + 20원)

= 100원의 원금 + 잉여가치 20원

잉여가치 20원 = 노동자가 노동을 통해 새로 창조한 가치 50원 - 임금 30원

말이지요.

처음에 이야기했듯이 자본주의사회의 노동자는 자본가 밑에서 일을 해서 임금을 받지 못하면 굶어 죽습니다. 굉장히 처절하고 비참하지만 현실이 그렇죠. 그래서 마르크스는 노동자를 '임금 노예'라고 불렀어요. 우리가 흔히 하는 말로 하면 "목구멍이 포도청"이라는 거죠. 지금 한번 보세요. 실업자가 자살하는 일이 많은데, 왜 그러겠어요? 먹고살 수가 없어서 그렇잖아요? 자본주의사회는 처음부터 그런 불평등한 사회입니다. 따라서 노동자는 30원만 받고 20원을 자본가에게 공짜로 주더라도 일을 할 수밖에 없습니다. 문제를 이렇게 봐야 하는데 주류 경제학은 자본주의사회가 굉장히 평등한 사회인 것처럼, 즉 모두가 먹고살 재산[최초의 부존자원(initial endowment)이라고 이야기하지요]이 있는 것처럼 가정하니까 노동자를 바보로 치부하게 되는 것입니다. 그리고 만약 자본가가 20원의 이윤을 얻을 수 없다면 왜 사업을 하겠어요? 이윤이 목적인 자본가가 이윤이 남지 않는다면 사업을 할 리 없겠죠.

그리고 또 주류 경제학은 이렇게 이야기합니다. "최초의 투자자본 100원을 자본가가 저축하느라 얼마나 수고를 했느냐. 먹을 것 안 먹고 입을 것 안 입고 100원을 저축하느라고 절약하고 절제한 것에 대한 보상이 20원이다!" 말은 좀 그럴듯한 것 같죠? (웃음) 그래, 좋다, 자본가가 배를 곯으면서 100원을 저축해 투자를 했고, 그것에 대한 보상이 20원이라고 하자. 하지만 이 20원이 어디에서 나왔는지를 설명해야겠죠? "20원은 절제에 대한 보상이다. 그런데 그 20원이 어디서 나왔는지는 모르겠다!" 이렇게 말하면 좀 웃기는 이야기 아니겠어요? 나도 보상을 해주고 싶은데, (웃음) 이 20원이 어디서 발생하는지는 알아야 하지 않겠느냐고요.

사실상 주류 경제학에는 이 잉여가치(또는 이윤)의 발생에 대한 이론이 없습니다. 이윤이 어디서 나오는지 전혀 모른다고요. 1970년대에 이윤이 무엇인지에 관해 미국의 케임브리지와 영국의 케임브리지 사이에 논쟁이 붙었어요. 이것을 '자본논쟁'이라고 합니다. 미국의 하버드 대학과 MIT가 있는 동네 이름이 '케임브리지'인데, 미국 케임브리지 교수들이 "자본을 한 단위 증가시킬 때 생기는 생산물이 이윤이다"라고 하자 영국 케임브리지 교수들이 "자본가가 투자한 자본총액에는 여러 가지 기계와 원료가 포함되어 있는데, '자본을 한 단위 증가시킨다'는 말이 무엇을 가리키는가?"라고 질문했지요. 미국 교수들은 "기계와 원료의 '가격총액'을 1달러 증가시키는 것을 의미한다"라고 대답했지요. 그랬더니 영국 교수들이 "기계와 원료의 가격에는 이미 이윤이 포함되어 있기 때문에 당신들은 이윤으로 이윤을 설명하는 순환 논리에 빠져 있다"고 비판했어요. 그렇잖아요? "자본을 한 단위 증가시킨다"는 말에 이미 이윤이 포함되어 있는데, 이것으로 이윤을 설명한다는 것이 말이 안 되지요. 기차가 무엇인가를 설명하라고 했더니 기차를 가지고 설명하는 것과 똑같은 잘못을 범한 거예요. 결국 미국 케임브리지의 최고 경제학 권위자요, 노벨 경제학상을 받은 새뮤얼슨(Paul A. Samuelson: 1915~) 교수가 나서서 "우리가 잘못했다" 하면서 손을 들었지요. (웃음) "우리는 이윤이 어디서 발생하는지 모르겠다" 한 것이죠. 부르주아 경제학의 실상이 이런데도 주류 경제학자들이 잘난 체하는 것을 보면 참으로 역겨운 생각이 들지 않나요?

잉여가치를 증대시키는 방법 | 이제 잉여가치를 어떻게 증가시키는가에 대한 문제가 제기됩니다. 더 많은 잉여가치 또는 이윤을 얻는 것이 자본가의 목적이기 때문에 이 문제는 당연히 나오게 되어 있지요. 우리는 사실 자본가가 이윤을 증가시키는 방법을 아주 잘 알고 있어요. 자본가는 늘 노동시간을 연장하면서 일을 많이 하라고 노동자들을 윽박지르잖아요. 그

다음에는 새로운 기계를 도입해서 노동생산성을 올린다고 법석을 떨지요. 이런 방법들이 위에서 말한 잉여가치와 어떤 관련이 있는지 살펴보도록 합시다.

아까 이야기했듯이, 자본가가 얻는 잉여가치 20원은 노동자가 창조한 가치 50원에서 임금 30원을 뺀 것과 같습니다. 그런데 이런 상황이 노동자 한 사람이 하루 동안 노동하는 과정에서 일어난 일이라고 가정해봅시다. 또 노동자가 하루에 10시간을 노동한다고 가정해봅시다. 이렇게 되면 노동자는 10시간 동안에 50원의 가치를 창조하는 것이고 한 시간에는 5원의 가치를 창조하는 셈이지요. 따라서 노동자는 6시간 노동에서 자기가 받는 임금 30원을 창조하고, 나머지 4시간 동안 자본가를 위해 잉여가치 20원을 창조하게 되는 것입니다. 여기에서 우리는 노동자가 자

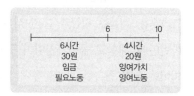

기의 임금을 창조하는 노동시간을 '필요노동(시간)'이라고 부르고, 자본가의 잉여가치를 창조하는 노동시간을 '잉여노동(시간)'이라고 부릅시다.

만약 이전처럼 임금으로 30원을 주면서 하루 노동시간을 10시간에서 12시간으로 연장하면, 필요노동시간은 여전히 6시간인데 잉여노동시간은 4시간에서 6시간으로 증가할 것이고 잉여가치는 20원에서 30원으로 증가하겠지요? 이렇게 하루의 노동시간을 연장할수록 잉여가치가 증가하기 때문에 자본가는 자꾸 노동시간을 연장하게 되는 것입니다.

기계가 잘 발달하지 않은 단계에서는 노동시간을 자꾸 연장해서 자본가가 더 큰 이윤을 벌었습니다. 이는 박정희 시절 노동자들을 보면 잘 알 수 있어요. 1960, 70년대 박정희 정권 밑에서 경제발전이

잉여가치를 증가시키는 방법 1 _ 노동시간 연장

진행된 것은 사실이지만 당시 우리나라 노동자들은 세계 최저의 임금수준, 세계 최장의 노동시간, 세계 최대의 산업재해를 견뎌야 했다는 사실을 기억해야 합니다. 그 당시 주요 산업은 섬유산업과 가발산업 정도였고, 기계화는 거의 되어 있지 않았기 때문에 농촌에서 갓 올라온 젊은 여성들이 '수출역군'으로 엄청난 희생을 했지요. 그리고 이 모든 희생으로 창조한 잉여가치를 박정희 일당과 재벌이 독차지했다는 것도 기억해야 합니다. 그런데 최근에 오니까 박정희도 '영웅'이고 삼성 재벌 이병철도 '영웅'이고 현대 재벌 정주영도 '영웅'으로 취급하더군요. 사실은 모두가 진짜 깡패라고 봐야 옳은데 말이죠. (웃음) 이들은 지금과 같은 '깡패자본주의'를 만든 원흉들입니다. 내가 61학번인데, 대학교 들어가자마자 쿠데타가 일어났기 때문에 박정희 체제에서 일어난 온갖 참혹한 사건들을 직접 경험한 사람입니다. 박정희 체제에 대해서는 다음에 다시 이야기하겠지만, "역대 대통령 중에서 박정희가 최고다"라는 이야기는 제발 하지 마세요. (웃음)

이 방법은 1850년대 영국에서도 마찬가지였죠. 『자본론』 제1권 제10장의 제목이 노동일(working day)인데, 하루 노동시간인 노동일을 둘러싸고 영국의 노동자와 자본가가 어떻게 싸웠는지에 대한 이야기가 적혀 있어요. 그것을 읽어보면 100년 이상이 흐른 시점에 나온 조영래 교수의 『전태일 평전』과 그 내용이 똑같아요. 100년이 지나도록 자본주의의 본성이 전혀 변하지 않은 거죠. 자본주의를 타도하든지 변혁하지 않으면 자본주의는 계속 노동자의 노동시간을 연장하면서 노동자를 착취한다는 것입니다. 이런 자본주의를 가만두어서야 되겠어요?

어느 정도까지는 노동시간을 연장해서 잉여가치를 증가시킬 수 있지만 이는 한계가 있습니다. 하루의 노동시간을 자꾸 연장시키는 것이 오히려 잉여가치를 증가시키는 데 도움이 되지 않는 경우가 생기는 거죠. 여러분도 밤을

참조 1.1 _ 『**자본론**』**읽기**

『자본론』을 읽을 때는 제일 먼저 제1권 제10장 '노동일'을 읽는 것이 좋습니다. 『자본론』 제1권은 마르크스가 직접 교정을 보면서 완성시켰기 때문에 가장 완성도가 높습니다. 제2권과 제3권은 엥겔스가 남아 있는 마르크스의 원고를 편집해서 출판한 것이기 때문에 정리가 잘 되어 있지 않고 읽기도 어렵지요. 모두들 "『자본론』 읽어라" 하면 제1권 제1편부터 읽기 시작하는데, 제1편 '상품과 화폐'는 『자본론』에서 가장 어려운 부분이에요. 그러니까 몇 페이지 못 읽고 손을 딱 든다고. (웃음) 그러면서 한다는 소리가 "이것이 어떻게 노동자 계급의 성경이 되었을까" 이러지요. (웃음) 그렇게 읽는 게 아니에요. 제일 쉬운 것부터 읽어야죠. 10장이 '노동일'인데, 영국에서 노동일을 둘러싸고 자본가 계급과 노동자 계급이 투쟁한 역사를 재미있게 서술하고 있어요. 이것을 읽으면 자본가 계급이 무척 나쁜 친구들이라는 것을 금방 알 수 있습니다. (웃음) 그다음에 읽어야 할 것이 제1권 제8편 '이른바 시초축적'인데, 이것도 봉건사회에서 어떻게 자본주의가 탄생했는지에 관한 역사적 이야기예요. 특히 일부 사람들이 어떻게 재산을 모아 자본가가 되었는가, 그리고 무일푼의 자유로운 노동자가 어떻게 대규모로 탄생했는가를 설명하고 있지요. 아까 말한 것처럼 자본주의는 탄생부터 매우 불평등한 사회라는 것을 우리에게 알려주는 것이죠. 이 정도로 자본주의가 무엇인가를 알고 난 뒤 제1편 '상품과 화폐'를 읽으면 흥미진진하게 읽을 수 있을 것입니다.

새우면서 공부해본 적이 있죠? 그저께 4시간만 자면서 공부하고, 어제도 4시간만 잤다면 오늘은 힘들어서 아무 일도 못하잖아요? (웃음) 노동자도 하루에 너무 긴 시간 일을 하면 며칠 못 가서 뻗어버린다고요. 이렇게 되면 자본가는 엄청난 손해를 보겠죠. 물론 일자리를 구하는 노동자가 많은 경우에는 짧은 기간 안에 가능한 한 많은 노동을 짜내려고 인정사정 보지 않겠지요. 미국 남부의 목화밭에서는 흑인 노예를 5년쯤 무자비하게 부려먹고 죽게 하는 것이 유행이던 때가 있었어요. 왜냐하면 아프리카에서 수많은 젊은 노예를 값싸게 데려올 수 있었기 때문이죠. 우리나라에서도 1960년대 이른바 경제개발을 시작할 때는 농촌에서 수많은 노동자들을 값싸게 구할 수가 있었기 때문에 공장에서 하루에 18시간 이상 일을 시켰고, 노동자들이 아프다고 못 나오면 가차없이 해고해버리고, 농촌에서 올라온 새로운 사람들을 고용했잖아요.

그런데 노동자들이 이렇게 저임금으로 장시간 노동하다보니 너무나 살기가 힘들어 노동시간을 단축하라고 반항하기 시작했어요. 이 반항을 총칼로 막은 것이 바로 박정희 독재지요. 걸핏하면 노동운동하는 노동자들을 빨갱이로 몰아 고문하고 감옥에 넣었죠. 박정희의 독재가 없었다면 재벌이 지금처럼 거대한 부를 축적할 수 없었을 것이고, 새로운 산업을 건설할 재산도 모으지 못했을 것입니다. 그렇기 때문에 박정희가 독재를 하지 않았어도 경제개발이 가능했다고 이야기하는 것은 역사적인 사실과는 전혀 맞지 않습니다. 어쨌든 이렇게 해서 박정희 독재가 노동자들의 저항을 막아내긴 했지만 농촌의 과잉인구가 조금씩 줄어들자 노동시간을 너무 길게 했다가는 노동자들이 모두 죽어 없어질지도 모른다는 걱정이 들기 시작합니다. 그래서 정부가 노동법을 제정하여 노동시간을 단축하려고 했던 것입니다.

이제 하루에 10시간 이상 일을 시키지 못한다는 법률이 제정되었다고 가정해봅시다. 그러면 이런 상황에서는 잉여가치를 어떻게 증가시킬 수 있을까요? 지금 우리는 노동자 한 사람에게 하루에 30원의 임금을 준다고 가정하고 있습니다. 이는 30원으로 노동자가 자기의 가족과 함께 의식주생활과 문화생활을 충분히 할 수 있고, 그다음 날에도 정상적으로 공장에 나와서 일을 할 수 있다고 가정하는 것과 같습니다. 이 30원이 민주노총이 발표하는 하루 '최저생계비'라고 생각하면 됩니다.

문제를 쉽게 이해하기 위해 하루 임금 30원을 라면 개수로 환산해보도록 하죠. 라면 한 개의 값이 0.1원이라면, 임금 30원은 라면 300개로 환산될 수 있겠죠. 즉, 노동자와 가족이 하루를 살아가는 데 라면 300개가 필요하다는 것입니다. 라면 300개를 가지고 집을 짓고, 옷을 만들어 입고, 학교에 등록금을 내며, 먹고 산다고 가정하는 거지요. 하루의 '실질임금'이 라면 300개라는 겁니다. 이렇게 해서 '하루 임금 30원=라면 1개 0.1원×300개=필요노동시간 6시간'이 되는 것입니다. 하루 노동시간이 10시간이니까 잉여노동시간은 4시간이고요.

이 상황에서 어떻게 잉여노동시간을 증가시킬 수 있는가가 자본가의 고민이겠죠. 하루의 노동시간이 10시간으로 제한되어 있으니까 잉여노동시간을 증가시키려면 필요노동시간을 줄이는 방법밖에 없습니다. 그런데 노동자의 실질임금인 라면 300개를 150개로 줄일 수는 없잖아요. 노동자가 하루에 라면 300개를 받지 못하면 그다음 날 일을 제대로 할 수 없으니까요. 여기서 해결책은 라면 300개를 줄이는 것이 아니라 라면 1개의 값을 0.05원으로 떨어뜨리는 것입니다. 이렇게 되면 하루의 임금수준은 15원(=라면 1개 0.05원×300개)이 되고, (노동자가 1시간에 5원의 가치를 창조하기 때문에) 노동자의 필요노동시간은 3시간으로 줄어들며, 잉여노동

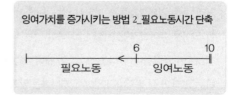

잉여가치를 증가시키는 방법 2_필요노동시간 단축

참조 1.2 _ 애덤 스미스의 『국부론』과 '보이지 않는 손'

주류 경제학에서는 인간들이 모두 개인주의적이고 이기주의적이기 때문에 개인들에게 자기의 사적 이익을 추구하도록 내버려두면 혁신이 훨씬 더 잘 될 것이고, 사회도 더욱 훌륭한 사회가 될 것이라고 주장합니다. 그리고 이렇게 모든 결정을 개인에게 맡기고 정부가 개입하지 않는다면 국부(wealth of nation), 즉 나라의 부가 증가한다 하지요. 이렇게 말한 장본인이 바로 애덤 스미스(Adam Smith: 1723~1790)입니다. 그는 주류 경제학의 원조인 동시에 마르크스 경제학의 원조로, 『자본론』에서 가장 많이 인용된 책도 바로 스미스의 『국부론』입니다.

우선 그는 경제문제를 시장에 맡기라고 주장했다는 점에서 주류 경제학의 원조라고 할 수 있습니다. 『국부론』이 나왔던 1776년은 미국이 영국과 독립전쟁을 하던 때이고, 1789년에는 프랑스 대혁명이 일어났지요. 그 당시에는 절대주의 왕정에 대한 원성이 굉장하던 시절이었어요. 왕정이 "금을 많이 가진 나라가 부자 나라"라고 생각해 엄격한 수출 장려책과 수입 규제책을 실시했지요. 그런데 스미스는 이런 정책이 특정 부류의 상인과 제조업자의 이익을 증대시킬 뿐 국민 모두의 부, 즉 국부를 증대시키지는 않는다고 비판합니다. 따라서 정부는 국가 이익을 명목으로 사실은 일부 기득권자들의 이익을 증대시키는 중상주의 정책을 버리고, 모든 기업에게 자유롭게 자기의 이익을 추구할 수 있도록 '자유방임'하라고 외친 것입니다.

이 대목에서 그 유명한 '보이지 않는 손(invisible hand)'이 등장합니다. "모든 기업이 자기의 이익을 추구할 때 '보이지 않는 손'에 이끌려 사회 전체의 이익도 증가한다"고 한 거죠. 주류 경제학자들은 '보이지 않는 손'에 시장이나 가격 메커니즘 등의 온갖 중요한 의미를 부여하지만, 사실 1,200쪽이 넘는 『국부론』 전체에서 '보이지 않는 손'은 '딱!' 한 번 등장합니다. 나는 스미스가 개별 기업들의 이익과 사회 전체의 이익을 연결하는 '고리'가 잘 생각나지 않아서 '지나가는 말'로 이 문구를 집어넣었다고 생각해요.

나중에 제1차 세계대전이 끝난 뒤 영국 경제가 주요 산업의 파산과 대규모 실업에 허덕일 때, 케인스(John Maynard Keynes: 1883~1946)도 정부의 경제 개입을 주장하면서 애덤 스미스의 '보이지 않는 손'은 과학적인 용어가 아니라 '중얼거린 것'에 불과하다고 평가절하했죠. 어쨌든 "개별 기업의 이익이 사회 전체의 이익이 된다"는 스미스의 주장은 일부 상인과 제조업자의 이익을 옹호하던 절대주의 왕정의 중상주의 정책을 비판하는 성격을 가진 것이라고 이해해야 합니다. 이 주장을 일반화시켜 지금도 타당하다고 주장하면 말이 안 되겠죠. 예컨대 공장 주인이 자기 굴뚝에서 연기를 막 뿜어대면 자기에게는 이익이지만 사회 전체는 엄청난 공해에 시달리잖아요?

주류 경제학의 원조인 『국부론』이 마르크스 경제학의 원조가 될 수 있는 이유는 여기서 처음으로 '노동'의 중요성과 '노동가치설'을 강조했기 때문입니다. 절대주의 왕정은 국부가 금과 은으로 구성되며, 금과 은을 많이 가진 나라가 부유한 나라라고 생각했어요. 그런데 스미스는 16~17세기 스페인과 포르투갈의 예를 들면서 이를 비판합니다. 당시에 금과 은을 가장 많이 가진 나라는 라틴 아메리카에서 원주민을 죽이고 금은을 훔쳐온 스페인과 포르투갈이었는데, 이들은 이후에 쇠퇴 일로를 걷게 됩니다. 금과 은이 늘어나 화폐가 증가하면서 물가가 상승했기 때문이죠. 스페인과 포르투갈 국민들은 자기 나라 물건 값이 너무 비싸니까 외국 상품을 수입하기 시작했고, 결국 그 나라 산업이 모두 몰락하게 됩니다. 그래서 스미스는 국부는 금과 은이 아니라 그 나라 국민들이 소비할 수 있는 생활필수품과 편의품으로 구성되며, 국부를 증가시키기 위해서는 노동하는 사람이 많아야 된다고 주장합니다. 여기서 노동이라는 개념이 경제학의 전면에 등장한 것입니다. 또 이 노동 개념에 의거해서 노동가치설을 주장했는데, 마르크스는 이를 명확하게 정리해 자기 경제학의 기본원리로 발전시켰지요. 내가 번역한 『국부론』에 마르크스와 스미스의 차이를 설명해두었으니 참조해 보세요.

시간은 7시간(=10시간−3시간)으로 증가하고, (하루 10시간에 노동자가 50원의 가치를 창조하는데, 그중 15원을 임금으로 받아가기 때문에) 잉여가치는 35원으로 증가하겠죠. 결국 하루 노동시간을 연장할 수 없는 상황에서 자본가가 잉여가치(또는 이윤)를 증가시키는 방법은 노동자들이 생활필수품으로 구매하는 재화와 서비스의 값을 낮추는 길밖에 없다는 것입니다. 이 생활필수품을 흔히들 '임금재(wage goods)'라고 부르는데, 앞에서는 라면이 임금재를 대표한 것이지요.

그러면 어떻게 라면 한 개의 값을 0.1원에서 0.05원으로 떨어뜨릴 수 있을까요? 라면 한 개의 값을 구성하는 요소들을 한번 알아봅시다. 라면을 만드는 데 필요한 기계와 원료(밀가루, 기름, 고춧가루 등)의 가격이 라면 값에 들어갈 것이고, 노동자에 대한 임금과 자본가가 얻는 이윤을 라면 값에 넣겠지요? 그렇다면 라면 한 개의 값을 어떻게 저하시킬 수 있을까요? 첫째는 라면 공장이 필요로 하는 기계와 원료의 값이 뚝 떨어지면 됩니다. 기계 부문과 원료 부문에서 '혁신(innovation)'이 일어나 기계와 원료의 가격이 떨어져야 하는 거죠. 여기서 혁신은 새로운 생산방법과 새로운 상품을 도입하고, 새로운 시장과 새로운 원료 공급원을 개척하며, 산업조직이나 노사관계를 재편하는 것을 가리킵니다. 둘째는 라면 공장 자체에서 혁신이 일어나 노동생산성이 향상됨으로써 라면 한 개의 값을 떨어뜨리면 됩니다.

결국 하루의 노동시간이 제한되어 있는 상황에서 자본가가 잉여가치를 증가시키려고 한다면 혁신을 일으켜야 한다는 말입니다. 자본주의에서 생산의 목적이 더 많은 이윤을 획득하는 데 있는 한 혁신에 대한 욕구는 항상 존재하는 것이죠. "자본주의에서는 혁신이 계속 일어나지 않을 수 없다"고 최초로 말한 사람이 바로 마르크스였어요. 여러분이 읽어봤는지 모르겠지만, 마르크스가 서른 살이 되던 해인 1848년에 엥겔스와 함께 쓴 『공산당 선언』이라는 것이 있지요. 당시 마르크스와 엥겔스가 가입한 단체는 '공산당'이 아니라 '공산주의자 연맹'이었기 때문에 책 이름은 오히려 '공산주의자 연맹의 선언'이라고 말해야 옳습니다. 하여튼 이 100쪽도 되지 않는 '선언'의 전반부는 자본주의를 엄청나게 찬양하고 있어요. 자본주의가 노예사회나 봉건사회와는 달리 온갖 새로운 상품을 생산하고 생산능력을 크게 증대시킴으로써 인간들에게 새로운 상상력과 욕망을 주는 동시에 그것을 충족시킬 수 있는 수단까지 제공했다는 것이지요. 물론 여기까지가 자본주의에 대한 칭찬이고, (웃음) 그다음 부분은 그렇게 잘 살 수 있는 조건이 다 갖추어져 있는데도 왜 노동자나 서민들은 과로사, 실업, 기아, 자살에 허덕이게 되느냐를 분석하고 있죠. 그러면서 자본가의 이윤 추구욕이 사회를 지옥으로 만들고 있기 때문에 자본주의를 타도해야 한다고 말합니다. 그리고 이를 위해서 "만국의 노동자여! 단결하라"라고 외친 것이지요.

그런데 이런 이야기에는 자본가들끼리 경쟁한다는 사실이 빠져 있습니다. 다시 말해 지금까지 우리는 한쪽에는 자본가 집단이 있고, 다른 한쪽에는 노동자 집단이 있다, 그리고 자본가 집단이 노동자 집단을 착취한다는 단순화된 상황을 가정하고 자본주의를 설명해본 것이죠. 이런 연구 방식을 '자본 일반'에 관한 연구라고 말합니다. 그렇지만 우리가 늘 보는 것은 자본가들끼리 서로 더 큰 이윤을 얻으려고 경쟁하는 것이잖아요? 따라서 자본가들끼리 경쟁하는데도 어떻게 자본가 계급 전체(자본 일반)의 잉여가치가 증가할 수 있는가를 설명할 필요가 있습니다.

자본가들 사이의 경쟁은 무엇보다도 상품을 값싸게 만들어내는 경쟁입니다. 예컨대 반도체 한 개의 '시장가격'이 70원이라고 합시다. 그러면 자본가들은 어떻게든 반도체를 70원 이하로 만들어 시장에서는 70원에 팔려고 경쟁하게 됩니다. 그래서 최초로 혁신을 도입한 자본가는 반도체를 50원에 만들어 시장가격 70원에 판매함으로써 20원의 '초과이윤'(특별잉여가치)을 얻을 수 있는 것이죠. 다시 말해 자본가들끼리의 경쟁은 이 초과이윤을 얻으려는 경쟁이라고 할 수 있습니다. 그런데 여타 자본가들도 경쟁에서 지지 않으려고 동일한 혁신을 도입하게 되면, 모든 자본가는 50원에 반도체를 만들게 될 것이고 이제 반도체의 시장가격은 50원으로 내려가겠지요. 이처럼 반도체의 시장가격이 70원에서 50원으로 내려가면 반도체를 생산하는 자본가들이 손해를 보겠죠? 그런데 여타 산업 부문에서도 경쟁이 일어나서 각 부문의 상품 가격이 반도체 부문처럼 내려간다면, 라면을 포함한 노동자들의 생필품 가격도 내려가고, 결국 임금수준이 30원에서 15원으로 내려가 잉여가치가 20원에서 35원으로 증가하게 됩니다. 따라서 자본가들이 경쟁을 통해 자기 상품의 가격을 시장가격 이하로 낮추어 초과이윤을 얻는 과정에서 임금수준이 저하되기 때문에 자본가 계급 전체는 더 큰 잉여가치를 얻게 되는 겁니다.

잉여가치의 분배 이제 마지막으로 위에서 말한 잉여가치 20원이 어떤 식으로 분배되는지에 대해 이야기해봅시다.

만약 컴퓨터 생산업자(산업자본가)가 처음 투자한 돈 100원이 자기 돈이 아니라 은행에서 빌려온 돈이라면, 컴퓨터 생산업자는 잉여가치 20원 중에서 일부를 은행에 '이자'로 지불해야 할 것입니다. 둘째로 컴퓨터 생산업자가 스스로 직판장을 만들어 소비자에게 직접 판매하지 않고, 상인(상업자본가)에게 컴퓨터를 넘겨 상인이 이를 판매했다면, 컴퓨터 생산업자는 잉여가치 중 일부를 상인에게 '상업이윤'으로 분배해야 합니다. 예컨대 컴퓨터 생산업자가 116원에 판 컴퓨터를 상인이 최종 소비자에게 120원에 팔아서 4원의 상업이윤을 챙기는 겁니다. 셋째로 컴퓨터 생산업자가 토지 소유자로부터 땅을 빌

렸거나 정부에 세금을 내야 한다면, '지대'와 '세금'을 잉여가치에서 지불해야 할 것입니다. 결국 컴퓨터 생산업자가 노동자로부터 착취한 잉여가치 20원 중에서 이자, 상업이윤, 지대, 세금 등을 빼고 남는 것이 컴퓨터 생산업자의 '기업이윤'이 되는 것입니

다. 그런데 이 컴퓨터 공장이 주식회사인 경우에는 기업이윤 중 일부를 '배당'으로 주주에게 분배하고, 그 나머지를 '사내유보'로 가지고 있다가 기업 확장과 같은 곳에 사용하게 됩니다.

처음에는 노동자가 창조한 가치(부가가치) 50원을 노동자와 산업자본가가 임금과 잉여가치로 나누어 가지는 것이 분배문제였지요. 예컨대 임금이 30원일 때는 잉여가치가 20원이고, 임금이 15원일 때는 잉여가치가 35원이 되는 것입니다. 그런데 분배문제는 여기서 더 나아가 산업자본가가 노동자를 착취해 얻은 잉여가치가 이자, 상업이윤, 지대, 세금, 기업이윤(그리고 배당과 사내유보)의 형태로 은행자본가, 상업자본가, 토지소유자, 정부, 산업자본가 사이에 나누어지는 것으로 확대됩니다. 따라서 산업자본가들이 사내유보가 적어 투자를 할 수 없다고 불평할 때, 이 불평을 해소하는 방법에는 임금을 인하하는 방법만 있는 것이 아니라 이자, 상업이윤, 지대, 세금, 배당을 낮추는 방법도 있다는 것을 알아야 합니다. 그래서 산업자본가는 잉여가치의 분배를 둘러싸고 상업자본가, 은행자본가, 토지소유자, 정부, 주주 등과 갈등을 겪는 것입니다. 예를 들어, 공장에서 백화점에다가 상품을 팔아달라고 납품을 하잖아요. 그러면 백화점에 있는 상인들이 상품 값을 더 많이 할인하라고 야단이겠죠. 이게 바로 상업자본가(상업이윤)와 산업자본가(기업이윤) 사이의 싸움

입니다. 또 은행은 산업자본가한테 더 높은 이자를 받으려 하고, 산업자본가들은 더 낮은 이자를 내려고 서로 갈등을 일으키지요. 그래서 실제로 지배계급 안에서도 각 분파들 사이에 갈등과 대립이 생기는 겁니다. 그런데 이 지배계급 분파들은 모두 자기의 수입을 노동자로부터 착취한 잉여가치에서 얻기 때문에 노동자를 더 많이 착취하는 것이 자기들의 수입을 증가시키는 길입니다. 따라서 노동자 계급에 대해서는 하나의 세력으로 뭉치게 됩니다. 울산에서 파업이 일어나면, 산업자본가뿐 아니라 은행자본가, 상인, 지주, 주주, 정부, 그리고 보수언론들까지 모두 들고 일어나서 노동자들은 죽일 놈이라고 하는 것도 바로 이런 이유에서 그러는 겁니다. (웃음)

이제 자본주의 세상에서 노동자로 살아가는 길이 얼마나 모질고 어려운 길인지 아시겠죠? 자본주의가 타도의 대상으로 좀 더 분명해졌기를 바랍니다. (웃음)

자본이 잉여가치를 늘리는 가장 원시적인 방법으로 잉여노동 시간을 연장하는 방법이 있는데, 그럴 경우에 노동자의 수명이 단축되기 때문에 요즘 발달한 나라에서 그런 무식한 방법은 거의 사용되지 않습니다. 그리고 두 번째 방법은 법정 노동시간 안에서 필요노동 시간을 줄이고 잉여노동 시간을 증가시키는 방법이 있잖아요. 『자본론』에 보면, 임금을 지급하는 방법 중에 시간급제, 성과급제가 있는데, 우리나라에서는 특히 1997년 외환위기 이후에 연봉제다 뭐다 해서 성과급제로 가는 경향이 있습니다. 이 성과급제―『자본론』에서 Piece-Rate라고 하나요? ― 를 도입할 경우에는, 어떤 강압적인 노무가 일어나지 않고도 노동자들이 스스로 노동통제를 하기 때문에 노동통제에 필요한 비용이 줄어들게 됩니다. 또 테일러가 그랬듯이 처음에는 일 많이 하면 임금도 많이 주는 것처럼 하다가 나중에 성과급제가 정착되면 작업기준량을 높여서 거기에 도달하지 못했을 때 임금을 적게 주는 방법을 쓰기도 합니다. 교수님! 오늘날 성과급제의 확대가 잉여가치의 분배에 어떤 기여를 하는지 구체적인 과정을 알고 싶습니다.

답변 난 잘 모르겠습니다. (웃음) 각 기업의 임금관리체계를 잘 알아야 하는데 내가 지금 그것에 대해서 잘 모르기 때문에 구체적으로 대답해 드릴 수는 없을 것 같습니다. 그런데 지금 말씀하신 것 중에서 Piece-Rate라는 것은 노동자에게 생산물 한 단위당 얼마의 보수를 주는 것을 의미합니다. 예컨대 노동자가 가족과 함께 살아가기 위해서는 하루에 30원이 필요하다고 가정하고, 공장의 표준적인 노동자가 하루에 300개의 생산물을 생산한다면, 생산물 한 단위당 보수인 Piece-Rate는 '30원÷300개=0.1원'이 되겠지요. 다시 말해 자본가가 1개당 0.1원씩 주니까 300개를 만들면 하루에 30원을 벌 수 있고, 30원을 벌면 노동자가 가족과 함께 살아갈 수 있게 된다는 말입니다. 그래서 일단 모든 노동자는 자본가가 감독하지 않더라도 하루에 300개의 흠 없는 생산물을 만들려고 노력하게 되지요. 이것이 바로 하루의 작업기준량이 됩니다. 그런데 노동자들이 1개당 0.1원을 준다고 하니까 하루의 보수를 증가시키기 위해 더욱 열심히 일하겠죠. 그러면서 하루의 평균 생산량이 600개가 되는 경우가 나타납니다. 이렇게 되면 노동자는 60원(=0.1원×600개)을 받아 이전보다는 생활이 좀 나아져야겠죠? 하지만 자본가는 노동자에게 30원을 주더라도 노동자의 생활급이 된다는 것을 알기 때문에 하루의 작업기준량을 600개로 증가시키면서 생산물 1개당 보수를 0.1원이 아니라 0.05원으로 인하합니다. 생산량 1개당 0.1원을 주겠다고 하면서 노동자들 사이에 경쟁을 시켜놓고, 노동자의 하루 평균 생산량이 600개로 증가하니까 1개당 보수를 낮춰 600개를 기준량으로 만드는 전략이 자본가가 이윤을 증가시키는 방법 중 하나입니다. 이렇게 되면 노동자의 노동강도는 크게 강화되기 때문에 하루에 30원으로는 살 수 없게 됩니다. 물론 여기서 1개당 보수를 0.05원까지 인하하지 않더라도 자본가는 이전보다 더욱 큰 이윤을 얻을 수 있겠지요.

질문 교수님께서 주류 경제학에 대한 비판을 많이 하셨기 때문에 드리는 질문인데요, 마르크스 저작이 지금의 경제문제 모두를 설명할 수 있는지 궁금합니다. 그리고 지금 주류 경제학이 설명하지 못하는 부분은 어떤 것이 있는지도 궁금해요.

답변 매우 큰 질문이라 전체를 이야기하려면 한 학기는 걸리겠어요. (웃음) 여기서는 주류 경제학과 마르크스 경제학이 방법론적으로 어떻게 다른가에 대해서만 이야기하도록 하겠습니다. 주류 경제학은 방법론적 개인주의 (methodological individualism)를 채택하고 있는데, 이는 개인의 본성이나 성향으로부터 출발해서 사회 전체의 성격은 개인의 본성이나 성향을 합한 것이라고 말합니다. 그러니까 이런 틀에서 개인과 사회는 다를 수가 없지요. 그런데 개인의 본성이나 성향을 어떻게 알 수 있겠어요? 그래서 외딴 섬에 살고 있는 로빈슨 크루소는 어떻게 생활했다는 이야기를 자꾸 하게 되는 겁니다. 그런데 로빈슨 크루소는 스코틀랜드에서 살던 대니얼 디포(Daniel Defoe)가 1719년에 쓴 소설의 주인공으로 그 당시 사회와 무관한 인물이 아니에요. 다시 말해 '순수한 개인'을 찾아내 그 개인의 합계가 사회라고 이야기해야 하는데, 순수한 개인은 없다는 겁니다. 모든 개인은 태어날 때부터 사회의 영향을 받기 때문이지요. 그래서 주류 경제학에서는 '경제인'이라는 허수아비를 만들어 놓고, 자기들이 좋아하는 모든 속성을 이 허수아비에 주입해서 '순수한 개인'이라고 속이는 겁니다. 미시경제학에서 무차별곡선을 그리면서 "개인은 다른 사람의 영향을 받지 않는다"고 가정하는 것도 바로 그런 엉터리 이야기지요.

이에 반해 마르크스 경제학은 실제 자본주의를 분석합니다. 자본주의에서 생산의 목적은 이윤이고, 이윤은 노동자를 착취해야 나온다는 사실은 너무나 쉽고 분명한 이치지요. 이런 자본주의의 특질이 자본가와 노동자의 의식과 행동을 규제하게 되는 것입니다. 만약 자본가가 이윤을 얻어 사업을 확장하려 하지 않고 노동자에게 월급을 많이 주면서 자선사업을 한다면, 그는 경쟁에서 밀려나 공장 문을 닫아야 합니다. 자본가가 이윤을 증가시켜야 한다는 것은 (자본가) 개인의 본성이나 성향과는 아무 상관이 없습니다. 이는 자본주의라는 사회가 자본가라는 개인에게 부과하는 강제인 거죠. 또 노동자가 노동운동을 하는 것도 그가 원래 욕심이 많기 때문이 아니라 자본가가 자꾸 노동시간을 연장하고, 노동강도를 강화하며, 임금수준을 삭감하려고 하니까 자신을 보호하기 위해 그러는 것이지요. 따라서 자본가가 어떻게 하면 노동자를 더욱 착취할까 하고 매일 나쁜 짓만 생각하는 상황이나 노동자가 어떻게 하면 일을 적게 하면서 더 많은 임금을 받을까를 고민하는 상황을 없애 버리려면 자본주의를 타도하면 된다는 겁니다. (웃음) "노동해방이 인간해방"이라는 말이 뜻하는 바가 바로 이것입니다.

질문 노동만이 가치를 창조한다는 말은 노동력이 가장 많이 투입되어야 가장 많은 이윤이 창출된다는 것인데, 기계를 투입해서 이윤을 창출한다는 것과 좀 모순되지 않나요? 그리고 현실적으로도 이윤을 많이 창출하는 기업일수록 신형 기계 장비 같은 것들을 훨씬 많이 투입하고 있잖아요. 이것은 노동가치설과 모순되는 것 아닌가요? 질문할 것이 굉장히 많은데 하나만 더 할게요. (웃음) 교수님께서 마지막에도 말씀하셨듯이, 노동자들에게 (임금을) 많이 주게 되면 자본가들이 먹고살기 힘들잖아요. 현재 자본주의사회에서 잘 나가는 기업들, 굉장히 오랫동안 지속적으로 성장하는 기업들을 보면, 직원들에 대한 대우나 혜택이 굉장히 잘 되어 있습니다. 또 그런 기업들이 장기적으로 계속 성장하고 많은 이윤을 창출하지요. 예를 들어, 독일에서는 직원들에게 비서도 붙여주고, 식당도 있고, 사무실에 각종 요리기구와 놀이기구가 설치되어 있어서 자유롭게 일할 수 있게 하는데도 가장 많은 이윤을 창출하고 있거든요. 이것도 말씀하신 것과 좀 배치되는 것이 아닐까요?

답변 모두 맞는 말이에요. 그러나 자본 전체 또는 자본 일반의 관점에서 보는가, 아니면 개별 기업의 차원에서 보는가에 따라 달라질 수 있지요. 내가 앞에서도 이야기했는데, 반도체 한 개의 시장가격이 70원일 때 새로운 기계를 도입한 기업이 50원에 반도체를 생산해서 이를 70원에 판다면 20원의 '초과이윤'을 얻을 수 있어요. 다시 말해 새로운 기계를 도입하면 이윤이 더욱 증가해서 노동자에게 좀 더 높은 임금을 줄 수도 있고, 각종 복지시설도 할 수 있겠지요. 그리고 자동화를 도입하지 않은 기업이 70원에 파는 상품을 자동화를 도입해 10원에 생산해낸다면, 60원이라는 거대한 규모의 '초과이윤'을 얻을 수 있습니다.

그런데 이제 모든 기업이 자동화를 했다고 생각해봐요. 그러면 자동화로 인해 실업자가 된 노동자도 많을 것이고, 따라서 상품을 구매할 소득도 줄어들겠죠. 상품이 팔리지 않게 되는 거예요. 이윤을 얻을 수 없게 되어 자본주의가 망하게 되는 것이지요. 지금의 기술 혁신은 자꾸 자본주의를 망하게 하는 방향으로 나아가고 있다고 생각해요. 이런 상황에서는 모든 상품에 이윤을 붙여 파는 것이 아니라 필요한 사람에게는 공짜로 주는 것이 원칙이 될 수밖에 없을 것입니다. 지금도 정보통신(IT)산업의 정보상품은 돈을 받고 팔기가 너무나 어려워서 그냥 공짜로 해야 한다는 주장이 많이 나오고 있지요.

질문 상품 생산 과정이 완전히 자동화되어 노동력이 투입되지 않는다면 거기서 창출된 가치는 어떤 가치가 있는 것입니까?

답변 상품의 가치는 '기계의 감가상각액 + 원료비 + 임금 + 잉여가치'로 구성되지만, 모든 기업들이 완전히 자동화하여 상품이 대량 생산되는데도 팔리지 않는다면, 상품은 가치와 사용가치를 모두 잃게 됩니다. 이렇게 상품이 팔리지 않으면 그 상품에 든 모든 자본은 그냥 낭비된 것이지요. 기업가는 망할 수밖에 없는 거죠. 이런 상황에서는 자본주의가 지탱될 수 없습니다.

질문 잉여가치가 노동자가 새롭게 창출한 가치라고 하셨는데, 잉여가치 전부를 노동자가 새롭게 창출한 가치라고 한다면 자본가의 노력은 반영되지 않은 것 아닌가요?

답변 주식회사가 발달하면 소유와 경영이 구분되지요. 경영을 하는 사람은 월급쟁이 사장이고, 자본을 소유한 사람은 주주라고 하잖아요. 우리가 분명히 구분을 안 했는데, 주주는 가만히 주식만 가지고 있으면서 배당을 받는 사람이에요. 그런데 월급쟁이 사장은 일을 하기 때문에 월급, 즉 임금을 받는다고요. 그렇기 때문에 월급쟁이 사장은 개념적으로는 노동자라고 분류할 수밖에 없지요. 하지만 소유와 경영이 분명히 분리되지 않아 소유자가 경영도 한다면, 그 사람이 받는 보수는 임금의 성격도 있고 배당(잉여가치)의 성격도 있겠죠. 그런데 이건희 씨가 1년에 엄청난 규모의 보수를 받는데, 그 보수가 그 사람의 경영능력이나 판단능력, 자금동원능력 때문이라고 말하면 모두가 웃을 겁니다. 나는 기업 전체를 운영하기 위해 오케스트라의 지휘자와 같은 뛰어난 지휘 능력을 발휘하는 사람은 그것에 합당한 임금을 받아야 하고, 이 사람은 잉여가치를 창출한다고 봅니다. 그러나 기업에 출자만 하는 주주는 잉여가치를 창조하지는 않는다는 것이지요.

질문 무일푼의 자유로운 노동자라는 개념은 요즘과는 맞지 않는 것 같습니다. 요즘 노동자는 펀드를 들더라고요. (웃음) 펀드에 든다는 것은 주식을 가지고 있다는 뜻인데, 그런 노동자들을 어떻게 설명할 수 있는지 궁금합니다.

답변 만약 펀드에 가입하거나 주식을 가지고 있으면서 노동력을 팔지 않을 수 있다면 노동자가 아니고 자본가겠지요. (웃음) 그러나 대부분의 노동자 투기꾼들은 떼돈을 벌려고 하다가 모든 저축을 빼앗기는 무식한 투기꾼이에요. 매일 주가 변동에 신경 쓰면 언제 새로운 사회를 기획하겠어요? 이런 노동자들이 많아지면 노동운동도 제대로 못하고 평생 자본가의 억압에 눌려 살 수밖에 없겠죠.

참고문헌

김수행. 2008. 『알기 쉬운 정치경제학』(제2개정판). 서울대학교 출판부.

김수행. 2008. 『자본론의 현대적 해석』(제2개정판). 서울대학교 출판부.

스미스, 애덤(Adam Smith). 2007. 『국부론』(개역판). 김수행 옮김. 비봉출판사.

O2

경제의 금융화

몇 가지
기본 개념들 │ 최근 유가증권시장도 많이 발달하고 주식과 국채,
회사채 등 채권을 사고파는 기관이나 개인들도 많아

졌지요? 이건 우리나라만의 현상이 아니라 전 세계적인 현상입니다. 특히
1980년 ─ 흔히 우리가 '신자유주의'가 시작되었다고 하는 해이지요 ─ 이후에 주
식시장, 채권시장, 각종 펀드 등이 크게 발달했어요. 오늘 내가 이야기하고
싶은 것은, 이런 식으로 주식이나 채권이나 펀드에 개인이나 기관투자가(은
행, 신탁회사, 보험회사, 증권회사 등)가 투기하는 것이 우리나라 경제뿐만 아니
라 세계경제에서 어떤 의미를 가지고 있느냐 하는 것입니다. 즉, 그렇게 했을
때 "경제가 성장해서 실업이 줄어들고 복지제도가 확충될 것인가"에 대해 논
의해보고자 합니다.

미리 결론부터 말하자면, 노름하다가 집안 망치는 것처럼 주식과 채권

같은 데 투기하다가는 개인도 망하고, 금융기관이나 펀드도 망하고, 일국경제나 세계경제도 망하게 됩니다. 이른바 '금융활동'은 누구에게 대출을 해주거나 채권(국가가 발행한 국채나 회사가 발행한 회사채)이나 주식을 매매하는 것과 같은 활동을 가리킵니다. 최근에 제1차산품(석유와 같은 광산물이나 곡물과 같은 농산물)에 투기하면서 자기 자본을 증식시키는 활동도 이에 해당합니다. 이는 산업자본가가 공장을 지어 노동자를 고용하고, 이를 통해 상품을 생산하여 이윤을 냄으로써 자기가 투자한 돈을 증식시키는 것과는 전혀 다릅니다. 이렇게 대부하거나 채권, 주식, 석유나 곡물을 구매하는 데 투자한 돈을 우리는 '금융적 자본(financial capital)'이라 부릅시다. 보통 신문이나 잡지에서는 '금융자본'이라고 이야기하지만, 내가 금융적 자본이라고 이야기하는 데는 이유가 있습니다. 마르크스주의자 중에 힐퍼딩(Rudolf Hilferding: 1877~1941)이라는 오스트리아 사람이 있는데, 이 사람이 1910년에 『금융자본(Das Finanzkapital)』이라는 책을 썼어요. 이 책에서 금융자본은 산업을 지배하는 독점자본과 은행을 지배하는 독점자본이 서로 결합해 만들어진 거대한 독점자본을 가리킵니다. 이런 형태의 금융자본은 19세기 말~20세기 초에 독일에서 발달한 '최고형태의 독점자본'이지요. 제2차 세계대전 이전의 일본 재벌이나 현재의 한국 재벌이 이런 금융자본에 해당합니다. 우리나라 재벌은 거대한 자동차회사, 반도체회사, 조선회사뿐만 아니라 보험회사, 증권회사, 투자신탁회사 등도 가지고 있잖아요. 최근 이명박 정부 아래서 재벌은 더욱 독점적인 권리를 행사하기 위해 금융과 산업을 분리하는 법규(금산분리법)를 폐기하고, 일반은행까지 소유하려 하고 있습니다. 어쨌든 금융자본은 독일, 일본, 한국에서 특히 발달했고, (다른 나라에서는 크게 두각을 나타내지 않았기 때문에, 이 개념이 크게 알려지지는 않았지만) 우리는 마르크스주의를 연구하는 사람이니까 금융자본하면 금방 힐퍼딩이 떠오른다고요. 그래서 '금융자본'이라는 용어 대신에 '금융적 자본'이라는 용어를 쓰도록 하겠습니다.

　이 금융적 자본이란 것이 어떤 성질을 가지고 있는지 한번 볼까요? 예컨대 100억 원을 연간 이자율 5%로 대부하면 1년 뒤에 105억 원을 돌려받습니다. 또 (액면가격과 시가가 동일하다고 보면) 어느 회사의 주식을 100억 원어치 구매하면, 배당률이 10%라고 할 때 1년 뒤에 '배당'(=액면가격×10%)으로 10억 원을 받을 것이고, 만약 주식 가격이 120억 원으로 상승한 경우에는 이 주식을 팔아 '자본이득'으로 20억 원을 추가로 얻을 수 있습니다. 이처럼 금융적 자본가는 자본의 증식에 사실상 아무런 기여를 하지 않는데도 돈을 챙겨가는 거죠. 상품을 만드는 것도 아니고 상품을 사서 파는 것도 아니고 가만히 앉아 놀면서 돈을 버는 겁니다. 그래서 흔히들 금융적 자본가를 금리생활자(rentier)라 부르지요. 금리생활자라 할 때는 보통 고리대금업자만을 생각하지만 요새는 그 범위가 확대되어 주식, 채권, 석유, 곡물 등의 투기로 이득을 얻는 개인과 기관을 모두 금리생활자로 분류합니다.

　요즘 우리는 경제가 금융화(financialisation)되었다는 이야기를 많이 듣는데, 이는 경제활동 중에서 금융활동의 비중이 굉장히 커졌다는 뜻입니다. 특히 1980년 이후 금융 부문(금융, 보험, 부동산업)의 자산과 이윤이 비금융 부문(특히 제조업이나 서비스산업)의 자산과 이윤보다 더 빠르게 증가했다는 것입니다. 또 이는 제조업 부문의 이윤 중에서 상품을 생산하고 판매해 얻는 이윤보다도 금융활동을 통해 얻는 이윤이 더욱 크다는 의미이기도 합니다. 예컨대 GE(General Electric)라는 회사는 전기제품 생산에서 세계 1, 2위를 다투는 회사인데, 이 회사의 이윤 중에서 전기제품의 생산과 판매를 통해 얻는 이윤보다 금융활동에서 나오는 이윤, 즉 자기 돈을 꾸어주든지 여유자금을 주식과 채권에 투자해 얻는 이윤이 더 커졌다는 것이죠. 다시 말하면 혁신을 통해 생산을 확대하고, 노동자를 고용해 새로운 전기제품을 만들어서 파는 것보다 돈을 대부해 이자를 받고, 주식과 채권을 사서 배당을 받거나 주식과 채권을 팔아 자본이득을 보는 것이 훨씬 더 낫다는 말입니다. "생산해봤자 손해 본다"는 말이 있잖아요? 이런 이야기가 전 세계적으로 자꾸 나오고 있습니다. 이것이 바로 금융화라고 보면 됩니다.

경제의 금융화와
주식투자

그러면 경제의 금융화에 기여한 요소는 무엇인지 살펴보기로 합시다. 먼저 금융제도에 대해 잠깐 살펴보죠. 세계 금융제도에는 은행을 중심으로 하는 금융제도와 증권시장을 중심으로 하는 금융제도가 있습니다. 역사적으로 독일, 일본, 한국은 은행 중심의 금융제도를 채택하고 있었지요. 이 경우 기업들은 은행에서 화폐자본을 차입해 투자하고, 이윤이 나오면 은행에 원금과 이자를 갚는 방식으로 사업을 합니다. 이런 이유로 한국의 대기업들은 자기자본에 대한 부채 비율이 평균 600% 이상이었습니다.

반면에 영국이나 미국과 같이 증권시장 중심의 금융제도를 가진 나라에서는 기업이 돈이 필요할 때 회사채나 주식을 발행해 증권시장에서 이것을 팔아 돈을 모읍니다. 여기서 회사채라는 것은 은행에서 빚을 내는 것과 비슷하지만, 주식을 발행하는 것은 상당히 다르지요. 주식을 사서 가지고 있는 주주는 그 회사가 일 년에 벌어들인 이윤 중에서 배당을 받을 권리를 가지고 있을 뿐입니다. 주주는 자신이 가지고 있는 주식만큼의 금액을 회사에 가서 돈으로 바꿔달라고 할 수가 없습니다. 주주가 현금이 필요하면, 증권시장에서 주식을 팔면 됩니다. 그렇기 때문에 주식의 발행액은 회사의 빚이 아니라 갚을 필요가 없는 돈이라고 할 수 있습니다. 그래서 기업이 주식을 발행하는 거죠. 기업이 주식을 발행해서 돈을 조달하려면 주주들이 현금이 필요할 때 주식을 팔 수 있는 주식의 '유통시장'이 잘 발달해야 합니다. 날마다 주가가 발표되고, 주식을 사고팔면서 이익을 보거나 손해를 보는 시장이 바로 이 주식의 유통시장이지요. 주식의 '발행시장'에서는 기업이 주식을 발행해서 자금을 모아 사업에 투자합니다. 그러나 주식의 유통시장에서는 주식을 사더라도 그 돈이 주식회사에 들어가는 것이 아니라 주식판매자의 주머니에 들어가는 것이지요.

주식회사는 철강공업이나 석탄공업과 같은 대규모 사업을 건설하고 유지하기 위해서 거대한 규모의 자본이 필요하기 때문에 생긴 것입니다. 용광로를 건설하고, 지하의 석탄을 채굴하기 위해 통로를 만드는 등의 일을 하려면, 투자자금이 많이 들 뿐 아니라 투자자금을 회수하는 데도 엄청나게 긴 시간이 걸립니다. 따라서 이런 거대한 사업에는 은행이 대출을 해줄 수가 없는 것이죠. 은행은 항상 화폐 형태의 자본을 가지고 있으면서 단기 대출에 전념하기 때문입니다. 그래서 중화학공업에서 주식을 발행해 '사회 전체의 유휴자금'을 동원하기로 한 것입니다. 따라서 주식회사는 사실상 개인의 기업이 아니라 사회의 기업이라는 성격을 가진다고 보아야 합니다. 주식의 '발행시장'에서 주식을 팔아 사회의 유휴자금을 동원하고, 주주가 언제나 주식을 팔아 현금을 얻을 수 있도록 주식의 '유통시장'이 발달함으로써 주식회사가 발달하게 된 것입니다.

우리나라에서도 사회 각계각층의 여유자금 또는 부동자금은 매우 거대한 규모입니다. 부동산 투기로 집값을 천정부지로 올리고, 주식이나 펀드에 '묻지마 투자'를 해서 큰 손해를 보다가 이제는 안심할 수 있는 은행예금에 가는 상황이지요. 그러나 우리나라에서 주식이나 채권에 대한 투자가 제대로 자리를 잡은 것은 IMF 외환위기 이후의 일입니다. 1997년 12월에 IMF로부터 특별구제자금을 받았는데 그때 IMF는 한국경제를 어떻게 '요리할까' 많은 생각을 했지요. IMF가 한국 정부에 요구한 것 중 하나가 기업의 부채/자기자본 비율을 200% 이하로 감축하라는 것이었습니다. 은행 중심의 금융제도 아래에서 한국 기업들은 은행으로부터 대출을 받아 그것으로 온갖 중단기 투자를 했기 때문에 삼성조차 부채/자기자본 비율이 600%를 초과하고 있었고, 여타 재벌들은 이보다 훨씬 더 높았지요. 이렇게 은행 차입으로 철강산업, 석유화학산업, 자동차산업, 반도체산업, 조선산업 등에 투자를 해서 공장을 짓고 제품들을 만들어냈는데, 이 제품들이 1996년 중반부터 세계시장의 축소로 수출이 잘 되지 않고 수출 가격이 폭락한 거예요. 그러자 대기업들은 은행 부채를 갚을 돈이 없어서 1997년 초부터 한보철강을 시작으로 파산상태에 빠지게 되었죠. 재벌들이 파산상태에 빠지자 곧 은행들도 대출의 원리금을 상환받지 못해 파산상태에 빠지기 시작했습니다. 또한 한국 기업과 은행에게 막대한 외자를 대출했던 외국 은행들이 한국 사태를 본 뒤에는 새로운 차관을 제공하지 않을 뿐 아니라 기존의 차관을 갚으라고 요구하게 된 것이지요. 결국 외국차관을 갚을 달러가 부족한 한국 정부는 IMF에 특별구제금융을 신청해서 1997년 12월 3일에 구제금융을 받게 된 것입니다.

이런 상황에서 IMF가 기업의 부채/자기자본 비율을 200% 이하로 축소하라고 하니까 기업들은 어쩔 수 없이 주식을 발행하게 됩니다. IMF의 재정금융 긴축정책 때문에 기업들은 은행에서 돈을 꿀 수 없었으니까요. 1997년 12월부터 시작해 1998년 1, 2월이 되면 시중 금리가 50%로 급상승할 정도로 시중 자금이 없었어요. 그러니까 대기업들은 당장 파산을 면하기 위해 알짜 기업들을 헐값에 팔기 시작했고, 이것을 미국의 투자은행과 펀드들이 구매해서 떼돈을 벌게 된 것입니다. 또한 주식을 발행해도 국내에는 주식을 살 돈이 없었기 때문에 주가는 폭락하고 이 주식을 미국의 투자은행과 펀드가 사 모아서 국내 기업과 은행을 지배하게 된 것이죠. 지금 삼성전자나 포스코나 국민은행 등의 주식 중 외국투자자들이 소유하고 있는 것이 50% 이상 되잖아요. 결국 한국의 금융제도를 은행 중심에서 자본시장 중심으로 전환시키라고 IMF가 요구하면서 증권시장이 성장하기 시작한 것입니다. 이 과정에서 'IMF ― 미국 재무부 ― 월 스트리트(IMF-Treasury-Wall Street Complex)'가 '공모'해

경제의 금융화는 금융제도가 은행 중심에서 증권시장 중심으로 전환된 것과 관련되어 있다. 이는 IMF 위기 당시 IMF가 한국 정부에 기업의 부채/자기자본 비율을 축소하라고 한 데 기인한다. 이로 인해 한국 기업들이 헐값에 주식을 발행하면서 외국 투자자들은 한국의 알짜 기업과 은행들을 손쉽게 차지할 수 있었다.

서 한국의 알짜 기업들과 은행들을 모두 미국 자본에게 헐값으로 팔게 한 것이라고 보면 됩니다.

다음에 김대중 대통령(1926~: 재임기간 1998~2003)이 주식시장의 투기를 크게 북돋았지요. 김대중 씨는 야당시절에는 『대중경제론』이란 책도 쓰고 서민들을 위한 참신한 생각도 많이 했는데, 대통령이 되고 나서 사람이 형편없이 변해버렸어요. (웃음) 한다는 짓이 세계적인 투기꾼 조지 소로스를 청와대에 초청해 악수나 하고 말이죠. 서민에 대한 걱정이 완전히 사라져버렸단 말이에요. 그가 참신한 생각이라고 내놓은 것이 '벤처기업'을 육성한다는 것이었습니다. 물론 이야기의 시작은 재벌을 중심으로 경제를 운영해서 IMF사태가 발생했기 때문에 이제는 "중견기업을 좀 만들어야겠다"는 것이었죠. 그래서 정부가 벤처기업을 만든다는 기업가와 사기꾼에게 공적 자금을 쏟아 부었어요. 그런데 '벤처'기업은 사실상 성공할지 실패할지 아무도 모르는 '모험'이잖아요. 그러니까 부자와 중산층은 벤처기업에 투자하기를 머뭇거릴 수밖에 없고, 벤처기업의 주식 가격은 상승할 리가 없지요. 이 문제를 해결하는 데 큰 역할을 한 사람이 김대중 대통령의 가신들이었어요. 이들은 김 대통령과 야당생활을 함께한 역전의 용사들이기 때문에 김 대통령의 대단한 신임을

받는 사람들이었죠. 이들이 몇 개 벤처기업의 뒤를 밀어준 거예요. 이들 벤처기업은 당연히 "대통령의 가신이 우리 기업을 돕고 있다"고 소문을 내게 되었고, 투자자들은 너도나도 그 기업들에 '묻지마 투자'를 하게 된 것입니다. 이렇게 해서 주식시장의 투기 붐이 일어난 것입니다. 1998년 6월 29일에는 종합주가지수가 IMF 신탁통치 이후 최저인 280.00을 기록했는데, 그 뒤 계속 조금씩 상승하다가 '묻지마 투자'가 기승을 부리면서 1999년 7월 7일에는 1,000을 돌파하고 2000년 1월 4일에는 IMF 사태 이후 최고점인 1,059.04에 도달하게 됩니다.

묻지마 투자로 자신의 형편없는 벤처기업 주가가 폭등하니까 벤처기업 사장들도 당황하게 되었죠. 주식이 10원 하던 것이 10,000원이 되었으니 그럴 만도 하겠죠? 사장들은 자기 회사가 앞으로 잘된다는 보증이 없다는 것을 잘 알고 있기 때문에 10원에 산 주식을 모두 팔아 돈을 챙기고는 사라져버립니다. 이렇게 해서 벤처기업의 주식은 2001년 하반기에 500선으로 폭락하고, 멍청한 묻지마 투자자들만 가산을 탕진하게 된 것입니다. 사실상 아무것도 모르는 서민 투자자들만 망하게 된 것이지요.

주식투기에서 돈을 벌려면 앞으로의 주식 매매정보나 기업의 비밀스러운 내부 정보를 알아야 합니다. 미국의 기관투자가들이 버는 이익의 거의 절반은 자신들이 알아낸 주식의 매매정보나 기업의 내부 정보에 의거해 '자기들의 돈'으로 주식을 매매한 결과라는 보고서가 나온 적이 있습니다. 보통 사람이 행운을 믿고 주식에 투자했다가는 망한다는 사실을 항상 기억해야 합니다. 또 주식투기로 얻은 이익은 노름해서 딴 돈과 마찬가지로 다른 사람들이 잃은 손실과 그 크기가 같습니다. 주식투기는 새로운 것은 아무것도 창조하지 못하는 노름과 같은 것입니다. 그러면서도 소득불평등을 점점 더 확대하고, 돈 잃은 사람의 불만은 점점 더 크게 만듭니다. 사실 나는 우리나라 사람들이 엉뚱한 일확천금의 꿈을 버리지 못하고 온갖 노름에 몰두하는 성향이 있다는 생각을 지울 수가 없어요. 그런데 정부와 기득권자들은 이 성향을 이용해 점점 더 큰 규모의 돈을 서민들로부터 빼앗아 가고 있다고요. 서민들이 주식투기, 로또복권, 경마, 카지노, 경륜 등에 몰두하면 할수록 지금의 불평등한 사회구조가 더욱 굳어진다는 것을 알아야 합니다. 그리고 이런 사행제도를 근절하는 데 여러분 모두가 동참해 주었으면 좋겠어요. (박수)

경제의 금융화와 신자유주의적 긴축정책 | 금융활동이 크게 성행하게 된 이유 중 하나는 신자유주의적 세계화가 진행된 데 있습니다. 처음 신자유주의가 시작될 때는 그 특징 중 하나가 재정과 금융의 긴축정책이었어요.

대처 수상 초기에는 스태그플레이션(stagflation)이 심했지요. 1973년 10~12월에 석유 값이 1배럴당 3달러에서 12달러로 네 배나 올랐고, 1979~1980년에 이란의 호메이니 혁명으로 석유 값이 또 두 배가 올라 1배럴당 30달러가 되었지요. 이래서 물가도 연간 18~20% 정도 크게 올랐어요. 또 석유 값이 오르면서 세계의 산업생산이 큰 불황에 빠져 실업자는 1945년 이후 가장 큰 규모가 되었지요. 대처 이전에 형성된 '사회적 합의'에서라면 이런 스태그플레이션 상황에서 인플레이션의 해소보다는 실업을 줄여야 한다고 주장했을 것입니다. 그런데 대처는 인플레이션을 줄이는 것을 정책의 제1목표로 설정하고 재정과 금융에서 긴축정책을 채택합니다. 이 긴축정책을 이론적으로 대변한 것이 시카고 대학 밀턴 프리드먼(Milton Friedman: 1912~2006)의 통화주의(monetarism)입니다. 경기가 안 좋은데 은행이 돈을 풀지 않으니 현금이 부족한 기업들은 파산할 수밖에 없었지요. 또 수익성이 좋은 중견기업이라도 현금이 없어서 망하게 되고, 이에 따라 실업자는 더욱 크게 증가하게 됩니다. 뒤돌

참조 2.1 _ 철의 여인 마거릿 대처?

마거릿 대처를 '철의 여인'이라고 해서 굉장히 존경하는 사람이 많지만 사실 존경할
만한 사람이 못됩니다. 그녀는 1970~1974년에 에드워드 히스(Edward Heath: 1916~
2005)라는 보수당 수상 밑에서 교육부 장관을 했는데, 이때 매우 악명 높은 조치를 취
했죠. 공공지출을 삭감한다는 명목으로 당시 영국의 초등학교에서 학생들에게 무료
로 주던 우유를 빼앗아버린 겁니다. 그래서 학부형들은 "우유를 빼앗아간 마거릿 대
처(Margaret Thatcher, the Milk Snatcher!)"라고 욕을 하기도 했죠.

또 대처는 1982년에 포클랜드 전쟁을 일으켰는데, 그 이유도 비난받아 마땅합니다.
포클랜드는 원래 말비나스라는 아르헨티나의 섬이었는데, 영국 정부는 원래 그 섬에
무관심했지요. 그런데 1982년에 영국에서 실업자가 크게 증가하고 물가도 크게 상승
해 대처에 대한 지지도가 떨어지자 대처는 아르헨티나 정부로 하여금 포클랜드를 점
령하게 유도한 뒤 아르헨티나에 전쟁을 선포하고, 엄청난 인적·물적 비용을 들이면
서 포클랜드의 아르헨티나 점령군을 몰아냅니다. 이렇게 외부로 시선을 돌려 정권의
위기를 극복하려고 한 것이죠.

마지막으로 대처가 광부노조의 파업을 1년간 끌면서 결국 패배시킨 이야기를 해볼까
요? 영국에서 가장 강력한 노동조합은 광부노조(Miners Union)입니다. 이들은 광산
옆에 옹기종기 모여 살면서 강한 연대의식을 구축할 수 있었죠. 이들이 1984년 3월 5
일부터 1985년 3월 3일까지 362일 동안 탄갱 폐쇄에 반대해서 파업을 합니다. 그런
데 대처는 1년 동안이나 협상을 하지 않으면서 경찰과 군대를 동원해 광부노조와 싸
웠어요. 1년 동안 파업을 하니까 광부노조의 파업 자금은 다 떨어지고, 국영석탄산업
안에서 제2의 노조가 탄생하게 되고, 부인과 이혼하는 광부들도 많이 생겼지요. 이런
노동조합원의 고통을 보면서 즐긴 사람이 바로 대처라는 점을 알아두시기 바랍니다.

아보면 이런 긴축정책은 사실상 실업자를 증가시켜 노동조합 세력을 약화시키기 위한 매우 정치적인 전략이었다는 것을 알 수 있습니다. 1950~1970년은 이른바 자본주의의 황금기여서 경제성장률이 높았고, 사회보장제도가 개선되었으며, 물가도 낮았고, 완전고용이 달성되었기 때문에 노동조합 세력이 크게 강화된 상태였죠. 그래서 자본가들의 지배와 독재가 상당히 약화되고 있었는데, 석유 파동을 겪으면서 전 세계가 불황에 빠지자 신자유주의자들은 이 기회를 이용해 노동조합의 힘을 제거하려고 작정한 거예요. 물론 겉으로는 긴축정책을 통해 인플레이션을 억제해야 수출 경쟁력이 개선되어 생산이 확대되고 실업자가 줄어든다고 이야기했지만, 속으로는 긴축정책을 통해 실업자를 더욱 증가시켜 노동조합 세력을 꺾고 자본가의 지배를 확보하려고 한 것입니다.

그리고 이와 같은 긴축정책은 인플레이션을 억제하고 이자율을 올리기 때문에 금융적 자본가들은 이익을 보았지요. 이들은 금융자산으로 현금뿐만 아니라 주식과 채권을 가지고 있기 때문에 인플레이션이 억제되고 이자율이 상승하면 이익을 보게 마련이에요. 이렇게 해서 신자유주의 아래서 금융활동이 크게 증가하게 된 것입니다. 특히 영국의 파운드화도 달러와 마찬가지로 세계화폐로 통용되고 있었기 때문에 파운드화의 가치를 안정시키는 것이 파운드화를 세계화폐로 유지하면서 런던시티(City of London)를 세계금융시장으로 만드는 길이었어요. 미국에서도 1979년 10월 폴 볼커(Paul Volcker: 1927~)가 연방준비은행(미국의 중앙은행) 이사회의 의장이 되자 인플레이션을 억제하고 달러 가치를 안정시키기 위해 금리를 대폭 인상하면서 긴축정책을 채택했어요(이것을 '1979~1982년의 볼커 쿠데타'라고도 불러요). 이렇게 해서 금융적 자본가의 이익이 증대하면서 금융활동이 확대되고 경제의 금융화가 진전된 것입니다.

그러면 여기서 세계통화로서의 역할을 담당하는 미국의 달러에 대해 잠깐 살펴보기로 할까요? 세계의 각국 중앙은행은 대외지불에 대비하기 위해 외환보유고를 가지고 있는데, 그것의 대부분이 미국 달러로 구성되어 있습니다. 한국의 중앙은행인 한국은행도 현재 외환보유고로 3,000억 달러 정도를 가지고 있다고 해요. 그런데 만약 달러의 가치가 다른 나라의 통화에 비해 자꾸 떨어진다면, 대외준비자산으로 달러가 아니라 유럽연합의 통화인 '유로'를 보유하려고 하겠죠. 이렇게 되면 달러가 세계통화로 기능할 수 있는 여지가 줄어들면서 미국 정부와 금융기관이 누리던 특권이 점점 사라지게 될 것입니다. 볼커가 미국 중앙은행 이사장이 되자 인플레이션을 억제하고 이자율을 올려 달러 가치를 보호하려 한 것도 바로 이런 이유에서입니다. 미국의 이자율이 높으면 달러를 가진 외국인들이 달러를 미국의 금융기관에 예금하려고 하기 때문에 해외에 있는 달러의 규모가 줄어들어 달러의 대외가치가 상승하는 것이지요.

그렇다면 신자유주의적 긴축정책이 금융적 자본가의 이익을 증대시킨 것은 분명한데, 산업자본가에게는 어떤 영향을 미쳤을까요? 우리는 보통 금융적 자본가(예를 들어, 은행)와 산업자본가 사이에는 이자율을 둘러싼 갈등과 대립이 있다고 알고 있습니다. 이자율을 인상하면 은행은 좋아하지만 산업자본가는 싫어하지요. 그런데 신자유주의적 긴축정책이 노동조합 세력을 약화시킴으로써 산업자본가의 권위를 회복시켜 주었고, 인플레이션을 억제함으로써 수출 경쟁력을 향상시켜 주었을 뿐만 아니라 임금 인상을 낮은 수준으로 억제했기 때문에 산업자본가의 이윤율은 상승하게 되었습니다. 또한 공기업의 민영화나 규제 완화도 산업자본가의 이익을 증가시키는 데 기여했지요. 물론 민영화로 가장 큰 이익을 얻은 이들은 단기 매매차익을 노리고 신주를 청약한 사람들과 민영화를 주선하는 과정에서 막대한 수수료를 챙긴 금융기업들이었고, 가장 큰 손해를 본 사람들은 상대적으로 대우가 좋고 노조의 조직화가 잘되어 있던 일자리에서 쫓겨난 노동자들이었습니다. 따라서 흔히들 신자유주의가 금융적 자본가의 이익을 옹호하고 산업자본가들의 이익을 희생시켰다고 생각하거나 신자유주의 시대에는 금융적 자본가가 산업자본가를 지배하게 된다고 주장하는데, 이는 사실과는 상당히 다르다고 할 수 있지요.

경제의 금융화와 세계화

끝으로 자유화와 개방화를 통해 자본의 세계화가 진행하는 과정에서 금융활동이 왜 증대하게 되었는가를 알아보도록 해요. 1973년 3월부터 국제적인 환율제도가 그 이전의 고정환율제도에서 변동환율제도로 바뀌었어요. 날마다 환율이 변동하게 된 것입니다. 그러다가 무역거래와 외환거래 및 자본 이동이 자유화되면서 각국의 환율 변동은 전혀 예측할 수 없는 상황에 빠져버립니다. 이런 환율에 대한 불확실성과 불안정성에 대처하기 위해서 금융기관은 온갖 금융수단과 금융상품을 만들어내지요. 선물(futures), 옵션(option), 스왑(swap) 등이 이런 목적으로 새로 등장한 금융수단이에요. 예컨대 환율이 너무 올라가면 손해를 보는 사람이 이에 대비해 보험에 들면서 이런 파생 금융상품을 구매하는 것입니다. 물론 반대로 환율이 너무 내려가면 손해를 보는 사람은 다른 형태의 파생 금융상품을 구매해야 되겠지요. 이처럼 세계화에 따른 불확실성과 불안정성에 대한 보험을 제공하기 위해 파생 금융상품이 크게 보급된 것도 금융활동이 크게 증가하게 된 이유 중 하나라고 할 수 있습니다.

경제의 금융화와 주주 자본주의

금융활동이 확대되고 기관투자가가 주요 산업체의 주식을 대규모로 소유하게 됨에 따라 '주주 자본주의(shareholder capitalism)', 즉 주주만을 위한 자본주의가 확립됩니다. 기관투자자들은 기업의 경영은 어떻게 되든지 상관하지 않으며, 배당을 많이 받고 주식을 높은 가격에 팔아 자본이득을 올리는 것에만 관심이 있습니다. 그런데 주식 가격이 오르는 것은 투자자들이 그 기업이 앞으로도 계속 이윤을 많이 낼 것이라고 예상하기 때문이잖아요. 따라서 현재 배당을 많이 주는 것이 기업이 잘된다는 표지이고, 앞으로도 기업이 잘될 것이라고 믿게 하는 기준이 된다고 할 수 있습니다.

그래서 대주주가 된 기관투자가는 기업 경영자로 하여금 어떻게 해서라도 이윤을 증대시킬 것을 요구하지요. 이런 상황에서 경영자는 먼저 종업원을 대량해고하고 남은 종업원의 노동강도를 강화시킴으로써 임금총액을 대폭 삭감합니다. 한국 외환은행을 매입한 미국계 펀드인 론스타(Lone Star)가 외환은행을 매입한 뒤 처음 실시한 조치가 직원의 반을 해고시킨 것이잖아요. 그리고 남은 직원들에게 모든 사무를 담당하게 했죠. 그게 자본이 원래 하는 짓이에요. (웃음) 이렇게 해서 단기적으로 높은 이윤을 올릴 수 있는 토대를 마련한 뒤 외환은행을 비싼 가격으로 팔아넘기려고 한 거죠.

공기업을 민영화할 경우에도 이런 주주 자본주의의 폐해가 그대로 나타날 것입니다. 공기업을 민영화하면 민간자본은 당연히 종업원의 상당 부분을 해고하게 됩니다. 이것은 민영화를 실시한 영국에서 그대로 나타난 역사적 경험이에요. 원래 공기업은 철도, 수도, 전력, 가스와 같은 서비스를 국민들에게 안전하게 공급하고 다수의 일자리를 제공한다는 목적을 가지고 있습니다. 그리고 이런 목적을 달성하지 못하는 정부는 4~5년 뒤 선거에서 패배하게 되기 때문에 함부로 공공서비스 요금을 올리거나 서비스 수준을 낮추거나 해고를 감행할 수가 없지요. 하지만 공기업을 민영화하면 공기업의 원래 목적에는 전혀 관심이 없고, 돈 버는 것에만 혈안이 된 민간자본이 요금을 인상하고 서비스 질을 낮출 뿐만 아니라 대량 해고를 감행하게 됩니다. 그런데 민간자본이 이렇게 하더라도 국민들이 어떻게 이것을 막을 도리가 없어요. 철도, 전기, 수도, 가스 모두가 생활에 필수적인 서비스이기 때문에 불매운동을 벌일 수도 없잖아요? 결국 공기업 민영화는 민간 자본가들에게만 이익이 될 뿐 국민의 생활수준은 더욱 저하되는 것이죠.

둘째로 대주주인 기관투자가들은 기업 경영자에게 이윤 중 더 큰 부분을 배당으로 분배하라고 요구합니다. 이들은 항상 현금을 보유하면서 단기적인 이익이 가장 큰 주식에 투기하기 때문에, 기업이 사내유보를 증가시켜 장기적으로 혁신을 꾀하는 것보다는 당장 배당 수준을 높여 주식 가격을 올리라고 요구하는 것이지요. 기관투자가들의 단기적인 안목 때문에 이들이 대주주인 산업기업은 장기적인 투자를 할 수 없게 되는 것입니다.

셋째로 대주주인 기관투자가들은 경영자들에게 이윤을 많이 내서 주식 가격을 올리고 배당을 많이 하라고 '스톡옵션(stock option)'이라는 인센티브를 줍니다. 주주총회에서 사장이나 이사에게 거대한 규모의 자기 회사 주식을 장래 어떤 시일까지 싼값으로 구매할 수 있는 권리를 주는 거죠. 예를 들어, 현재 시가가 10,000원인 주식을 10원에 100만 주를 살 수 있는 권리를 1년 동안 경영자들에게 주는 것입니다. 이렇게 되면 경영자들은 어떻게 해서라도 주식 가격을 올리려고 온갖 노력을 하겠죠. 주식 가격이 1년 안에 20,000원으로 상승하면, 경영자 한 사람은 100만 주를 10원에 사서 20,000원에 팔 수 있기 때문에 보너스로 당장 199억 9,000만 원을 챙기게 되는 셈입니다[(20,000원×1,000,000주)−(10원×1,000,000주)=19,990,000,000원]. 당연히 경영자는 이윤 올리기와 주가 인상에 혈안이 될 수밖에 없겠죠? 단기적으로 비용을 삭감하기 위해 종업원을 해고하고, 연구·개발 활동이나 혁신을 도입하는 활동도 중단하고, 오직 이윤 올리기에만 열을 올리게 되는 것입니다.

그리고 경영자들은 여기서 한발 더 나아가 '분식회계'를 통해 실제로는 손실이 났더라도 높은 수익을 얻었다고 발표하면서 대규모의 배당을 실시합니다. 실제로 손실이 났는데도 큰 이윤이 났다고 배당을 증가시키니까 그 기업은 망할 수밖에 없겠죠. 미국의 에너지 대기업인 엔론(Enron)이 이렇게 해서 망했고, 월드콤(WorldCom), 타이코(Tyco), 글로벌 크로싱(Global Crossing)도 이런 분식회계를 통해 망한 기업들이죠. 주주 자본주의라는 것이 이렇게 썩어가고 있는 겁니다. 그런데 문제는 이런 어처구니없는 분식회계를 아무도 저지하지 못하고 있다는 것입니다. 회계를 분식하는 것은 경영자나 이사회가 마음대로 할 수 있는 것이 아니라, 은행, 회계감사법인, 변호사 같은 이들이 협조해줘야 가능한 일입니다. 그런데 이 기업 밖의 사람들도 대기업과 '좋은' 관계를 유지하지 않으면 자신들의 밥줄에 지장이 있다고 생각하기 때문에 협조를 하는 겁니다.

세계에서 손꼽히는 에너지 대기업인 엔론의 비양심적인 사기 행각을 하나만 더 이야기합시다. 사실 이런 짓은 우리가 잘 몰라서 그렇지 한국의 대기업도 엄청나게 많이 하고 있을 겁니다. 엔론은 텍사스에 본사를 두고 있고 부시 대통령에게도 정치자금을 많이 낸 대기업이에요. 이 회사도 종업원들이 퇴직하면 연금을 주기 위해 연금기금을 쌓아 두고 있었습니다. 회사도 얼마씩 기여했겠지만 그 대부분은 종업원들이 매달 월급에서 기여한 것이죠. 그런데 이 회사 사장이 연금기금 관리자에게 우리 회사 주식을 사면 곧 떼돈을 번다고 '내부 정보'를 흘렸고, 연금기금을 전부 자기 회사 주식을 사는 데 투자하자 한 달 만에 회사가 망해 버린 겁니다. 종업원들은 일생의 저축을 모두 날려버린 것이지요. 그런데 우리 정부는 쇠고기 문제에서 미국 자본가들의 양심을 너무 믿고 있더라고요. (웃음)

주류 경제학도 마찬가지지요. 주식회사에서는 소유와 경영이 분리되는 경향이 있다고 첫 번째 강의에서 말했잖아요. 소유자인 주주는 아무 일을 하지 않고 배당이나 자본이득만 챙기고, 경영은 월급쟁이 사장이 담당한다고요. 나는 여기까지만 이야기했는데, 주류 경제학에서는 여기서 한발 더 나아가 소유와 경영이 분리되니까 월급쟁이 경영자가 주주의 이익을 반드시 챙긴다는 보장이 없다고 주장합니다. 예컨대 회사의 이윤이 100억 원이라면, 주주는 이를 모두 배당으로 분배하라고 주장하지만, 경영자는 회사를 더욱 확장하기 위해 이윤의 대부분을 배당에 사용하지 않고 사내유보하기를 바랄 수도 있다는 것입니다. 천박한 주류 경제학은 이것을 '주인 – 대리인 문제(principal-agent problem)'라고 부르면서 무슨 대단한 발견이라도 한 것처럼 떠들기 시작했지요. 이들은 대리인인 경영자가 주인인 주주의 이익을 존중하도록 하기 위해 경영자에게 '스톡옵션'이라는 쥐약을 주자고 제안한 것이라고 설명합니다.

하지만 이런 이야기는 자본주의를 전혀 모르는 바보들이나 하는 이야기예요. (웃음) 1920년대 미국에서 주식회사가 많이 설립될 때 경제학자와 경영학자들은 "이제 자본주의가 변했다"고 주장했습니다. 주식회사에서는 "주주가 기업을 소유하지만 경영은 전문경영인이 한다. 그런데 전문경영인은 기업의 이윤을 올리는 데 관심을 가지는 것이 아니라 그 기업의 사회적 평판과 사회적 기여에 관심을 두기 때문에 이제 기업이 이윤 추구로부터 해방되고 있다"는 것입니다. 이런 의미에서 '경영자 혁명(managerial revolution)'이라는 용어가 벌 앤 민즈(Berle & Means, 1932)로부터 시작해 번햄(Burnham, 1941)에 이르기까지 크게 유행했지요. 그러나 이런 주장은 너무 과장되어 있어요. 대주주가 경영자에게 "이윤을 올릴 수 있는가 없는가를 경영의 원칙으로 삼아라"라고 강요하면 경영자는 어떻게 해야겠어요? 사표를 내든지 대주주의 명령에 복종하든지 해야겠죠. 결국 주주나 경영자나 이데올로기적으로는 모두 한패라고 보아야 한다는 겁니다.

주주 자본주의와는 조금 다른 형태의 자본주의로 이해당사자 자본주의 (stakeholder capitalism)라는 것이 있습니다. 주주의 이익만 존중하는 것이 아니라 종업원, 은행, 이웃주민, 환경단체 등의 이익도 존중하는 자본주의를 가리키는 말입니다. 일본이 경제성장과 수출에서 괄목할 만한 실적을 올리고 있던 1970~1980년대에는 미국을 비롯해 모든 선진국들이 일본을 배우려고 매우 애를 썼습니다. 일본기업이 관행으로 삼고 있던 종신고용, 기업별 노동조합, 연공서열적인 임금체계, 종업원들의 제안 제도, 지역사회와의 친선 강화, 사회에 대한 기부 등이 일본경제의 성공 요인이라고 지적하면서 주주만을 위하는 것이 아니라 기업과 관련된 모든 당사자의 이익을 돌보는 것이 중요하다는 이야기가 많이 나왔지요. 하지만 일본경제가 1990년대부터 장기불황에 빠져들기 시작하자 아무도 이해당사자 자본주의를 이야기하지 않게 되었습니다. 우리의 경우 포스코(POSCO)가 원래는 자기 공장이 있는 지역에 명절이 되면 선물도 주고 동네 학교에 컴퓨터도 주는 등 상당히 잘 해주었는데, 주주의 50% 이상이 외국인 투자자가 되니까 그런 사회적 기부를 중단했다고 하는 데서도 알 수 있듯이 이제는 주주 자본주의가 지배적이 된 것이죠.

금융산업이
확장되면 제조업은
사라져도 좋은가

은행이나 증권회사가 발달하면 생산활동을 하지 않아도 잘 살 수 있지 않을까? 사람들은 은행에 예금해 이자를 얻고 주식을 사고팔아 자본이득을 보면 제조업을 경영할 필요가 없지 않을까 하는 이야기를 하곤 합니다. 하지만 이는 환상입니다. 『자본론』제3권에도 어떤 학자가 다음과 같이 제안한 이야기가 나오지요. 100억 원을 1년 동안 정기 예금했을 때 이자율이 5%라면 1년 뒤에 105억 원이 되니까 모든 자본가와 노동자가 공장에서 일하는 것을 멈추고 자기들이 가진 돈을 모두 저축한다면 1년 뒤에 모두가 5%만큼 더 부유하게 될 것이라고 말이죠. 어떻게 생각해요? 말이 되는 것도 같죠? (웃음)

　모두가 이렇게 생각하는 것이죠. 돈을 은행에 맡겨두면 일을 하지 않아도 1년간 이자율만큼 재산이 늘어날 텐데 왜 어렵게 생산한다고 고생이냐? 그러나 이런 일이 일어나는 것은 불가능합니다. 모든 자본가와 노동자가 가진 돈을 모두 예금한다면, 한 푼의 이자도 받지 못할 것입니다. 은행이 예금자들에게 이자를 줄 수 있는 것은, 은행이 그 돈을 공장에 대출하고, 공장은 그 돈으로 노동자를 착취해 잉여가치를 얻으며, 이 잉여가치의 일부를 공장이 은행에게 이자의 형태로 갚기 때문입니다. 은행이 공장에 대출하지 않고 어떻게 스스로 이자를 창조할 수 있겠어요? 그리고 주주가 받는 배당도 마찬가지라고요. 노동자들이 생산과정에서 창조한 잉여가치를 주식회사가 상품을 팔아 화폐로 실현하고, 이 실현된 잉여가치를 주주에게 분배한 것이 바로 배당이잖아요. 주식 그 자체가 스스로 배당을 낳는 것이 아니라는 말입니다. 주식을 사고파는 매매과정에서는 새로운 가치가 생겨나지 않습니다. 다만 노름에서처럼 이 사람의 돈이 저 사람에게로 옮겨가는 것뿐이죠.

　주류 경제학은 이런 것을 하나도 가르쳐주지 않습니다. 주류 경제학은 늘 개인만 생각하기 때문이죠. 여기서도 개인은 주식 매매를 통해 이득을 얻지만 사회 전체로서는 조금도 부가 증가하지 않는다는 것을 알 수 있습니다. 개인의 합이 사회라는 주류 경제학의 근본 가정이 엉터리에요. 그래서 이자나 배당으로 살아가는 사람을 금리생활자라 부르면서 생산자에게 기생한다고 욕하는 것이죠. 하루 종일 돈놀이에 매달려 장부를 보거나 주가 전광판만 쳐다보는 사람이 무엇을 창조하겠어요? 그래서 케인스가 『일반이론』에서 금리생활자를 '안락사'시켜야 한다고 주장한 거예요. 어떻게 안락사시킬 수 있을까요? 정부가 통화량을 크게 증가시켜 이자율을 대폭 낮추어버림으로써 금리생활자의 이자수입이 0에 가깝게 만들어야 한다는 것이죠. 또 케인스는 증권시장의 투기적 거래를 축소하기 위해 주식이나 채권을 사고팔 때마다 높은 '거래세'를 붙이라고 제안합니다. 이 거래세가 사실은 국제 간의 투기적인 외환거래를 막기 위해 제안된 토빈세의 원조인 셈이지요.

그렇다고 케인스가 급진적인 인물이었다고 말할 수는 없습니다. 그가 이자와 배당으로 살아가는 금융기관이나 개인은 스스로 아무런 생산활동도 하지 않는 금리생활자이므로 안락사시켜야 한다고 주장했다고 해서 기관투자가나 개인투자자가 반드시 사회의 기생충이라고 말하는 것은 아닙니다. 기관투자가나 개인투자자가 자금을 대부해주고 주식이나 채권을 사주기 때문에 산업자본가는 생산을 시작하거나 확대할 자금을 얻을 수 있는 것입니다. 산업자본가가 이 자금을 가지고 공장을 짓고 노동자를 착취해 잉여가치를 만들어낸다는 말이에요. 그래서 기관투자가나 개인투자자는 잉여가치의 창조에 '간접적으로' 기여한다고 말합니다. 이처럼 잉여가치의 창조에 간접적으로라도 기여했기 때문에 그 대가로 받는 것이 바로 이자나 배당입니다. 그러나 여기서 문제는 주식을 구매한 돈이 공장으로 들어가지 않는 경우가 대부분이라는 데 있습니다. 주식회사가 주식을 발행해서 자금을 조달하는 경우에 주식을 구매한 돈은 그 회사로 들어가서 산업자본의 역할을 담당할 수 있습니다. 그러나 주식 소유자들이 주식의 유통시장에서 주식을 매매하는 경우에는 완전히 노름과 같은 거죠. 회사채나 주식을 매매하면서 얻는 이득은 밤새워 노름해서 나오는 이득과 마찬가지로 상대방의 주머니로부터 나오는 것이란 말이에요. 이처럼 유가증권의 유통시장에서 투기이득을 얻으려고 노력하는 기관투자가와 개인투자자는 사회의 기생충인 셈이지요.

참조 2.2_ 케인스의 행로

케인스는 영국 케임브리지 대학 출신으로, 어머니는 케임브리지시 시장이고 아버지는 케임브리지 대학 교수로 대단한 부자였습니다. 케임브리지 대학을 나와서 재무부에 들어갔고, 1919년 베르사유 강화조약을 체결할 때 영국 대표로도 참석했지요. 그는 회의에서 독일에게 너무 큰 배상금을 요구하면 독일 경제가 불황에 빠질 것이고, 그러면 유럽경제 전체가 불황에 빠져 결국 사회주의 소련의 세력이 유럽에서 더욱 커진다고 주장했는데, 모두들 독일에게 대규모의 배상금을 요구하는 것에 동의해버렸어요. 케인스는 재무부를 그만두고 이 이야기를 『평화의 경제적 귀결 (The Economic Consequences of the Peace)』이란 책에 써서 세계적으로 유명해집니다. 그리고 케임브리지 대학의 전임강사로 있다가 제2차 세계대전이 터지자 영국 재무부 장관의 고문이 되어 전쟁경비 조달과 인플레이션 문제에 기여했고, IMF와 IBRD를 설립하는 브레턴우즈 회의에 영국 대표로 참석하기도 했지요.

부르주아 경제학자들 중에서 가장 현실 감각이 있는 사람이 케인스입니다. 그는 처음에는 동성애자였는데 40세가 되어 소련의 발레리나와 결혼했어요. 그 덕택에 1926년 처가가 있는 상트페테르부르크를 방문하면서 소련의 발전상과 문제점을 접할 수 있었죠. 그리고 제1차 세계대전이 끝난 뒤 영국의 주요 산업이 쇠퇴하고 실업자가 크게 증가하는 것을 보면서, 이제 '자유방임'을 버리고 국가가 경제에 개입해야 한다고 역설한 거예요. 1924년에 쓴 「자유방임의 종말」이 그것이죠. 그리고 1929년 세계대공황을 겪은 뒤, 1936년에 그의 주저인 『일반이론(The General Theory of Employment, Interest and Money)』을 출간했는데, 이 책으로 경제학에 '케인스혁명'을 일으켜 1970년대까지 세계의 경제학계를 주름잡게 된 것입니다. 이 책에서 그는 자본주의 경제의 최대 문제는 실업과 소득분배의 불평등인데, 이 둘을 해결하지 못하면 자본주의는 소련식 사회주의에 의해 붕괴될 수밖에 없다고 주장합니다. 그리고 자본주의 경제는 시장에 맡겨두면 불황이 불가피하다는 것을 설명하고, 불황을 극복하려면 정부가 스스로 소비와 투자를 증가시켜야 한다고 말합니다. 물론 그가 정부의 소비와 투자를 증가시키기 위해 도로나 철도 등을 건설하라고 건의했지만, 사회보장제도를 확대하라고 이야기한 것은 아니었고, 사회보장제도는 베버리지(William Beveridge: 1879~1963)가 처칠 전시내각의 노동당 출신 장관의 지시로 1942년에 만든 「베버리지 보고서」로부터 출발했습니다.

금융적 투기와
경기순환

경기순환을 '경기회복 → 호황 → 벼락경기(반짝경기,
붐) → 경기후퇴 또는 경제위기 → 공황 → 불황'으로
나누어 설명해보도록 합시다. 호황이 지속되면 산업자본가는 상품이 계속 잘
팔릴 것으로 예상해서 생산을 확장하기 시작하는데, 은행도 앞으로 경기가
계속 좋으리라고 예상해 기업들에게 대규모로 자금을 대출해주게 됩니다. 그
리고 주식 가격도 급속히 상승하기 시작하죠. 이게 바로 투기적인 붐(boom)
입니다. 이러다가 상품이 팔리지 않아 경기후퇴기 또는 위기 국면에 들어가
면, 기업들은 은행 대출을 만기에 갚지 못하게 되므로 은행은 대출을 중단하
고 기존의 대출을 회수하기 시작하면서 시중에 자금이 부족하게 됩니다. 이
렇게 해서 이자율은 최고 수준에 달하고 현금을 구하지 못한 기업들은 파산
하기 시작하지요. 이 국면에서 정부가 재정금융 면에서 돈을 확 풀면 경기가
살아나 다시 호황 국면으로 돌아가지만, 그렇지 못하면 기업들의 파산이 은
행들의 파산으로 이어지면서 경제 전체가 공황 국면에 빠지고, 주가는 폭락
하고, 실업자는 급증하게 되는 것입니다.

그런데 1929년 10월의 주가 폭락, 즉 주식시장 공황은 1930년대의 전반
적 공황을 선도했다는 점을 알아야 합니다. 호황이 계속되면 모두가 그런 상
태가 더욱 길게 그리고 폭넓게 계속되리라는 전망을 갖게 되어 주식 구매자
가 점점 더 증가하고 주식 가격이 점점 더 상승하는 경향이 나타납니다. 이것
이 주식투기지요. 그러다가 경제위기가 온다고 하면 모두가 한꺼번에 주식을
팔아치우려 하기 때문에 주가가 폭락하는 것이잖아요? 그리고 주가가 폭락
하면 주식을 사두었던 기관투자가나 개인투자자들이 망하기 때문에 경제 전
체가 공황에 빠지는 것입니다.

이미 우리는 경제의 금융화를 이야기할 때 제조업체의 이윤 중 상당 부

분이 생산활동이 아니라 금융활동에서 나오고 있다는 것을 이야기했습니다. 다시 말해 제품을 팔아 얻는 이윤보다 여유자금을 대부해서 얻는 이자와 주식 소유로 얻는 배당, 주식 매매로 얻는 자본이득이 더 크다는 뜻입니다. 이는 생산업체가 더 큰 이득을 얻기 위해 생산활동을 버리고 금융활동에 종사하게 됨에 따라 경제의 금융화가 일어나게 되었다는 이야기지요. 그렇다면 왜 생산활동이 낮은 이윤율을 낳을까요? 이는 신자유주의적 정책이 경제성장, 실업률, 국내시장과 세계시장의 팽창률 등에서 매우 나쁜 실적을 올려서 산업자본이 수익성 있는 생산을 확대할 수 없게 되었기 때문입니다. 1950~1970년대 OECD 회원국들의 경제성장률은 5~6%였는데 1980년대에는 3~4%도 안 되고, 1950~1970년대에는 실업률이 3~4%였는데 1980년대에는 10%가 넘었다고요. 그런데 신자유주의에서는 빈곤과 실업이 개인의 문제라고 말하면서 사회는 책임이 없다고 주장하기 때문에 서민들을 위한 소득보조, 실업수당, 노후연금 등이 줄어들지요. 또 부자들에게 세금을 깎아주고 보수를 더 많이 주면 그들이 더 열심히 일하게 되어 경제성장이 촉진된다는 무당 경제학(voodoo economics)을 믿기 때문에, 소득 불평등은 더욱 심화되면서 전체 소비성향은 더욱 낮아지게 됩니다. 그래서 국내시장이나 국제시장이 점점 더 축소되면서 수출업체 사이에는 무한경쟁이 일어나 상품이 팔리지 않는 것입니다. 그리고 최근의 과학기술이 너무나 빠른 속도로 발전하기 때문에 최신의 값비싼 기계 설비를 설치한 뒤 얼마 되지 않아 더욱 새로운 기계 설비가 등장하게 되고, 이로 인해 기업들은 투자하기를 두려워하거나 투자하더라도 투자자금을 회수하기 어렵게 되는 것이지요. 이런 상황에서 누가 생산활동에 전념할 수 있겠어요.

마지막으로 일본의 1990년대 장기불황을 주식 가격의 동향에 따라 설명해봅시다. 1985년도에 레이건 대통령은 미국의 무역수지 적자를 축소하기 위해 독일과 일본에게 도이치마르크화와 엔화의 평가절상을 요구했어요. 평가절상은 엔화의 대외가치를 더 올리라는 말이지요. 예컨대 '1달러=1,000엔'을 '1달러=500엔'이 되도록 하는 것이에요. 이렇게 되면 미국 사람이 이전에는 1달러로 1,000엔의 일본 상품을 사 갔는데, 이제는 500엔의 상품밖에 못 사 가게 되니까 미국이 일본으로부터 수입하는 상품이 줄어들게 되겠죠. 반면에 일본 사람은 이전에는 미국에서 1,000엔을 주어야만 1달러의 상품을 샀는데, 이제는 같은 상품을 500엔만 주면 살 수 있으므로 미국 상품을 더 많이 사게 되겠죠. 결국 미국이 일본에 수출을 더 많이 할 수 있게 되는 것입니다.

일본은 미국의 압력에 굴복해 엔화를 평가절상하면서 수출경쟁력에 큰 타격을 입게 됩니다. 그런데 옛날에는 '1,000엔=1달러'였던 것이 이제는 '500엔=1달러'가 되니까 엔화가 엄청나게 강해졌고, 장래 전망에서도 일본의 이해당사자 자본주의가 미국의 주주 자본주의보다는 훨씬 더 좋은 실적을 나타낼 것처럼 보였죠. 그래서 엔화의 대외가치는 점점 더 올라가기 시작합니다. 세계의 투기적 투자자들은 엔화를 가지기를 원했고, 엔화로 표시된 주식과 회사채를 대규모로 사들이기 시작했어요. 이렇게 해서 일본으로 엄청난 규모의 외국 자본이 들어오고 주식과 회사채 값이 자꾸 올라가게 되었죠. 그러니까 일본 기업가들은 "우리 회사가 별로 잘하는 게 없는데 왜 이리 주가가 올라가나?" 하면서 주식과 회사채를 자꾸 발행했어요. 그리고 이 자금으로 기업을 확장하고 새로운 시설을 마련한 겁니다. 이렇게 되니 땅값이 자꾸 상승해서 일본 기업은 생산에서는 손해를 보더라도 땅값 상승에서 오는 이익으로 그 손해를 메울 수 있다는 신념을 가지게 되었습니다. 이렇게 해서 기업은 생산물이 팔리는가에 신경 쓰지 않고 공장을 확대해 땅 소유를 확대하는 데 몰두했지요. 그런데 주식 가격과 땅값이 급속히 상승하니까 일본의 주식 소유자와 땅 소유자들은 부자가 되어 소비를 많이 증가시켰어요. 그리고 주식과 땅을 담보로 은행에서 대출을 받아 점점 더 많은 주식과 땅을 구매하기 시작했습니다. 이렇게 해서 주식과 회사채의 가격은 상승하고 소비와 투자는 증가하고 땅값도 상승하면서 1980년대 후반에 투기적인 활황(벼락경기)이 나타난 것이지요.

그러다가 조금 있으니 과잉투자, 과잉설비, 과잉대출을 했다는 징후가 드러나기 시작합니다. 기업의 수익성은 상승하지 않았는데 주가만 계속 상승해 그 괴리가 점점 더 확대되고 있었던 것이지요. 결국 주식 가격이 기업의 수익성을 반영하는 수준으로 폭락합니다. 주식을 많이 가지고 있던 기관투자가, 가계, 기업들이 망하기 시작하고, 땅값도 폭락하기 시작했지요. 또 주식과 땅을 담보로 거대한 대출을 감행한 은행들도 망하기 시작합니다. 이것이 1990년대 일본의 대공황입니다. 투기적 활황이 폭삭 무너진 거예요. 거의 20년이 지난 지금에도 이 공황이 사실상 계속되고 있다고 볼 수 있습니다. 기업들은 이자율이 거의 0%인 지금도 아직 너무나 큰 생산설비를 가지고 있기 때문에 투자할 생각을 하지 못하고 있어요. 우리가 주의해야 할 것은 어쨌든 주식 가격은 기업의 수익성을 반영하는 것이며, 주가가 기업의 수익성보다 너무 높이 올라가면 곧 폭락한다는 것입니다.

미국의 달러
시뇨리지

이제 미국의 달러 이야기를 좀 해봅시다. 미국 정부가 달러를 세계화폐로 만들어서 횡재하는 것을 시뇨리지(seigniorage)라고 부릅니다. 원래 이 용어는, 예컨대 영국의 1파운드짜리 금화가 금 0.01g을 함유해야 하는데, 국왕이 금 0.005g을 함유하는 금화를 1파운드로 만듦으로써 막대한 이익을 얻은 것을 가리키는 말입니다. 현재 미국 정부는 인쇄비가 3센트 드는 1달러짜리 지폐로 외국 상품 1달러어치를 사오고 있으므로 1달러당 97센트의 시뇨리지를 얻고 있습니다.

둘째로 국제무역에서 미국 사람은 달러를 지출해 해외의 상품과 서비스를 구매하는데, 외국 사람이 그 달러로 미국의 상품과 서비스를 구매하지 않고 있다면 미국은 큰 이득을 보겠죠. 지금 미국 달러의 발행액 중 55~70%가 해외에서 유통되고 있기 때문에, 그 금액만큼 미국은 외국의 기계나 원료를 미국으로 공짜로 가져가고 있다고 이야기할 수 있습니다.

셋째로 미국은 옛날에는 세계 최대의 순 채권국이었는데, 현재는 세계 최대의 채무국입니다. 미국이 외국에 대해 가지고 있는 채권액보다 채무액이 훨씬 더 크다는 말이죠. 외국에 대해 빚을 지고 있단 말이에요. 만약 달러의 가치가 떨어진다면, 미국은 그만큼 빚을 덜 갚아도 되기 때문에 이득을 보게 됩니다.

그렇다면 어떻게 미국의 달러가 세계화폐가 되었을까요? 1944년에 국제통화기금(IMF)을 만들 때 세계의 두 강국인 미국과 영국은 세계화폐에 대해 서로 다른 의견을 가지고 있었습니다. 영국 대표는 케인스이고 미국 대표는 화이트(Harry Dexter White: 1892~1948)라는 재무부 관리였지요. 케인스는 "IMF를 세계의 중앙은행으로 만들자. IMF가 다른 나라의 간섭을 받지 않고 독립적으로 세계화폐인 방코르(Bancor)를 발행해 공급하자"고 제안했어요. 하지만 화이트는 일언지하에 이를 거절합니다. 제2차 세계대전이 끝난 시기에 세계에서 가장 강한 나라가 미국이었잖아요? 미국이 자기 화폐인 달러를 세계화폐로 만들면 세계를 지배할 수 있는데, 왜 쓸데없이 세계의 중앙은행을 새로 만들어 그 기구에게 모든 권리를 주겠어요? 영국의 세력이 약하니까 결국 미국 달러가 세계화폐가 된 것입니다. 그런데 다른 국가들이 달러가 세계화폐가 되면 미국 정부가 자꾸 조폐기로 달러를 찍어내 세계의 모든 자원을 공짜로 가져갈 위험이 있다고 불평을 합니다. 이 말이 맞긴 맞죠. 그래서 미국은 외국의 중앙은행이 35달러를 가지고 오면 금 1온스를 주겠다고 약속하게 됩니다. 이렇게 해서 IMF가 설립된 것이죠.

그런데 35달러에 대해 금 1온스를 준다는 태환 약속을 미국의 닉슨 대통령이 1971년 8월 15일에 파기합니다. 미국은 1960년대 후반기부터 특히 독일과 일본에 비해 국제경제력이 굉장히 약해져서 자꾸 무역수지 적자가 났어요. 미국이 수출보다 수입을 많이 하니까 미국 달러가 세계로 많이 나가게 되어 달러의 대외가치가 떨어진 것이지요. 그래서 금시장에서 금 1온스 값이 600달러까지 상승했지요. 이때 프랑스의 드골 대통령은 미국으로 예컨대 35억 달러를 보내 금 1억 온스를 받아냈어요. 그리고 이 금 1억 온스를 금시장에서 팔아 600억 달러를 얻었지요. 35억 달러를 순식간에 600억 달러로 만들어낸 거죠. (웃음) 이에 따라 다른 나라들도 미국 달러를 미국 중앙은행에 보내 금을 찾는 행위가 그치지 않았기 때문에 미국이 보유하고 있던 금은 곧 동이 나게 되었지요. 그래서 닉슨이 달러를 금으로 바꿔주는 약속을 일방적으로 파기한 것입니다.

이제 달러는 실질적인 가치에 의해 보증되는 태환지폐가 아니라 불환지폐가 된 것이죠. 그런데 불환지폐의 가치 또는 구매력은 불환지폐의 유통량과 상품의 가치에 따라 변동하게 되므로 달러의 환율은 고정될 수 없게 되었고 결국 1973년 3월부터 모든 나라의 화폐들 사이의 환율은 변동환율제로 전환됩니다. IMF의 원칙인 달러 – 금 태환제도와 고정환율제도는 이렇게 해서 막을 내리게 된 것입니다. 미국은 달러를 세계화폐로 유지하는 것이 얼마나 큰 이익이 되는지를 알고 있어요. 2003년 이라크를 침공한 이유 중 하나도 이라크의 후세인이 석유를 팔면서 달러 대신 유로를 달라고 했기 때문이지요. 이라크의 이런 행위를 그대로 두면 OPEC의 모든 회원국이 석유판매 대금을 유로로 받을 위험이 있기 때문에 이라크를 침략한 것입니다.

현재 미국 달러의 가치는 점점 더 떨어지고 있으며, 이는 세계공황을 야기할 수도 있습니다. 미국은 현재 무역수지도 적자고 재정수지도 적자지요. 재정수지가 적자를 나타내는 이유는, 부시가 부자들에게 조세를 감면해주고, 이라크와 아프가니스탄에서 전쟁을 확대하고 있기 때문입니다. 달러의 대외가치가 점점 하락하고 있는데, 이 하락이 어느 수준에 이르면 투자자들이 달러 현금뿐만 아니라 달러로 표시된 유가증권을 보유하지 않으려고 할 것입니다. 이렇게 되면 뉴욕 증권거래소의 미국 국채, 회사채, 주식의 가격은 폭락할 수밖에 없고, 미국경제와 세계경제는 공황에 빠질 수밖에 없는 것이지요. 이것이 하나의 가능한 시나리오입니다. 그렇다면 미국은 이것을 어떻게 막을 수 있을까요? 미국은 경제적인 방법으로 이런 시나리오를 막을 수 없기 때문에 군사적인 무력을 사용해 계속 달러를 세계화폐로 사용하라고 협박하고 있는 것입니다.

그리고 또 하나의 시나리오는 달러를 외환보유고로 가지고 있는 나라들의 정부가 외환보유고를 모두 유로로 바꿔버릴 경우 미국경제와 세계경제가 공황에 빠진다는 것입니다. 지금 세계에서 달러를 외환보유고로 가장 많이 가지고 있는 나라는 중국입니다. 약 2조 달러 이상을 가지고 있어요. 그리고 일본과 타이완이 약 5,000억 달러에서 1억 달러 정도를 가지고 있고, 한국이 약 3,000억 달러를 가지고 있습니다. 그런데 이 동북아의 세 나라는 자꾸 손해를 보면서도 미국의 압력에 못 이겨 외환보유고를 계속 달러로 가지고 있는 거예요. 그래서 한마디 하자면, 한국 정부는 미국 정부에 그렇게 저자세를 취할 필요가 없다는 겁니다. 3,000억 달러를 유로로 바꿀 가능성이 있다는 것을 보여줌으로써 미국 정부의 양보를 받아낼 수 있는 것이지요.

자, 오늘은 이 정도로 합시다. 감사합니다.

질문 미국 달러 패권주의에 대한 대안으로 유로를 세계화폐로 격상시키는 것을 생각하고 계신 것 같은데요. 유럽연합 내부 사정을 보자면, 달러에 대항하기 위해 유로를 만든 것은 사실이지만, 유로가 실제로 유럽연합 안에 살고 있는 일반대중들의 생활에 얼마나 보탬이 될지는 생각해보아야 한다고 생각합니다. 1993년에 마스트리히트 조약을 통해 유럽의 완전한 경제통합을 추진하면서 재정적자 비율을 국내총생산의 3% 이내로 유지하라고 유럽연합이 각 회원국에 강제하고 있잖아요. 이 과정에서 각국 정부는 사회복지 지출을 상당량 삭감할 수밖에 없었습니다. 유로를 안정적인 세계화폐로 격상시키기 위해 유럽연합이 회원국 정부의 자율적인 재정금융정책 권한을 점점 더 축소한다면, 각국의 국민들은 점점 더 제한된 사회복지 혜택을 받을 수밖에 없을 것입니다. 그렇다면 유로를 세계화폐로 만드는 것의 이점이 과연 어디에 있겠습니까? 각 나라의 국민들이 유로를 세계화폐로 만드는 것에 반대하지 않을까요?

답변 굉장히 좋은 질문이네요. 유럽연합이라는 것이 하나로 통일된 것이 아니라 여러 나라들의 연합체 비슷하게 되어 있기 때문에 미국에 비해 통일성이나 대외적인 단결력이 없다는 것은 인정합니다. 이런 면에서 미국은 달러를 세계화폐로 옹호하기 위해 군사력을 동원할 수 있지만, 유럽연합은 그렇게 하기가 힘들겠죠. 그러나 달러가 지금과 같이 굉장히 위험한 처지에 빠질 때 그것을 대체할 수 있는 통화가 유로뿐이기 때문에 세계 각국 정부가 유로를 세계화폐로 채택할 가능성이나 유럽연합이 유로를 세계화폐로 만들기 위해 노력할 가능성이 높다고는 할 수 있을 것 같습니다.

질문 미국에 대한 가장 큰 채권국인 일본이나 중국이 모두 미국의 유가증권을 계속 구매하고 있는 것이 달러체제를 유지하는 데 매우 중요한 요인인 것 같습니다. 그런데 이렇게 달러체제를 유지해야 일본이나 중국, 우리나라와 같은 채권국들이 자국의 상품을 미국에 많이 수출할 수 있습니다. 한편으로는 달러의 가치가 하락함으로써 채권국들이 손해를 보지만, 다른 한편으로는 수출 증대를 통해 이익을 보고 있는 점을 어떻게 조화시킬 수 있을까요?

답변 미국이 무역수지 적자와 재정수지 적자를 낸 것이 어제 오늘의 일이 아닙니다. 그런데도 달러의 대외가치가 그렇게 크게 하락하지 않았던 이유는 무엇일까요? 1990년대 미국은 IT혁명을 통해 주식시장이 활황을 이루었습니다. 그래서 세계의 화폐자본가들이 미국 IT산업의 주식을 구매하려고 미국에 대규모 투자를 감행했지요. 그 덕분에 달러가치가 떨어지지 않고 유지될 수 있었던 것입니다. 그러나 지금은 사정이 많이 달라져서 미국의 유가증권을 구매할 유인이 별로 없습니다. 이것이 뉴욕시장의 주가와 달러가치가 최근 떨어지는 이유입니다. 그리고 질문자가 지적하신 대로 달러를 많이 가지고 있는 중국이나 일본이 미국에 상품을 대규모로 수출하고 있으며, 미국경제가 망하면 자기들도 엄청난 손해를 볼 수 있다고 걱정하고 있습니다. 그런데 지금은 일본이나 중국이 유럽연합을 비롯한 여타 나라들과도 거대한 규모로 무역거래를 하고 있기 때문에 미국경제가 망하더라도 큰 손해를 볼 것이 없다고 생각할 수도 있습니다. 또 미국은 중국을 장래의 경쟁상대로 보아 여러 면에서 견제하고 있습니다. 중국도 미국을 경쟁상대로 생각하고 있지요. 따라서 중국은 달러를 많이 가지고 있는 것이 미국에 대한 압력수단이 되고 중국의 이익을 보호하는 보험 역할을 하고 있다고도 생각하는 것 같습니다. 그런데 이런 대항관계는 어떤 특수한 계기에 의해 크게 악화될 수 있기 때문에 미국과 중국의 대항관계가 어떻게 전개되는가를 주의 깊게 관찰해야만 미국경제와 세계경제의 장래를 예상할 수 있을 것입니다.

참고문헌

김수행. 2008. 『알기 쉬운 정치경제학』(제2개정판). 서울대학교 출판부.

글린, 앤드류(Andrew Glyn). 2008. 『고삐 풀린 자본주의: 1980년 이후』. 김수행 · 정상준 옮김. 필맥.

Berle Jr., Adolf A. & Gardiner C. Means. 1932. *The Modern Corporation and Private Property*. New York: Commerce Clearing House.

Burnham, James. 1941. *The Managerial Revolution*. New York: Penguin Books.

03

자본주의 경제의 위기와 공황

자본주의 경제의
경기변동

오늘은 자본주의 경제가 순탄하게 발전해 가는 것이 아니라 여러 가지 상이한 국면을 거치면서 발전하고 있다는 것을 이야기하려고 합니다(〈그림 3.1〉 참조). 특히 이 경기변동에서 갑자기 성장이 중단되거나 정체되는 '경제위기' 국면과 기업의 파산과 실업이 대규모로 일어나는 '공황' 국면에 관해 이야기하려고 합니다. 마르크스는 이런 경기변동이 1825년부터 10년 주기로 일어났다고 말합니다.

'벼락경기'는 영어로 붐(boom)이라고 하는데, 갑작스럽게 경기가 굉장히 좋아져서 완전고용이 달성되고 물가가 상당히 오르며 온갖 투기가 크게 일어나는 국면을 말합니다. 이 벼락경기의 끝에서 갑자기 상품이 팔리지 않고 이 때문에 대출받은 돈을 갚지 못해 기업들이 파산하기 시작하는데, 이것이 바로 경제위기(economic crisis) 국면입니다. 그런데 이 위기 국면에서 정부

그림 3.1 _ 경기변동의 국면

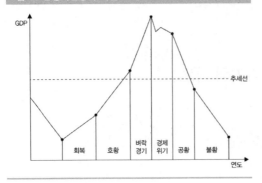

가 재정이나 금융 면에서 돈을 풀면 기업들의 파산이 중지되면서 여타 기업들이 연쇄 파산하는 상황을 피할 수 있기 때문에 경기는 다시 호황으로 돌아갈 수 있습니다. 그래서 위기 국면은 경제가 다시 호황의 길로 갈 것인지 아니면 공황으로 빠질 것인가의 갈림길에 있다고 볼 수 있습니다. 공황(crash) 국면은 수많은 기업들이 갑자기 파산하고 생산이 확 줄어들며 실업자가 갑자기 크게 증가하는 국면을 말합니다. 불황(depression) 국면에서는 생산이 정체되고, 소비자 물가나 생산자 물가가 크게 하락하며, 실업자가 많으니까 임금수준이 낮아지지요. 그런데 이런 불황 국면에서는 상품을 싸게 생산해야만 팔리기 때문에 기업은 혁신을 도입하려고 노력하게 되고, 낮은 임금수준의 구직자들, 값싼 기계류와 원료 등이 생산을 다시 개시하도록 자극하게 됩니다. 그다음 국면이 바로 회복(recovery) 국면이 되는 것이죠.

큰 공황이라고 이야기할 수 있는 것은 1930년대 대공황과 그만큼 컸던 1974~1975년의 공황, 그리고 2008년 현재의 공황을 들 수 있습니다. 1973년 10월 이후의 석유파동과 그것의 영향에 의해 1974~1975년에 세계적인 대공황이 일어났는데, 그 세계적인 대공황을 극복하기 위해서 나온 정책이 바로 신자유주의입니다. 신자유주의는 30년 동안 실시되었지만 호황을 유도하지 못하고 오히려 더욱 큰 공황을 맞게 된 것이지요. 신자유주의가

> 자본주의 경제는 호황 → 벼락경기 → 경제위기 → 공황 → 불황 → 회복 → 호황 국면을 거치면서 성장하고 발전한다.

30년 동안 실시되었지만 아직 공황을 해결하지 못했다는 겁니다.

혼히들 경기변동의 국면을 알아보기 위해서는 산업생산 지수나 국내총생산(GDP) 지수의 연도별 변동을 관찰하지요. 〈그림 3.2〉에서 보는 바와 같이 산업생산 지수를 연도별로 표시한 뒤 점선과 같은 '추세선(trend)'을 그으면, 산업생산이 어떤 추세를 따라 성장하고 있는가를 알 수 있지요. 또한 산업생산이 추세선을 중심으로 상하로 변동하면서 성장하고 있다는 것도 알 수 있습니다. 추세선 위쪽의 가장 높은 점을 꼭대기(P)라고 부르고, 아래쪽의 가장 낮은 점을 밑바닥(T)이라고 해둡시다. 이제 우리가 산업생산이 추세선을 중심으로 어떻게 상하운동을 하는가를 살펴보기 위해서는 〈그림 3.3〉과 같이 추세선을 기준선으로 생산지수를 다시 그려보면 되겠지요. 이 그림은 산업생산이 순환하고 있다는 것을 분명히 보여줍니다. 다시 말해 P-T-P나 T-P-T가 하나의 '순환(cycle)'을 이루게 되는 것입니다.

하나의 순환은 사실상 P-T의 불황 국면과 T-P의 호황 국면으로 나누어집니다. 이 그림에서 P-T-P에 걸리는 시간, 또는 T-P-T에 걸리는 시간을 '주기(period)'라고 부릅니다. 마르크스는 자기가 살던 시대에는 10년을 주기로 경기순환이 반복되었다고 하지만, 20세기에 들어오면 주기가 순환마다 일정하지 않게 나타납니다. 또한 여러 학자들이 서로 다른 주기의 순환을 발견하기도 했지요. 소련의 경제학자 콘드라티예프(Nikolai Dmitrievich Kondratiev: 1892~1938)는 40~60년의 주기를 가진 '장기순환'을 발견했고, 쿠즈네츠(Simon Kuznets: 1901~1985)는 15~25년 주기의 순환을, 쥐글라(Clement Juglar: 1819~

그림 3.2_ 생산지수와 추세선

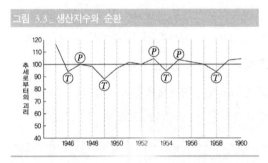

그림 3.3_ 생산지수와 순환

1905)는 7~10년 주기의 순환을, 그리고 키친(Joseph Kitchin: 1861~1932)은 40개월 안팎의 주기를 가진 순환을 발견했습니다.

주류 경제학에서는 경제가 왜 특정한 추세를 따라 성장, 발전하는가를 연구하는 것을 경제성장론 또는 경제발전론이라고 부릅니다. 그리고 경제가 왜 여러 가지 상이한 국면을 거치면서 순환하는가를 연구하는 것을 경기변동론, 경기순환론, 경제변동론 등으로 부르지요. 그런데 내가 보기에는 경제가 추세에 따라 성장하는 것과, 여러 가지 국면을 거치면서 순환하는 것을 분리하는 것보다는 이 둘을 함께 연구하는 것이 중요하다는 생각이 듭니다. 마르크스 경제학에서는 자본주의 경제가 노동자들을 착취해서 잉여가치를 얻고, 잉여가치를 재투자해서 순조롭게 성장하다가, 왜 갑자기 혼란에 빠져 성장이 정체하거나 후퇴하고 기업의 파산과 실업이 크게 발생하는가를 연구하고 있지요. 다시 말해 마르크스 경제학의 주된 테마는 '경제위기와 공황이 왜 발생하는가'입니다. 마르크스는 경제위기(economic crisis)와 공황(crash)을 구분하지 않고 이를 모두 경제위기(economic crisis)라고 불렀지만 내가 생각하기에는 두 국면을 구분하는 것이 경기변동을 이해하는 데 더욱 유용한 것 같습니다.

공황의 원인(1)
화폐경제

그럼 이제 자본주의 경제가 왜 잘 나가다가 위기와 공황으로 빠지는가에 대해 이야기해봅시다.

먼저 주류 경제학은 자본주의에서는 공황이 일어나지 않는다고 이야기하는데, 그 근거가 무엇인지부터 알아볼 필요가 있습니다. 무엇보다도 자본주의의 공황은 상품이 너무 많이 생산되어 팔리지 않기 때문에 발생한다는 점을 기억해야 합니다. 옛날의 농업사회에서는 흉작으로 농산물이 부족하면 경제가 침체하게 됩니다. 그러나 자본주의에서는 항상 벼락경기 국면에서 시장 수요를 초과하여 상품을 생산하기 때문에 공황이 일어나게 됩니다. 이른바 '과잉생산 공황'인 것이죠. 그런데 주류 경제학이 이와 같은 과잉생산 공황이 있을 수 없다고 주장합니다. 그 이유는 사실상 자본주의 경제를 '물물교환 경제'로 보기 때문이죠. 주류 경제학은 자본주의 경제가 화폐경제라는 것을 간과하고 있는 것입니다.

물물교환에서는 과잉생산 공황이 일어날 수가 없습니다. 예컨대 쌀을 가진 사람이 보리를 원하고 보리를 가진 사람이 쌀을 원한다면, 서로가 만나서 쌀과 보리를 교환하면 끝인 것이죠. 쌀을 판매하는 것과 보리를 구매하는 것, 보리를 판매하는 것과 쌀을 구매하는 것이 동시에 일어납니다. 그러니까 판매와 구매가 언제나 함께, 동일한 장소에서 동일한 시간에 동일한 개인들에 의해 이루어진다는 것이죠. 따라서 쌀의 공급과 보리의 수요, 보리의 공급과 쌀의 수요는 필연적으로 균형을 이루게 되는 것입니다. 쌀을 팔면 보리가 팔리고, 보리를 팔면 쌀이 팔린다고 보는 것이죠. 따라서 쌀이나 보리의 과잉생산이 나타날 수가 없는 것입니다. 이런 생각을 가진 대표적인 인물이 유명한 부르주아 경제학자 세이(J-B. Say: 1767~1832)입니다. "공급은 수요를 창조한다"는 '세이의 법칙'을 우리는 지금까지 "쌀의 공급은 쌀의 수요를 창조한다"고 잘못 이해해왔지만, 사실은 "쌀의 공급은 보리의 수요를 창조한다"고 이야기하는 것이 더 정확한 표현입니다. 그래야 물물교환을 더욱 분명하게 드러낼 수 있는 것이죠. 그리고 이런 물물교환에서는 과잉생산이 있을 수 없다는 것이 이 법칙의 핵심입니다.

　그런데 자본주의 경제는 물물교환 경제가 아니라 화폐경제입니다. 따라서 '세이의 법칙'은 적용될 수 없습니다. 그렇다면 화폐경제에서는 교환이 어떻게 일어날까요? 화폐경제에서 컴퓨터를 가진 사람이 자동차를 원한다고 가정해봅시다. 이럴 때는 먼저 컴퓨터를 가진 사람이 화폐를 가진 사람에게 컴퓨터를 팔아 화폐를 얻어야 합니다. 그리고 그 화폐로 자기가 원하는 자동차를 사야 합니다. 그렇지요? 이때 문제는 컴퓨터를 팔아 화폐를 가진 사람이 '당장' 자동차를 사지 않을 수도 있다는 것입니다. 화폐는 사회적 부를 대표하므로 언제든지 자동차를 살 수 있는 힘을 가지고 있기 때문에 당장 자동차를 살 필요가 없는 것이죠. 화폐는 시장에 나와 있는 어떤 상품이라도 살 수 있는 엄청난 힘을 가지고 있기 때문에 모든 사람이 화폐를 많이 가지려고 노력하잖아요. 돈을 많이 벌려고 노력하는 게 바로 이런 이유 때문이라고요. 화폐는 모든 상품을 구매할 수 있는 사회적 힘을 가지고 있기 때문에 컴퓨터를 팔아 화폐를 가지고 있는 사람은 자동차를 나중에 구매해도 된다면서 자동차를 당장 사지 않을 수 있습니다. 그러면 자동차를 팔려고 시장에 나온 사람은 자동차를 팔지 못하게 되겠죠. 자동차가 과잉생산된 것이죠. 이것이 과잉생산 공황의 가장 단순한 형태입니다.

　자본주의 경제는 화폐경제이며 화폐는 어떤 상품이라도 살 수 있는 사회적 힘을 가지고 있습니다. 그런데 상품 소유자는 상품을 화폐로 전환시키지 못한다면, 즉 상품을 팔지 못한다면, 다른 어떤 상품도 구매할 수 없습니다. 이것이 물물교환과 다른 화폐경제의 특성입니다. 화폐경제에서는 상품이 팔릴지 안 팔릴지를 미리 알 수 없습니다. 그래서 상품이 팔려 화폐로 전환하는 것을 마르크스는 '필사적인 도약'이라고 묘사하는데, 그만큼 매우 어렵다는 뜻이죠. 물물교환에서는 컴퓨터를 판매하는 것과 자동차를 구매하는 것, 또는 자동차를 판매하는 것과 컴퓨터를 구매하는 것이 동일한 시간에, 동일한 장소에서, 동일한 거래당사자들 사이에서 일어나잖아요? 그러나 화폐경제에서는 컴퓨터 판매자가 화폐 소유자에게 컴퓨터를 판매하고, 여기서 얻은 화폐로 자동차 판매자에게서 자동차를 구매하기 때문에, 판매와 구매는 상이한 시간에, 상이한 장소에서, 상이한 거래당사자들 사이에서 일어나게 됩니다. "(컴퓨터의) 공급은 (자동차에 대한) 수요를 창조한다"는 세이의 법칙이 적용되지 않는 것입니다. 화폐경제에서는 '컴퓨터 － 화폐 － 자동차'라는 절차를 통해 컴퓨터와 자동차가 교환되는데, 이 경우에 화폐는 두 상품의 교환을 매개하는 수단이 되는 것입니다. 컴퓨터 판매자가 화폐를 당분간 보유하는 것이나 여러분이 화폐를 지출하지 않고 은행에 예금하던지, 저금통에 넣던지, 주머니에 넣어두는 것도 모두 화폐가 사회적 부를 대표하고 그 가치를 저장하는 기능을 가지기 때문입니다.

공황의 원인(2)
생산의 무계획성 | 둘째로 자본주의에서 과잉생산 공황이 일어나는 이유는 사회적 생산이 무계획적으로 이뤄지기 때문입

니다. 컴퓨터를 만드는 자본가가 여러 사람 있다고 가정해보세요. 각각의 자본가는 올해 자기의 컴퓨터가 얼마나 팔릴지 예상하여 컴퓨터를 시장에 공급하겠지요. A라는 자본가는 자기의 예상에 따라 1만 대를 공급하고, B라는 자본가도 자기의 예상에 따라 2만 대의 컴퓨터를 공급하는 것이지요. 이렇게 해서 시장에는 컴퓨터 3만 대가 공급됩니다. 그런데 컴퓨터에 대한 사회적 수요는 1만 5,000대에 불과하더라는 거예요. 총수요량이 총공급량보다 훨씬 적었다는 것이지요. 이것을 가리켜 자본주의에서는 사회적 생산이 무계획적으로 또는 무정부적으로 이루어진다고 이야기하는 것입니다. 앞의 예처럼 컴퓨터가 시장에 너무 많이 공급되면 컴퓨터 가격이 떨어질 수밖에 없겠죠. 컴퓨터 가격이 떨어지면 컴퓨터 생산업자는 이윤을 얻지 못할 뿐만 아니라 생산비용도 회수할 수 없을지 모릅니다. 만약 컴퓨터 생산업자가 컴퓨터를 생산하기 위해 은행으로부터 자금을 차입했다면, 이 생산업자는 은행에 원리금을 갚을 수 없어 파산하게 되겠지요. 이런 파산이 컴퓨터 부문뿐만 아니라 여러 산업 부문에서 일어난다면, 경제는 공황에 빠지게 되는 것입니다. 그러면 기업들은 파산하고, 생산은 중단되며, 실업자는 증가하게 되겠죠.

그런데 정부의 계획당국이 주민들에게 올해 어떤 모델로 몇 대의 컴퓨터를 사려고 하는가를 미리 물어서 사회 전체의 수요를 파악한 뒤, 각 컴퓨터 생산업자에게 어떤 모델로 몇 대를 생산하라고 지시한다면, 사회적 수요와 사회적 공급이 일치할 수 있을 것입니다. 이런 사회가 바로 자본주의가 아닌 '새로운 사회'인 것입니다.

또 자본주의의 '무계획성'은 혁신의 도입에서도 나타납니다. 특히 1980년 이후에는 IT산업에서 눈부신 혁신이 도입되었어요. 그런데 자본주의에서는 사회 전체적으로 볼 때 연구개발이 계획적으로 이뤄지는 것이 아닙니다. 어떤 기업이 갑자기 새로운 기술을 발명해서 상품의 시장가격이 150원일 때 그것보다 훨씬 싼값인 100원에 상품을 생산할 수 있게 되었다고 칩시다. 이 기업은 100원에 만든 상품을 시장가격인 150원에 팔아 50원의 '초과이윤'을 얻을 수 있겠지요. 이때 이 기업은 큰 이윤을 얻지만 여타 기업들은 기존의 기계 설비를 모두 폐기 처분하면서 새로운 기술을 도입하지 않을 수 없게 됩니다. 만약 여타 기업들이 기존의 기계 설비를 아직 완전히 감가상각하지 않은 상태라면 이들은 파산할 수밖에 없을 것입니다. 이것이 또한 경제 전체를 공황에 빠뜨릴 수 있고요. 새로운 기술을 경쟁적으로 도입함으로써 기존의 생산설비를 대규모로 폐기 처분하는 것은 엄청난 낭비임에 틀림없지요. 자본가들이 혁신을 너무 경쟁적으로 도입하는 경우에, 최초의 혁신 도입자는 초과이윤을 장기간 향유할 수 없기 때문에 그의 이윤율이 낮아질 뿐만 아니라 파산하기 십상이죠. 그래서 사회 전체적으로는 신규투자를 하지 않으려는 경향이 생기고, '과잉설비'가 광범하게 남아 있게 되는 것입니다. 이것이 1980년 이래 세계경제가 장기 불황에 빠져 있는 중요한 이유 중 하나입니다. 요새는 혁신을 빨리 도입하는 것이 좋다고 자꾸 장려하고 있지만, 이것이 엄청난 규모의 낭비를 동반하고 있으며, 이 낭비가 사실은 공황과 불황을 일으키는 중요한 요인 중 하나라는 것은 모두가 잊고 있는 것 같아요.

그럼 이제 자본주의가 아닌 '새로운 사회'에서는 이런 무계획성을 어떻게 제거하는지 알아보기로 해요. 내가 지난 강의에서도 이야기했듯이 새로운 사회의 주된 과제는 그 사회의 인적·물적 자원을 이용해서 주민들의 욕구와 욕망을 충족시키는 것입니다. 사회의 계획기구가 인터넷을 통해 주민들에게 내년에 무엇을 원하는가를 물을 것입니다. 주민 각자가 필요로 하는 소비재와 서비스의 종류, 수량, 공동으로 소비하는 교통수단이나 도로, 병원, 학교, 체육시설, 그리고 공장과 기계 설비의 유지 및 확대에 필요한 생산재와 서비스의 종류와 수량 등을 파악하겠지요. 그리고 이런 주민들의 필요와 욕망을 채워줄 수 있는 인적·물적 자원을 조사할 것입니다. 이렇게 해서 주민들의 욕구와 이용 가능한 자원이 서로 균형을 이루도록 생산 품목과 생산량을 결정하게 되겠지요? 이런 결정은 인터넷 화상회의를 통해서든 많은 주민들이 참여할 수 있는 공간에서든 언제나 민주적으로 이루어져야 합니다. 새로운 사회에서는 재화와 서비스에 대한 수요와 공급이 계획에 의해 처음부터 일치하게 마련이지요. 새로운 사회는 처음부터 인적·물적 자원의 낭비가 없는 사회라고 볼 수 있습니다.

그런데 주류 경제학은 내가 이야기하는 새로운 사회를 소련 사회로 간주하면서 계획경제에서는 엄청난 낭비가 있다고 다음과 같은 예를 들곤 합니다. 중앙계획당국(Gosplan)이 각 공장에다가 못을 10kg 생산하라고 지시했더니 공장마다 10kg의 못 '하나'를 만들어서 생산계획을 완수했다고 보고했다는 거예요. (웃음) 그런데 10kg짜리 못은 사용할 곳이 없기 때문에 자원이 낭비되었다는 것이죠. 하지만 중앙계획당국이 못 하나의 크기와 무게와 모양을 말하지 않고 그냥 못 10kg을 생산하라고 지시했다는 말은 믿을 수가 없어요. 물론 나도 소련 사회는 문제점이 많았다고 생각해요. 공산당과 관료들이 생산을 직접적으로 담당하는 노동자와 농민을 억압하고 지배함으로써 직접적 생산자들의 창의성, 자발성, 헌신성을 이끌어내지 못한 것이 가장 치명적인 약점이었죠. 생산자들이 오히려 자본주의의 임금노동자보다 낮은 수준의 결사와 파업의 자유를 누리고 있었으니까요.

그다음으로 자본주의적 발전에 따라 독점이 생기고 국가가 경제에 개입함에 따라 자본주의의 무계획성·무정부성이 약화되고 있다는 주장이 나왔지요. 힐퍼딩은 여기서 더 나아가 무계획성이 사라지는 '조직된 자본주의(organised capitalism)'가 탄생한다고 보았습니다. 그런데 독점은 문자 그대로 어느 한 산업에 하나의 대기업이 있다는 것을 가리키는 것이 아닙니다. 실제로는 한 산업 안에 몇 개의 대기업이 있고, 이들이 명시적이고 묵시적인 담합에 의해 그 산업을 지배하고 있는 것을 독점이라고 부릅니다. 우리나라에서는 자동차산업, 전자산업, 조선산업, 맥주산업, 소주산업, 석유·화학산업 등이 모두 독점에 의해 지배되고 있는 셈이지요. 만약 독점적 대기업들이 일정수준의 높은 가격에 상품을 팔기로 담합한다면, 이들은 자기의 생산비용을 줄이면 줄일수록 더욱 큰 독점이윤을 얻을 수 있기 때문에 치열한 비용절감 경쟁을 벌이게 됩니다. 이 과정에서 명시적·묵시적 협약들이 파기되고 과잉생산이 나타나 급속한 혁신에 따른 사회적 낭비를 피할 수 없게 되는 것입니다. 국제적으로는 OPEC이 석유산업의 독점적 조직이지만 각 회원국 사이의 경쟁 때문에 생산계획이 제대로 준수되는 경우가 드문 것을 볼 수 있습니다. 그리고 한 산업에서는 독점이 지배할 수 있지만 모든 산업을 독점이 지배하는 것은 매우 어려운 일입니다. 이윤율이 각 산업마다 다르기 때문에 자본은 더 높은 이윤율을 낳는 산업으로 옮겨가게 마련이지요. 이런 자본 이동이 경쟁의 한 형태인데, 어떻게 자본 이동을 저지할 수 있겠어요? 자본주의에서는 이런 자본 이동이 무계획적으로 일어날 수밖에 없기 때문에 산업들 간의 불균등 발전이나 불비례성이 심화되고 이것이 원인이 되어 공황이 발생하게 되는 겁니다.

끝으로 국가가 경제에 개입하더라도 이윤 추구가 생산의 목적인 자본주의에서는 무계획성이 사라지지 않는다는 점을 지적할 필요가 있습니다. 우리나라에서도 여러 가지 형태의 국가 개입이 있었지요. 정부가 경제개발 5개년 계획을 세워 어떤 산업을 빨리 육성하기 위해 그 산업에 대규모의 재정자금과 은행대출과 외국차관을 집중적으로 지원했어요. 하지만 이런 산업정책 아래서도 재벌과 같은 민간자본은 더 많은 이윤을 얻으려고 경쟁했고, 이로 인해 과잉생산 공황을 피할 수 없었습니다.

이제 이윤율이 저하하면서 기업들이 파산하고 공황이 폭발하는 과정을 설명해보겠습니다.

자본가들은 이윤을 얻기 위해 경제활동을 하기 때문에 이윤율은 투자의 욕과 투자능력을 결정하는 가장 중요한 지표입니다. 이윤율 공식을 한번 생각해보세요. 자본가가 생산을 조직하기 위해 투자해야 하는 금액은, 공장을 짓거나 제품을 만드는 데 드는 기계나 원료를 사는 돈('물적 투자액')과 노동자를 고용하는 데 드는 돈('인적 투자액')입니다. 여기서 이 투자총액은 한편으로는 기계와 원료 등 '생산재'를 구매하게 되고, 다른 한편으로는 노동자에게 임금을 줌으로써 노동자들이 필요로 하는 소비재를 구매하게 되는 것이지요. 따라서 자본가의 투자에 의해 제품이 생산되기 이전에 생산재와 소비재에 대한 수요가 생긴다는 것을 항상 기억해야 합니다. 좀 더 강력하게 표현하면, 시장에 있는 생산재와 소비재가 팔릴 것인가, 안 팔릴 것인가는 자본가가 투자할 것인가, 하지 않을 것인가에 달려 있다고 할 수 있습니다. 두 대통령을 감옥에 넣은 '용감한' 김영삼 대통령(1927~: 재임기간 1993~1998)도 재벌 총수를 감옥에 넣지는 못했지요. 왜냐하면 재벌 쪽에서 "총수가 감옥에 가면 우리는 투자를 하지 않겠다"고 협박을 했기 때문이에요. (웃음) 재벌들이 투자를 하지 않으면, 생산물이 팔리지 않고 해고가 증가하며 경제성장은 후퇴할 수밖에 없기 때문에 대통령도 어떻게 하지 못한 것이죠.

그렇다면 여기서 연간이윤율은 1년 동안 얻은 이윤총액을 투자총액(=물적 투자액+인적 투자액)으로 나눈 것이 될 것입니다. 그리고 만약 자본가가 1년 동안 얻은 이윤총액을 모두 공장을 확대하는 데 재투자한다면, 다시 말해 1년간의 이윤총액이 물적 투자액과 인적 투자액에 추가된다면, 연간이윤율은 자본팽창률 또는 자본증식률과 똑같아집니다. 그런데 자본가는 이윤총액 중에

$$\text{연간이윤율} = \frac{\text{1년간의 이윤총액}}{\text{물적 투자액} + \text{인적 투자액}}$$

$$\fallingdotseq \frac{(\text{물적 투자액} + \text{인적 투자액})\text{의 증가분}}{\text{물적 투자액} + \text{인적 투자액}}$$

$$= \text{자본팽창률}$$

서 자기와 가족의 생활에 필요한 비용을 가져가기 때문에, 이윤율은 자본팽창률의 최댓값이라고 말할 수 있어요. 그러니까 이윤율이 높으면 기업은 기계와 원료를 더 많이 구입하고 노동자를 더 많이 고용해서 공장을 확대할 수 있다는 거죠. 즉, 이윤율이 상승하면 생산재와 소비재에 대한 수요가 추가적으로 더 생긴다는 뜻입니다. 그렇기 때문에 이윤율이 상승하면, 투자하고 싶은 의욕을 더욱 자극하고 투자할 수 있는 능력을 더 확대하게 되는 것이에요.

케인스는 『일반이론』에서 자본주의사회에서 불황은 '유효수요'의 부족 때문에 나타난다고 이야기합니다. 케인스가 주류 경제학자들과는 달리 불황이 일어날 수 있다고 인정한 점은 높이 평가해야 해요. 유효수요는 기계와 원료 등 생산재에 대한 수요와 소비재에 대한 수요를 합한 것입니다. 그런데 그는 유효수요가 부족해서 생산재와 소비재가 팔리지 않아 불황이 온다고 이야기하면서도, 유효수요가 부족하게 되는 이유가 이윤율이 낮아지기 때문이라는 것은 이해하지 못했어요. 그 대신 그는 소비자와 투자자의 본성이나 성향에서 원인을 찾았죠. 소비자는 소득이 증가할수록 소비보다 저축을 증가시키는 성향이 있기 때문에 소비재에 대한 수요가 생산량에 비해 점점 더 감소하는 경향이 있다고 했지요. 그리고 기업가는 투자의 예상 수익률과 이자율을 비교해 예상 수익률이 이자율보다 높은 동안에만 투자하는 성향이 있는데, 금리생활자들의 개입에 의해 이자율이 충분히 저하하지 않기 때문에 투자가 부족해지고 생산재에 대한 수요가 생산량에 비해 점점 더 감소하는 경향이 있다는 것이에요. 그래서 사회 전체적으로 보면, 소비재와 생산재에 대한 유효수요가 생산량에 비해 점점 더 감소하기 때문에 불황이 오게 되는데, 이 유효수요의 부족을 보충하기 위해서는 정부가 개입해 정부의 소비와 투자를 증가시켜야 한다고 주장한 것입니다.

그런데 여기서 문제는 소비자의 성향(본성)이나 기업가의 성향(본성)이 케인스의 가정과 같다는 것을 보증할 수 없다는 것입니다. 예컨대 소득이 증가할 때 소비보다는 저축을 더욱 증가시키는 사람들도 있지만, 소득이 증가하면 장차 소득이 더욱 증가할 것을 예상해 소비를 더욱 크게 증가시키는 사람들도 분명히 많습니다. 또한 기업가는 치열한 경쟁 속에서 살아남아야 하기 때문에, 또 투자 수익률이 실제로 몇 퍼센트가 될지 미리 알 수가 없기 때문에, 계속 투자를 증가시키지 않을 수 없는 것이 자본주의의 현실입니다. 따라서 케인스가 정부 개입을 합리화시키기 위해서 소비자와 기업가의 성향을 자기 멋대로 가정한 것이 아닌가 하는 의심도 들어요.

마르크스가 이야기한 대로 실제로 이윤율이 떨어지면 유효수요가 부족해집니다. 구체적인 수치를 예로 들어 설명해봅시다. 경제에서 매우 중요한 대기업의 이윤율이 지금 30%이고, 이 기업의 자본팽창률도 30%라고 가정해보죠. 투자총액이 100억 원이라면 이윤총액이 30억 원이고, 이 기업은 이윤총액을 모두 기계와 원료의 추가적인 구입과 노동자의 추가적인 고용에 지출합니다. 그러면 이 기업이 구매하는 기계와 원료는 매년 이전보다 30% 증가할 것이며, 노동자에 대한 임금지불 총액이 매년 30% 증가하기 때문에 소비재에 대한 수요도 30% 증가하게 되겠지요. 이래서 이 중요한 대기업에 기계나 원료를 공급하는 생산재 산업은 이전보다 생산재를 30% 더 많이 생산하게 되고, 이 대기업의 노동자들이 구매하는 생필품을 생산하는 소비재 산업도 이전보다 소비재를 30% 더 많이 생산하게 되는 겁니다. 그런데 갑자기 이 대기업의 이윤율이 30%에서 10%로 저하해 이윤량이 30억 원에서 10억 원으로 감소한다면 어떻게 될까요? 이는 이 기업의 생산재와 소비재의 추가적인 수요가 10%밖에 증가하지 않는다는 것이죠. 그런데 생산재 산업이나 소비재 산업은 예년처럼 생산재와 소비재의 생산을 30%만큼 증가시켰겠죠. 그러면 증산한 생산재와 소비재의 20%는 팔리지 않게 될 것입니다. 결국 생산재와 소비재의 과잉생산이 생긴 것이죠. 그러니까 생산재 산업과 소비재 산업은 생산물을 팔지 못해 파산하게 되겠죠. 이것이 바로 공황이라는 것입니다.

이윤율의 저하 → 유효수요의 부족 → 상품의 판매 부진 → 부채의 상환 불가능 → 기업의 파산 → 은행의 파산 → 공황의 발생

『자본론』제3권 제3편의 제목이 '이윤율의 저하 경향의 법칙'이죠. 그런데 이 법칙은 "이윤율이 역사적으로 계속 저하하는 경향이 있다"는 것을 가리키는 것이 아닙니다. 이는 자본 축적에 따라 이윤율이 저하하는 경향과 상승하는 경향이 동시에 나타나는 것을 말합니다. 그래서 나는 오히려 이 법칙을 '이윤율의 저하 경향과 상승 경향의 법칙'이라고 고치는 것이 낫다고 생각해요. 자본 축적에 따라 기계화와 자동화가 진전되어 잉여가치를 창조하지 않는 기계와 원료가 잉여가치를 생산하는 노동력에 비해 양적으로 더욱 증가하는 경향이 있기 때문에 이윤율 저하 경향이 생기지요. 그러나 기계화와 자동화는 노동생산성을 높여 생산재와 소비재의 가격을 인하함으로써 동일한 규모의 공장을 운영하는 데 필요한 투자총액을 축소시키고, 잉여가치율(착취율)을 증가시키며, 노동강도를 강화해 자본의 회전속도를 촉진하기 때문에 이윤율이 상승하는 경향이 나타납니다. 그런데 이윤율 저하 경향과 상승 경향은 이론적으로 그 크기를 비교할 수 없기 때문에 이윤율이 반드시 저하하거나 상승한다고 말할 수 없어요. 만약 이윤율이 역사적으로 저하하는 경향

이 있다면, 자본주의는 가만히 내버려 두더라도 붕괴하겠지요. 이윤율이 0이 되면, 자본가는 생산을 중단할 것이고 경제와 사회는 정체하고 쇠퇴해 버릴 겁니다. 이른바 '자본주의의 자동붕괴설'이 성립하는 것이지요. 그런데 현실에서는 자본가와 노동자 사이에 격렬한 계급투쟁이 전개되고, 자본가는 점점 더 지배력을 강화하고 있기 때문에 이윤율의 '역사적이고 현실적인 저하 경향'은 없다는 것입니다.

그렇다면 이윤율을 실제로 저하시키는 요인들은 어떤 것이 있을까요?

첫째로 새로운 기술을 도입하지 않은 상태에서 임금수준이 상승하면 이윤율이 저하하게 됩니다. 호황기에는 상품에 대한 수요가 풍부하므로, 기존의 기술을 가지고도 상당한 이윤을 볼 수 있기 때문에 혁신을 도입할 필요성이 절실하지 않아요. 더욱이 새로운 기술을 도입하면 기존의 기계나 설비를 폐기 처분해야 하므로 자본가는 이런 손해를 감수하면서까지 새로운 기술을 도입하는 것이 이윤율을 더욱 상승시킬 수 있을까를 고민하게 됩니다. 또한 호황기에는 실업자가 거의 없는 완전고용 상태라서 노동조합의 힘이 굉장히 강하기 때문에 노동절약적인 혁신을 도입하기가 쉽지 않아요. 그래서 호황기에는 한편으로는 노동조합이 높은 임금 인상을 요구하고, 다른 한편으로는 기업가가 혁신을 도입하기 어렵기 때문에 이윤율이 저하되는 경향이 있다는 것입니다.

사실상 혁신은 호황기보다는 불황기에 더욱 폭넓게 도입되는 경향이 있습니다. 불황기에는 상품 가격이 크게 하락하기 때문에 이윤을 얻기 위해서는 새로운 기술을 도입해 생산비용을 낮춰야 합니다. 이러한 새로운 기술은 언제나 노동절약적이어서 노동자의 해고를 동반하는데, 불황기에는 실업자가 많아 노동조합의 힘이 약해지기 때문에 혁신을 저지하는 것이 더 어려워집니다. 이처럼 불황기에 자본가들이 혁신을 더 많이 도입하려고 투자를 확대하면서 경기가 회복되기 시작합니다.

여기서 1960년대 후반 이후 포드주의(Fordism)가 어떻게 이윤율 저하에 기여함으로써 1974~1975년의 공황을 준비했는가를 살펴봅시다. 1950년부터 1970년까지는 자본주의의 황금기여서 경제성장률이 높고 완전고용이 실현되면서 사회보장제도가 확대, 개선된 시기였습니다. 생산영역에서 이 황금기를 지탱해주던 것이 바로 포드주의지요. 포드주의는 기본적으로 노동자들이 컨베이어 벨트의 속도에 따라 단순반복적인 부분노동을 수행하도록 함으로써 완성품이 생산되는 방식이지요. 컨베이어 벨트의 회전시간을 단축하면 노동자들이 정신없이 일해야 하므로 노동강도가 강화되면서 노동생산성도 굉장히 올라가게 됩니다. 이렇게 해서 완성품이 대량으로 값싸게 생산되면서 시장 확대와 자본 축적에 크게 기여했지요. 그런데 호황이 계속되면서 실업자가 사라지게 되자 노동조합 세력이 굉장히 강해졌어요. 컨베이어 벨트의 회전속도를 좀 느리게 하라, 임금수준을 대폭 인상하라, 단순반복적인 지루한 부분작업을 좀 더 인간적인 노동으로 개선하라 등의 요구를 하기 시작했죠. 특히 자동차 공장에서 노동자들은 하루 종일 계속 나사만 조이고, 유리만 끼우고, 바퀴만 달고 하니까 지루하기 짝이 없잖아요. 취업하기가 어려웠을 때는 이런 일이라도 할 수밖에 없지만 이제는 취업기회가 많아졌기 때문에 공장에 '무단결근'을 했어요. (웃음) 공장은 갑자기 이 노동자를 대체할 인력을 찾을 수가 없어서 컨베이어 벨트 전체가 정지되어버렸지요. 이래서 포드주의는 시대에 뒤떨어진 생산체제가 되고, 이윤을 창조할 수가 없게 된 것입니다.

그 뒤 불황기의 수요 감소에 대처하기 위해 다품종 소량생산을 위한 범용 생산설비가 설치되고, 노동자에게 단순반복적인 부분노동을 시켜서는 안 되겠다는 생각에서 노동자들을 하나의 팀(team)으로 조직해 여러 가지 작업을 각 팀에 맡기는 방식으로 생산체제가 변화합니다. 개별 노동자는 자기 팀의 모든 작업을 돌아가면서 수행하게 되니까 자기의 능력이 개발되는 것처럼 느껴져 지루함을 덜 수 있었죠. 이른바 '다능공'이 탄생한 거예요. 그런데 이윤 추구에 혈안이 된 자본가들이 노동자들의 여유로운 노동방식을 가만둘 리가 없잖아요? 옛날에는 개별 노동자가 나사 조이기, 유리창 끼우기, 바퀴 달기 중 어느 하나에 전념했다면 이제는 모든 일을 다 해야 하는 상황에 처한 것이지요. 말이 좋아 '다능공'이지 노동자에게 지적인 일을 하나도 시키지 않기 때문에 노동자는 자기 능력을 개발할 수 없어요. 다시 말해 노동과정의 구상 (conception)과 실행(execution)은 여전히 명확히 구분되어 있어서 구상은 고급 기술자나 전문직이 담당하고 일반 노동자는 위에서 시키는 작업만 꾸역꾸역 하는 것은 변함없었죠. 여기서 더 나아가 자본가는 팀의 노동자 수를 감축하기 시작합니다. 결국 개별 노동자는 이 일 저 일 하느라 하루 종일 정신없이 일하게 되었지요. 자본가가 원래 이런 흡혈귀 같은 존재라고 내가 말했지요? (웃음) 그래서 '과로사'하는 노동자들이 자꾸 증가하고 있는 것입니다. 포드주의가 1974~1975년의 공황을 야기하는 데 일조했다면, 그 뒤의 불황과정에서 나타난 새로운 생산체제는 노동자들의 수명을 위협한다고 볼 수 있지요.

둘째로 주요 원료나 보조 원료의 가격은 상승하는데 완제품의 가격을 인상할 수 없다면, 이윤율은 저하하게 됩니다. 지금처럼 석유와 원자재 가격은 폭등하는데, 세계시장에서는 무한 경쟁이 지배하고 있어 기업이 제품 가격을 인상할 수 없다면, 이윤율 저하에 직면할 수밖에 없는 것이죠. 그래서 수출에 종사하는 대기업들은 노동자를 더욱 착취하고, 하청기업이 제공하는 반제품의 단가를 크게 인하함으로써 하청기업을 수탈하게 되는 것입니다. 1973년 10~12월에 일어난 제1차 석유가격 폭등은 사실 그 이전에 1차 산품(농산물과 광산물)에 대한 거대한 투기로 1차 산품의 가격이 폭등했기 때문에 OPEC이 "우리도 가격을 인상해야겠다"고 반응한 것에 불과합니다. 그리고 모든 원자재와 원료, 연료 가격이 폭등하니까 세계의 독점적인 대기업들은 증가한 생산 비용을 제품 가격에 전가함으로써 세계적인 인플레이션을 야기한 것이지요. 이처럼 제품 가격이 폭등하니까 소비자는 이런 제품을 구매할 수가 없어 제품에 대한 수요가 격감했고, 각국 정부는 인플레이션을 억제하지 못하면 수출경쟁력이 낮아져 국내 생산과 고용을 유지할 수 없겠다고 생각해 1974년 초에 재정금융 긴축정책을 실시하게 됩니다. 이리하여 경기후퇴 또는 경제위기가 나타나서 원자재와 원료 및 연료 가격이 폭락하면서 거대한 투기세력이 파국을 맞은 것이 1974~1975년의 세계적 공황으로 나타난 것입니다.

셋째로 정규직을 비정규직으로 전환시켜 임금총액을 절감하는 조치가 이윤율을 저하시킬 수 있습니다. 임금총액이 줄어들면 소비재에 대한 수요가 줄어들기 때문이죠. 우리나라에서 항상 이야기하는 내수, 즉 국내수요가 줄어드는 것이죠. 임금수준을 인하하고 해고를 증가시키는데 어떻게 소비지출이 늘어나겠어요? 소비지출이 줄면 소비재의 판매가 줄고, 소비재의 판매가 줄면 소비재 생산자들이 소비재의 생산을 줄이겠지요. 또 소비재의 생산을 줄이면 소비재 생산에 들어가는 기계나 원자재에 대한 수요도 줄어들 것입니다. 그래서 전체적으로 상품 판매가 축소되고, 생산 설비의 가동률이 낮아져서 이윤율이 저하하게 되는 것입니다. 결국은 이에 따라 경제 전체가 축소되고 공황에 이르게 되겠죠.

위기와 공황의 원인(4) 금융 부문의 몰락 ｜ 지난 강의에서 우리는 '경제의 금융화'에 대해 이야기했는데, 그때는 금융화가 얼마나 나쁜 것인지 실감하지 못했을 것입니다. 이제는 이 금융화가 세계경제 전체를 공황에 빠뜨릴 수 있다는 이야기를 하려고 합니다.

첫 번째 이야기는 1987년 10월 19일〔블랙 먼데이(Black Monday)〕에 세계적으로 발생한 주식시장 공황에 대한 것입니다. 우리는 1987년 하면 6월 항쟁이 떠오르지요. 그런데 1987년 10월 19일 하루 동안 뉴욕 증권시장에서는 주가(다우공업지수가 대표적이다)가 무려 22.6%나 폭락하고, 10월 14일부터 19일까지 나흘 동안에는 31.6%나 폭락해, 1929년의 공황을 훨씬 능가하는 수준이었습니다. 이런 뉴욕 시장의 격변에 영향을 받아 런던 시장과 도쿄 시장에서도 주가가 폭락했고 홍콩 시장은 문을 닫았지요. 엄청난 사건이 벌어진 것입니다. 이런 주식시장의 공황을 촉발한 것은 미국 재무부 장관의 말 한마디였어요. "미국은 금리를 인상하고, 달러화의 약세는 계속 유지하겠다"는 말이 문제였지요. 주식투자자들은 금리가 오르면 기업의 생산적 투자가 축소되어 주가가 하락할 가능성이 있기 때문에 주식 보유보다는 은행에 예금하는 것이 훨씬 더 유리하잖아요. 주식을 팔고 은행에 예금하게 되니까 주가는 하락할 수밖에 없게 된 거죠. 또한 달러화의 약세를 유지한다고 하니까 누구도 달러로 표시된 주식을 보유하지 않고 팔아치우게 되면서 결국 주가가 폭락하게 된 겁니다.

이런 미국 재무부 장관의 이야기를 듣고 특히 일본의 기관투자가들이 뉴욕 증권시장에 주식을 한꺼번에 매각해 버리기 시작했습니다. 앞으로 주가가 떨어질 것 같아서 확 팔아버린 것이죠. 그런데 주식시장에는 군중심리가 작용하니까 누가 팔기 시작하면, 모두가 따라서 다 팔아버린다고요. 그래서 주가가 30%나 폭락하게 된 것입니다. 우리가 기억해야 할 것은 금융화가 진행되어 대출시장, 주식시장, 외환시장 등이 크게 발전하면 작은 풍문이라도 세계경제 전체를 혼란에 빠뜨릴 수 있다는 것입니다. 경제의 기초(fundamentals: 경제성장률, 물가, 국제수지 등)가 양호하더라도 작은 풍문이 경제를 망칠 정도로 경제 체질을 매우 민감하게 만드는 것이 바로 금융화라는 사실을 명심해야 합니다.

원래 주가는 장래에 받을 배당과 장래의 이자율에 따라 변동하기 때문에 처음부터 터무니없는 요인들에 의해 변동하게 마련인 것이죠.

이렇게 주가가 폭락하면 전체 경제에 어떤 영향을 미칠까요? 기관투자가, 산업자본가, 상업자본가, 개인들이 주식의 대부분을 소유하고 있잖아요? 그런데 이들 주체는 대체로 빚을 내서 주식에 투자합니다. 예컨대 10억 원을 은행에서 빌려서 주식을 샀는데, 주식 값이 6억 원으로 떨어져버렸단 말이죠. 그러면 기관투자가든, 산업자본가든, 상업자본가든, 개인이든 주식투기꾼은 모두 파산하게 되는 거죠. 이런 파산을 막아야 경제 전체의 공황을 피할 수 있기 때문에 각국 정부는 은행에 자금을 무제한 공급하고, 각국 중앙은행은 투자회사와 증권회사에 자금을 지원해 주식을 매입하게 하고, 주요 은행에게는 금리를 인하하도록 요청한 것입니다. 여기서 금리를 인하한다는 말은 자금을 낮은 금리로 공급한다는 말입니다. 주식을 10억 원 주고 샀는데 지금 주가가 6억 원으로 폭락했다면 4억 원을 꿔야 할 것 아니겠어요? 이때 이자가 너무 높으면, 채무자가 감당을 못하니까 이자율을 깎아주는 것이죠. 경제의 금융화가 진행되면 이런 주가 폭락이 자주 일어날 수밖에 없는데, 이럴 때마다 중앙은행이 값싼 자금을 계속 공급한다면 주식투기꾼은 '도덕적 해이'에 빠져 더 위험하지만 수익률이 높은 투기에 계속해서 열중하게 되고, 결국 경제를 망쳐버리는 거죠.

두 번째로 1997년 12월에 우리도 경험한 아시아의 외환위기에 대해 이야기해봅시다. 아시아 외환위기는 타이, 인도네시아, 홍콩, 타이완 등 아시아 국가 대부분이 겪은 위기입니다. 1997년 이전에 아시아 각국의 경제는 상당히 순조롭게 성장하고 있었기 때문에 미국의 투자자들은 아시아에 대규모로 차관도 주고 주식도 많이 구매했지요. 그런데 외환위기가 닥쳐 아시아 경제가 망하니까 뉴욕 증권시장에서 주가가 폭락하게 됩니다. 왜냐하면 아시아에 투자한 미국의 기관투자가들이 현금이 부족해 주식을 팔았고, 기관투자가들과 산업기업들의 수익성이 폭락할 것이라고 예상되었기 때문입니다. 이러니까 미국의 중앙은행이 지난번과 마찬가지로 아시아에 투자한 금융기관들의 손실을 구제하기 위해서 대규모로 싼 자금을 풀었습니다.

그리고 이 거대한 자금이 모두 IT산업에 투자되었지요. 사실상 1990년부터 2000년까지 미국경제는 IT산업 덕택에 호황을 누렸는데, 천박한 미국 경제학자들은 이를 두고 이제 미국에는 신경제(New Economy)가 나타나서 천년만년 호황을 누릴 것이라고 까불었지요. 그러니까 그 친구들은 자본주의가 뭔지를 모르는 거예요. (웃음) 1998년에 싼 자금이 대규모로 공급되니까 이 자금을 잘된다는 IT산업에 죄다 투자한 것입니다. 이 현상을 영어로 '닷 컴 크레이즈(dot-com craze)'라고 하는데, 이것을 번역하면 'IT산업에 대한 묻지마 투자'가 되는 거예요. (웃음) 이 투기적 투자로 말미암아 IT산업의 생산물이 과잉생산되었어요. 그리고 IT산업의 거품이 터지면서 2000~2001년에 주가가 폭락하기 시작합니다. 그래서 또다시 미국의 중앙은행이 개입해서 IT산업과 금융기관 및 증권회사의 광범한 피해를 막기 위해 2001년 한 해에 금리를 연 6.5%에서 1.75%로 인하하면서 자금을 풍부하게 공급했던 것입니다.

다음으로 지금 크게 문제가 되고 있는 비우량 주택담보대출(mortgage: 모기지)에 따른 금융공황에 대해 이야기해보도록 하죠. 이번의 금융공황은 IT 관련 주식의 폭락에 따른 피해를 경감하기 위해 제공된 싸고 풍부한 자금이 2001년부터 주택시장으로 흘러 들어간 경우에 해당합니다. 주택 가격이 상승하기 시작하고* 주택 건설이 호황을 맞이하자 저소득층까지 주택 가격이 더

---

* 미국의 주요 20개 도시의 주택가격 지수는 2000년 1월을 100으로 할 때, 2002년 1월 120.64, 2003년 1월 135.64, 2004년 1월 151.69, 2005년 1월 176.44, 2006년 1월 202.44로 크게 상승했다.

오르기 전에 주택을 마련하려고 30년 만기의 주택담보대출을 모기지 회사(예를 들어, 은행)로부터 받아 주택을 구매했어요.

여기서 모기지가 무엇인가를 런던의 예를 들어 설명해보죠. 런던에서 서민들은 2층으로 된 연립주택(terraced house)에 많이 살고 있습니다. 이 집에는 방이 3개쯤 있고, 부엌과 목욕탕이 있고, 집 앞뒤로 합쳐서 25m² 정도의 정원이 있습니다. 이런 집이 요새 30만 파운드쯤 하니까 우리 돈으로는 6억 원쯤 되겠네요. 우리 아파트보다는 훨씬 싼 거죠. (웃음) 이 30만 파운드짜리 집을 월세로 빌리면 매달 1,000파운드를 내야 해요. 전세제도는 세계에서 우리나라에만 있는 독특한 제도라 영국에는 그런 것이 없어요. 그런데 이 집을 30년 만기의 모기지를 얻어 산다면, 모기지 회사에 매월 1,000파운드를 30년 동안 내서 원리금을 상환할 수 있다고요. 만약 그 사이에 집값이 상승한다면, 모기지로 집을 산 사람은 큰 이익을 보게 되는 거죠. 그리고 예전에는 모기지를 빌딩 소사이어티(Building Society)라는 금융기관에서만 취급했는데, 1987년의 빅뱅(Big Bang: 금융기관의 영업규제 해제) 이후에는 모든 금융기관이 모기지를 취급하게 되었기 때문에 모기지를 이용하기는 더 쉬워졌죠.

이제 미국의 모기지를 고찰해 봅시다. 모기지 회사는 주택을 담보로 받았으니까 '주택담보권'을 가지며, 투자은행에 이를 팔아 자금을 회수해서 다시 모기지를 제공하는 방식으로 사업을 합니다. 미국의 경우에는 세 가지 모기지가 있어요. 가장 신용이 좋은 사람에게 주로 고정금리로 모기지를 제공하는 것을 프라임(prime) 모기지라고 하고, 중간 정도의 신용도를 가진 사람에게 주로 고정금리로 모기지를 제공하는 것을 알트에이(Alt-A) 모기지라고 하며, 가장 신용도가 낮은 저소득층에게 변동금리로 모기지를 제공하는 것을 서브프라임(sub-prime) 모기지라고 부릅니다. 그런데 모기지 회사는 저소득층에게 주택가격의 10~20%에 상당하는 '선납(downpayment)'을 면제해주면서 시장금리에 3% 안팎의 금리를 추가해요. 그러나 2001년부터 2004년 6월까지 미국의 중앙은행이 연방기금 금리를 6.5%에서 1%로 인하했기 때문에, 모기지 총액 중 서브프라임 모기지가 차지하는 비율은 2001년 8.6%에서 2005년에는 20%로 크게 증가했어요. 그런데 미국의 중앙은행이 2004년 6월부터 금리를 계속 인상해 2007년 8월에는 5.25%에 이르자 서브프라임 모기지 차입자는 큰 타격을 받아 주택을 압류 당하게 된 것입니다.

모기지 회사가 이 세 종류의 주택담보권을 모두 투자은행에 팔면 투자은행은 남아 있는 상환 기간에 따라 프라임, 알트에이, 서브프라임 모기지를 섞어서(repackage라고 부르지요) 다양한 대규모의 '주택저당 증권(mortgage-backed securities)'을 만듭니다. '주택저당 증권'에는 원금은 얼마고, 연간 이자율은 어느 수준이며, 만기는 언제라는 내용이 적혀 있어요. 투자은행은 이 주택저당 증권을 투자자에게 팔아 자금을 회수하게 되는 것이지요. 투자자 중에는 개인도 있지만 주로 국내외의 기관투자가들이 대부분입니다. 투자은행은 주택저당 증권이 높은 가격에 잘 팔리게 하기 위해서 신용평가기관으로부터 이 증권이 안전하다는 평가를 받습니다(예컨대 AAA라는 신용등급을 받지요). 또한 투자은행이 주택저당 증권의 원리금을 만기에 갚지 못하면 신용보험기관이 대신 갚아준다는 보증(credit default swap)도 주택저당 증권에 추가합니다. 이렇게 신용평가기관이 안전하다는 신용등급도 매기고 신용보험기관이 증권의 원리금 상환도 보증하니까 주택저당 증권의 가격이 폭등하면서 최고의 투자대상이 된 거예요. 이 증권은 비우량 모기지에만 의거한 것이 아니라 프라임 모기지도 포함하고 있었지요.

하지만 이 철옹성 같은 주택저당 증권은 저소득층이 서브프라임 모기지의 원리금을 자꾸 연체하면서 휴짓조각이 되어버립니다. 최근 미국에서 실업자가 늘어나고 임금수준이 저하하니까 2006년 하반기부터 저소득층의 비우량 모기지의 원리금 상환 연체율이 증가하기 시작하면서 모기지 회사에 의한 주택차압률이 크게 증가하고 주택가격이 하락하기 시작했기 때문이에요. 결국 2007년 7~9월에는 신용평가기관이 주택저당 증권의 신용등급을 낮추어 버렸지요. 이전에는 주택저당 증권이 최고의 양질이라고 보았기 때문에 가격이 폭등했는데, 이제는 가격이 폭락함으로써 기관투자가들이 큰 손해를 보게 된 것입니다. 게다가 투자은행은 만기가 된 주택저당 증권의 원리금을 기관투자가들에게 줄 수 없게 되어 투자은행은 물론이고 신용보험기관 및 기관투자가들이 파산 상태에 빠지게 되었어요. 또 모기지 회사와 투자은행은 차압한 주택을 경매에 부쳐 모기지의 원리금을 회수해야 하는데, 집값이 자꾸 떨어지니까 모기지의 원리금을 회수할 수도 없게 된 것이지요. 주택가격이 2008년 들어서만 이미 20%나 하락하고 있으니 모기지를 어느 정도 회수할 수 있을지 알 수 없는 형편이고, 손실 규모도 알 수 없는 형편이라고요. 그런데 이 주택저당 증권이 미국 시장에만 팔린 것이 아니고 세계 전체에 팔렸기 때문에 미국의 금융계와 세계의 금융계가 다 함께 붕괴하고 있는 거예요.

이렇게 해서 세계의 금융시장이 붕괴하기 시작하자 실물경제는 신용경색에 시달리게 됩니다. 금융기관들이 언제 파산할지 모르니까 신규대출을 꺼려하고 현금을 퇴장시키고 있기 때문이에요. 신용경색이 심화되니까 기업과 가계의 파산은 증가하고, 소비 지출은 감소하며, 실업자는 증가하고, 산업생산은 축소되었지요.

이제 또다시 미국의 중앙은행이 파산상태의 금융기관들을 살리기 위해 개입하기 시작합니다. 2007년 9월 5.25%였던 이자율을 몇 차례에 걸쳐 인하해 2008년 4월 30일에는 2%까지 떨어뜨렸지요. 또 원래 규정에는 중앙은행이 직접 대출할 수 있는 상대는 예금은행뿐이었는데 이제는 투자은행, 증권회사로 그 범위를 확대합니다. 그리고 중앙은행이 대출의 담보로 받을 수 있는 유가증권에 민간금융기관이 발행한 주택저당 증권을 포함시킵니다.

민간기업의 효율성, 탈규제, 시장만능주의를 그처럼 강조하던 미국 정부와 중앙은행이 이제 금융기관을 살리기 위해 미국 역사상 최대의 공적 자금을 지원하고 있는 것입니다. 2008년 3월에는 파산 위기에 처한 베어 스턴스(Bear Sterns) ― 주택저당 증권을 인수 발행하는 투자은행 중 미국에서 두 번째로 큰 투자은행 ― 를 제이피모건 체이스(J. P. Morgan Chase) 은행한테 인수하게 하면서 그 대가로 290억 달러를 지원합니다. 만약 베어 스턴스가 파산한다면, 이 투자은행이 가지고 있던 유가증권을 모두 뉴욕 증권시장에 한꺼번에 팔 수밖에 없는데, 이렇게 되면 유가증권 값이 크게 폭락하게 되니까 이런 증권시장 공황을 피하기 위해 중앙은행이 개입한 것이죠.

9월에는 정부가 미국 최대의 모기지 회사인 패니 메이(Fannie Mae)와 프레디 맥(Freddie Mac)을 국유화함으로써 두 회사의 총부채 5조 3,000억 달러를 책임지게 되었지요. 또 세계 최대의 보험회사인 AIG(American International Group)에게는 정부가 850억 달러를 지원하면서 경영권을 인수했어요. 특히 AIG는 주택저당 증권을 발행한 금융기관이 파산할 경우 주택저당 증권의 상환을 보증하는 채무불이행 스왑(CDS, Credit Default Swaps)을 세계적으로 판매했기 때문에 AIG의 파산은 세계 금융계를 붕괴시킬 우려가 더욱 크다고 할 수 있어요. 그 뒤 9월에는 메릴 린치(Merrill Lynch, 94년의 역사를 가진 미국 제3위의 투자은행)가 뱅크 오브 아메리카(Bank of America)에 흡수되었고, 리먼 브러더스(Lehman Brothers, 158년의 역사를 가진 미국 제4위의 투자은행)는 파산을 신청했어요. 또한 투자은행으로 가장 큰 골드만삭스(Goldman Sachs)와 5위인 모건스탠리(Morgan Stanley)는 투자은행으로부터 전통적인 은행지주회사로 변신했지요. 그리고 워싱턴 뮤추얼(Washington Mutual, 미국 최대의 저축대부은행)은 정부가 국유화하고 이것의 영업활동과 자산은 제이피모건 체이스(J. P.

Morgan Chase)가 매입했으며, 와코비아(Wachovia, 미국의 제4위 은행)는 웰스파고(Wells Fargo)가 매입했지요.

여기서 가장 큰 논쟁을 일으킨 구제금융은 미국 정부가 의회에 제출한 7,000억 달러의 구제금융법안(Emergency Economic Stabilization Act)이었어요. 이 법안은 7,000억 달러의 공적 자금으로 금융기관의 부실자산을 매입함으로써 금융공황을 해소한다는 내용을 포함하고 있었는데, 9월 29일에 하원에서 부결됩니다. 이는 의원들이 11월에 있을 선거에 대비해서 선거구민들의 의견을 상당히 반영한 결과라고 볼 수 있어요. 월 스트리트의 금융엘리트가 자기들의 투기행위와 부실경영에 대해 전혀 책임을 지지 않으면서 또다시 세금으로 치부하려는 것에 대해 유권자들이 크게 반대했기 때문이에요. 당황한 정부가 의회 지도자들, 민주당, 공화당 대통령 후보들과 상의해서 원래의 법안에 기업에 대한 조세를 감면하는 조치와 예금 보호의 한도를 10만 달러에서 25만 달러로 상향하는 조치 등에 1,500억 달러를 추가했고, 이것이 10월 1일과 3일, 상원과 하원을 통과하게 됩니다. 그러나 주택을 압류 당한 주택 소유자를 구제하거나 실업 수당을 증가시키는 조치는 물론 포함되지 않았고, 월 스트리트의 금융엘리트를 징계하는 어떤 조치도 포함되지 않았지요. 그리고 금융공황을 근본적으로 제거할 수 있는 기간산업의 재건, 사회기반시설의 재정비, 실업과 빈부격차의 해소 등에 대한 조치는 하나도 없었기 때문에 지금의 금융공황은 곧 산업 부문으로 전파되어 산업공황을 더욱 심화시킬 것입니다. 이미 실업률은 사상 최고 수준에 달하고 있으며, 주가 지수는 구제금융법안의 통과에도 불구하고 전혀 상승할 기미를 보이지 않고 있고, GM 등 자동차 3사는 파산을 피하기 위해 500억 달러의 공적 자금을 요청해놓은 상태입니다.

특히 미국 자본주의의 부패하고 기생적인 부문이 여전히 활기를 띠고 있다는 점에서 문제는 더욱 심각합니다. 미국의 중앙은행이 2007년 9월부터 연방기금 금리를 5.25%에서 계속 인하해 2008년 4월에는 2%까지 인하하고 그 뒤 10월 10일(1.5%로 인하)까지 2%를 유지하면서 대규모 자금을 공급했는데, 이 자금이 이번에는 곡물, 금, 석유에 대한 투기로 몰렸다는 거예요. 예컨대 두바이유 현물 가격은 7월 4일 역사상 최고가격인 배럴당 140.7달러까지 폭등했어요. 기관투자가들의 투기에 의해 곡물 가격과 석유 가격이 전 세계적으로 폭등해서 전 세계 서민들이 최악의 생활고를 겪고 있는 것입니다. 물론 9월 들어서는 유동성 확보를 위해, 그리고 경기 침체로 인한 수요 감소 전망과 미국 금융당국이 1차산품 시장에 대한 투기 규제 때문에, 기관투자가들이 원유 등 원자재를 대규모로 팔아치우고 있어서 원자재 가격이 크게 하락하고 있긴 합니다. 10월 17일에 두바이유 현물가격은 배럴당 61.31달러에 불과했어요.

미국의 금융공황*이 세계공황으로 전개되는 과정에서 미국 달러에 대한 신인도 저하가 큰 역할을 하게 될 것입니다. 특히 미국의 재정적자는 더욱 심화될 거예요. 2008 회계연도(2007년 10월 1일부터 2008년 9월 30일까지)의 재정적자는 4,070억 달러인데, 이것은 2007 회계연도 재정적자의 두 배 이상에 해당합니다. 그런데 의회가 현재 계류 중인 세율 인하안과 조세 감면 조치를 통과시킨다면, 2009 회계연도의 재정적자는 5,400억 달러로 증가하게 될 것입니다. 더욱이 정부가 부실 금융기관의 채무를 떠안았기 때문에 재정적자는 더욱 크게 증가하겠죠. 이런 재정적자에 무역수지 적자가 추가되고, 미국 정부가 경제적 패권의 상실을 군사적 침략에 의해 보완하려고 한다면, 미국의

---

* 영국에서도 금융공황은 크게 진행되고 있다. 2008년 2월에는 영국 정부가 노던 록(Northern Rock)이라는 모기지 회사를 국유화했고, 8월에는 로이드 TSB(Lloyds Trustee Savings Bank)가 가장 큰 모기지 회사인 HBOS(Halifax Bank of Scotland)를 120억 파운드에 인수했으며, 9월에는 영국 정부가 모기지 회사인 브래드퍼드 앤 빙리(Bradford and Bingley)를 국유화했다.

달러는 국제적으로 가치가 급락할 뿐 아니라 세계통화로서의 지위를 유지하지 못할 수도 있습니다. 이렇게 해서 달러화뿐만 아니라 달러 표시 주식과 채권, 미국 정부의 국채(예를 들어, 재무부 발행의 단기 국채인 Treasury Bill)를 투자자들이 배척하게 된다면, 미국경제는 물론 세계경제가 큰 공황에 빠지면서 새로운 세계질서가 형성될 것입니다.

사멸 단계에 놓인 자본주의

끝으로 이와 같은 공황이 폭로하는 자본주의의 최대 모순은 무엇인지에 대해 이야기해봅시다. 공황에서는 수많은 상공업 기업들과 금융기업들이 파산하고 수많은 노동자들이 실업상태에 빠지기 때문에 엄청난 규모의 생산력(공장, 기계, 노동자)이 낭비된다고 할 수 있습니다. 이처럼 생산력이 낭비되면서 노동자 계급과 서민의 생활이 처참하게 되는 궁극적인 이유는 자본주의적 생산관계 때문입니다. 자본가 계급이 모든 생산수단과 생활수단을 독점하면서 주민들의 필요와 욕구를 충족시키기 위해 생산하지 않고, 자본의 가치증식, 이윤을 위해서 생산하는 것이 문제의 핵심입니다. 생산력의 발전에 의해 상품이 너무 많이 생산되어 자본가의 이윤율을 낮추게 되면, 자본가 계급은 이윤율을 유지 또는 상승시키기 위해 상품을 폐기 처분하고 공장을 폐쇄하며 노동자들을 해고시키게 됩니다. 만약 사회가 생산수단을 독점한다면, 모든 사람들의 이익을 위해 그 생산수단을 사용하겠죠. 공장을 놀릴 필요가 없잖아요? 이렇게 되면 실업자도 사라질 것입니다.

마르크스가 사회체제의 변혁을 이야기할 때 말한 생산력과 생산관계의 모순을 비유적으로 이야기해봅시다. 생산

> 공황은 자본주의적 생산관계가 생산력을 제대로 관리하지 못한다는 것을 보여준다.

력은 '몸'에, 생산관계는 '옷'에 비유할 수 있습니다. 몸이 성장하면 몸에 맞는 새로운 옷이 등장해서 몸의 성장을 돕는 것이 자연의 섭리입니다. 그런데 자본가 계급은 몸이 성장해서 옷이 찢어지려 하는데도, 지금의 옷이 너무 좋다고 오히려 몸의 일부를 잘라내고 있는 것이 바로 공황이라고 할 수 있습니다. 생산할 수 있는 공장과 기계가 놀고 있고 노동자들도 남아도는 상황에서도 주류 경제학은 "인간의 무한한 욕망을 충족시키기 위해 부족한 자원을 합리적으로 분배하는 방법을 연구하는 것"이 경제학의 목적이라고 떠들어대고 있죠. 하지만 오히려 너무 많은 인적 자원과 물적 자원을 낭비하는 자본주의의 죄악을 어떻게 제거하는가를 연구하는 것이 경제학의 목적이 되어야 한다 이 말이에요. (박수)

강의 처음에 자본주의에서 일어나는 공황은 '과잉생산 공황'이라고 이야기했는데, 도대체 여기서 '과잉'이 무엇에 대한 과잉이냐고요? 상품의 생산량이 모든 주민들의 필요와 욕구를 충족시키고도 남는다는 의미의 과잉은 결코 아닙니다. 빈자와 거지가 넘쳐나는 자본주의사회에서 주민들의 필요와 욕구를 충족시키고도 남는다는 의미의 과잉은 결코 아니란 말입니다. 여기서 과잉은 오히려 상품의 생산량이 자본가 계급의 가치 증식욕에 비해 너무 많이 생산되어 이윤율을 저하시킨다는 의미에서의 과잉을 뜻하는 것입니다. 이따금씩 자본가들이 정상적인 이윤을 얻기에는 너무도 많은 생산물이 생산된다는 말이에요. 생산물이 너무 많이 생산되어 가격이 폭락함으로써 정상적인 이윤을 얻을 수 없게 되는 것이 바로 공황이라는 거죠.

실제로 맬서스(Thomas Robert Malthus: 1766~1834)는 인구의 증가가 식량의 증가를 넘어서게 되는 형태의 과잉인구를 이야기한 바 있습니다. 이것을 '절대적 과잉인구'라고 하죠. 이는 식량보다 인구가 많아 인류가 먹고살 수 없다는 말입니다. 마르크스는 기술 혁신을 이야기하면서 그런 절대적 과잉인구는 자본주의에서는 있을 수 없다고 말합니다. 자본주의의 인구법칙은 노동자의 수가 자본가의 가치증식욕에 필요한 숫자를 넘어선다는 의미의 상대적 과잉인구에 관한 것이라고 말하죠. 왜 해고를 할까요? 해고를 해야 이윤이 생기기 때문입니다. 실업자는 노동자의 수가 자본가의 가치증식욕, 즉 이윤욕에 필요한 숫자를 넘어선다는 의미의 상대적 과잉인구입니다. 실업자를 보면서 우리나라에 인구가 너무 많은 것이 아니냐고 생각하면 안 됩니다. 인력이 필요한 곳은 너무나 많아요. 환경을 보호하는 일, 부모가 직장에 나가 있는 동안 애들을 돌보는 일, 도서관에서 학생들을 도와주는 일, 교통질서를 바로잡는 일, 장애자나 노약자를 돌보는 일 등 사람들이 필요로 하는 일은 너무나 많습니다. 따라서 인간의 필요와 욕구에 비해 인구가 너무 많은 것은 절대로 아니라는 것을 알아야 합니다.

자본주의에서는 생산력과 생산관계의 모순에 의해 생산력이 낭비되면서 주민들의 생활수준이 비참해집니다. 모든 주민이 부유하게 살 수 있는 생산수단과 노동인력이 있는데도 불구하고 자본가가 이 생산수단과 노동인력을 이윤 추구에만 사용하기 때문에 주민들의 삶이 비참해지는 것이죠. 이 모순을 해결하기 위해서는 사회가 생산수단을 자본가로부터 빼앗아 모든 주민들을 위해 사용해야 합니다. 공황이 발발하면, 우리는 자본주의 체제가 사멸할 단계에 이르렀다는 것을 느껴야 해요. 재벌들의 재산을 모두 사회로 환원시키고, 사회가 그것을 완전히 이용함으로써 모든 사람들을 궁핍과 무지와 질병과 스트레스로부터 해방시키고 생활수준을 향상시켜야 할 것입니다. 지금 실업자가 굉장히 많잖아요. 사회가 자본가들로부터 생산수단을 빼앗아 온다면 노동시간 축소를 통해 보다 많은 일자리를 창출해서 실업 문제를 해결할 수 있습니다. 우리 모두가 하나의 공동체로서 서로 연대하고 도우면 실업이 없어질 거예요.

좀 더 현실적으로 와 닿게 수치를 대입해 생각해볼까요? 우리나라의 1인당 국민소득이 연간 2만 달러, 즉 2,000만 원이지요. 우리나라에서 1년간 창조된 총부가가치를 인구 5,000만 명으로 나누면 2,000만 원이 된다는 이야기입니다. 4인 가족에서 1년 동안 8,000만 원을 쓸 수 있다는 것이지요. 그런데 세금을 빼고 1년 소득이 8,000만 원이 되는 가정이 몇 퍼센트나 됩니까? 다시 말해 소득불평등이 너무나 크다는 거죠. 우리가 하나의 공동체로서 상부상조하면서 평등하게 살려고 마음만 먹으면, 아이들까지 포함해 한 사람에게 1년에 2,000만 원을 나누어 줄 수 있다고요. 그러면 모두가 행복하게 살 수 있어요. 여러분은 실업자가 된다는 게 무엇인지 잘 모르지요? 나도 실업을 당해봤지만 실업을 당하면 사람 구실을 할 수가 없어요. 정신적으로나 육체적으로 너무 힘들고 심지어는 자살까지 생각하게 되죠. 이런 깡패사회는 없어져야 해요. 새로운 사회가 나와서 서민의 모든 고통을 다 없애고, 우리 모두가 부유하고 행복하게 사는 새로운 시대를 만듭시다. (박수)

질문을 받겠습니다. 오늘은 강의가 너무 재미있었는지 질문이 없네요. 그럼 다음 주에 다시 만나요.

참고문헌

김수행. 2006. 『자본주의 경제의 위기와 공황』. 서울대학교 출판부.

04

세계경제의 구조와 발전

오늘 강의의 제목은 '세계경제의 구조와 발전'입니다. 그런데 세계경제를 너무 딱딱하게 이론적으로 이야기하면 머리에 잘 들어오지 않아요. 그래서 이 강의에서는 구체적인 예를 들면서 세계경제의 전체적인 모양을 생각해 보도록 하겠습니다.

세계화와 지역별 | 마르크스는 자본주의 경제를 연구하면서 책을 여섯
경제통합 | 권 쓰기로 계획했습니다. 제1권은 '자본'에 대해 쓰고, 제2권은 '토지소유' 또는 '토지재산', 제3권은 '임금노동', 제4권은 '국가', 제5권은 '대외경제관계', 그리고 제6권은 '세계경제'에 대해 쓰겠다고 했지요. 1, 2, 3권은 자본주의사회의 3대 계급인 자본가 계급, 토지소유자 계급, 그리고 임금노동자 계급에 관한 것이에요. 이 세 권을 쓴 뒤, 이 세 계급 사이의

투쟁과 갈등이 '국가'를 통해 해소, 조정되는 과정을 제4권에서 쓰기로 하지 않았나 싶어요. 그런데 제5권으로 나아가기 위해서는 '국가'의 다른 측면, 즉 여타 국가들과의 관계를 해명해야 했을 것입니다. 그래서 나는 마르크스가 '국가 그 자체'와 '국민국가'를 구분해서 생각했다고 보지요. 제5권에서는 국민국가라는 개념을 기반으로 수출과 수입, 대외투자, 해외이주, 환율 등을 서술하고, 제6권에서는 각국의 국민경제 사이의 갈등과 결합, 자본가 계급의 대외진출에 따른 투쟁과 타협, 각국 정부의 대외정책, 식민지 등을 중심으로 '세계경제'를 쓰려고 했다고 생각합니다. 흔히들 1권부터 3권까지를 '전반부'라 부르고, 4권부터 6권까지를 '후반부'라 부르지요. 마르크스는 전체 6권의 연구계획을 제대로 완성하지 못했고, 전반부의 연구가 『자본론』에 나타나 있지만 이 연구도 '자본의 일반적 특징'을 해명하는 차원에 머무르고 있어요. 다시 말해 개별자본 사이의 경쟁이나 노동조합의 결성, 자본가 계급과 노동자 계급의 투쟁과 같은 문제는 제대로 서술하고 있지 않습니다. 그리고 4권부터 6권까지의 후반부는 어디에서도 깊이 연구한 흔적이 보이지 않아요. 마르크스가 죽은 뒤 후반부 내용에 대해서는 힐퍼딩이 『금융자본』(1911)에서, 레닌(Vladimir Ilyich Lenin: 1870~1924)이 『제국주의』(1917)에서 어느 정도 해명한 바 있지만 아직도 '세계경제'에 관한 마르크스주의적 이론은 제대로 형성되어 있지 않습니다.

먼저 한 가지 지적해야 할 것이 있는데, 우리나라에서는 'country'와 'State'를 구별해 사용하지 않는다는 점이에요. country는 우리말로는 '나라'라고 번역해야 하고, State는 '국가'라고 번역해야 합니다. 우리가 보통 미국, 영국, 스웨덴이라고 말할 때는 특정의 인구, 면적, 도시 등을 가지고 있는 '나라'를 가리키는 것입니다. 그러나 미국의 '국가'라고 말할 때 국가는 대통령, 행정부, 의회, 법원 등으로 구성된 통치기구를 가리킵니다. 'under-developed country'는 '후진국가'가 아니라 '후진국'이라고 불러야 옳지요.

그럼 본격적인 논의에 들어가 먼저 세계화(globalisation)에 관해 이야기해봅시다. 세계화는 자본이 세계 전 지역에서 영업활동을 하게 되었다는 의미이기 때문에 '지구화'라고 불러도 상관없습니다. 자본주의 선진국들은 19세기 후반기에 식민지를 쟁탈하기 위해 앞다투어 국외로 진출했어요. 각국의 독점자본가들이 독점적인 상품시장, 원료채취지역, 자본투자지역을 확보하기 위해 식민지를 더욱 많이 만들기를 원했고, 자기 나라 정부가 외교적·군사적 수단을 사용해서 이를 도와주기를 바랐죠. 영국, 프랑스, 독일, 일본 등이 식민지를 건설하기 위해 국외로 많이 진출했어요. 그때는 자본이 '국제화(internationalisation)'한다고 이야기했죠. 이 자본의 국제화 시기에는 각국의 독점자본가들이 각자의 독점적인 세력권을 유지하고 확장하기 위해 자국 정부의 군사력을 동원하면서 소규모 전쟁이 끊임없이 일어났고, 결국에는 1914년에 제1차 세계대전이, 1939년에는 제2차 세계대전이 터지게 됩니다.

그런데 1980년대 초부터 시작된 세계화에서는 각국 자본이 전 세계로 팽창하고 있어요. 미국의 거대 자본이 영국, 독일, 프랑스, 일본, 한국 등에 진출하고 있는데, 이들이 진출하는 곳이면 어디든 다른 나라 출신의 거대 자본들도 진출하고 있다고 할 수 있죠. 그래서 만약 미국과 영국 사이에 전쟁이 일어나서 미국의 폭격기가 런던에 폭탄을 떨어뜨린다면, 영국 기업뿐만 아니라 미국 기업들도 이 폭격에 의해 피해를 볼 수 있습니다. 다시 말해 선진국의 독점자본가들이 자국 정부로 하여금 여타의 선진국들에 대해 군사적인 공격을 해달라고 요청할 수가 없게 된 것이죠. 물론 이라크나 아프가니스탄과 같은 후진국에 대한 선진국 정부의 공격은 다른 차원에서 일어나는 일입니다.

그렇다면 자본이 세계로 진출한다는 말은 어떤 의미를 가질까요? 여기에는 다음과 같은 의미가 포함되어 있습니다. 첫째로 세계시장에 상품을 수

자본이 가치증식을 위해 해외로 팽창하는 과정이 세계화(globalisation)이다. 자본의 세계화를 위해서는 각국 정부가 상품시장과 외환시장 및 자본시장을 개방하고 자유화할 필요가 있다. 주로 선진국 정부가 자국 출신의 자본가들이 세계 각국에서 자유롭게 상품을 생산하고 판매하며, 자금을 대부, 차입하고, 유가증권을 매매할 수 있도록 하기 위해 자국의 자본통제(capital control)를 풀고 개발도상국에게 문호개방을 요구한다.

출하고 세계시장으로부터 상품을 수입한다는 것, 둘째로 각국의 은행이 세계를 향해 자금을 대부하고 세계로부터 자금을 예금으로 받아들인다는 것, 셋째로 각국의 투자자들이 각국의 증권시장에서 주식과 채권을 매매한다는 것, 넷째로 각국의 산업자본과 상업자본이 세계 각국에 공장과 상점을 설치한다는 것입니다. 따라서 자본의 세계화를 위해서 각국 정부는 상품시장, 자금시장(money market), 자본시장(capital market)을 개방해야 하고 외국 자본이 자국 영토에서 영업하는 것을 자유화해야 합니다.

사실상 1970년대 중반까지만 해도 각국 정부는 자국 자본이 해외에 투자하거나 외국 자본이 자국의 자금시장이나 자본시장에서 자유롭게 활동하는 것을 억제하는 '자본통제(capital control)'를 실시하고 있었습니다. 이는 그 당시까지만 해도 정부가 '완전고용'을 주요한 정책 목표로 삼고 있었기 때문입니다. 예컨대 자국 자본이 해외로 나가버리면, 자국의 이자율이 높아져서 산업자본가들이 투자하기를 꺼려하기 때문에 취업 기회가 감소하는 것을 정부가 걱정해야 했던 것이죠. 또 정부가 저금리정책을 채택해 산업자본가의 투자를 확대시키려고 했습니다. 화폐자본가가 저금리에 불만을 품고 해외로 빠져나가면 정부 정책이 효과를 거둘 수 없기 때문에 자본통제를 실시했던 것이죠.

따라서 자본의 세계화가 가능하게 된 것은 정부가 정책적으로 자본통제를 없앴기 때문이라고 할 수 있습니다. 즉, 정부가 상품시장, 자금시장, 외환시장, 자본시장을 자유화하고 개방했기 때문에 자본의 세계화가 가능한 것이죠. 흔히들 자본의 세력이 정부의 세력보다 커져서 자유화와 개방화가 이루어졌다고 말하지만, 오히려 자본이 더욱 큰 이윤을 올릴 수 있도록 정부가 자유화와 개방화와 관련된 법적 조치를 취했다고 말하는 것이 옳습니다. 각국 정부가 외환관리법을 수정하거나 폐기하지 않았다면 자본의 세계화는 불가능했을 것입니다.

그렇다면 선진국 정부는 자본가의 요구뿐만 아니라 각계각층의 유권자의 압력도 받고 있는데, 왜 자유화와 개방화를 실시했을까요? 1974~ 1975년에 세계적인 대불황이 왔잖아요. 이로 인해 상품이 잘 팔리지 않고, 생산이 축소되고, 실업자가 늘고, 자금에 대한 수요도 감소하고, 주식 가격은 하락했지요. 이런 모든 문제를 해결하기 위해 정부가 외환관리와 자본통제를 폐기하여 모든 자본가들에게 세계로 나가서 이윤을 마음껏 획득하라고 한 것입니다. 이로 인해 1980년 초부터 자본의 세계화가 대규모로 진전된 것입니다. 그리고 선진국이 결정적인 힘을 가진 국제기구들 ─ 예컨대 IMF, IBRD, WTO, UN ─ 에서는 후진국 정부에게 문호를 개방하라고 압력을 가하기 시작합니다. 이에 따라 우리나라도 1996년에 OECD에 가입하면서 자본 이동을 자유화한 것입니다.

그런데 자본의 세계화는 사실상 자본이 어디서든 자유롭게 이윤을 추구하도록 하는 것이잖아요. 이때 각 나라마다 제도가 다르면 자본의 활동이 제약을 받겠지요. 예컨대 영국은 법인세가 높고 아일랜드는 법인세가 낮다면, 자본이 영국으로 안 가고 아일랜드로 가려고 하겠죠. 또 스칸디나비아는 해고가 어려운데 영국은 해고가 쉽다면, 자본은 영국으로 가려고 하겠죠. 이처럼 나라마다 제도가 다르면, 자본이 이 나라 저 나라로 이동하면서 최고의 이

> 1980년 이후 선진국들은 경제적 침체를 극복하기 위해 국제적 국가기구(IMF, IBRD, WTO, UN 등)를 통해 자본의 세계화를 추진했다. 특히 WTO는 노동라운드(Blue Round), 환경라운드(Green Round), 경쟁라운드(Competition Round)를 통해 전 세계적으로 노동조건, 환경규제, 독과점 규제를 표준화하기 위해 노력하고 있다.

윤을 얻는 것이 매우 어렵습니다. 그래서 WTO에서는 모든 나라의 노동조건, 환경규제, 독과점 규제(공정거래)를 동일하게 만들기 위해 대단히 노력하고 있는 것입니다. 노동라운드(Blue Round), 환경라운드(Green Round), 경쟁라운드(Competition Round)가 바로 그런 노력의 일환이지요. 이와 같은 자본의 세계화는 자본에게 최고의 이윤을 얻게 하는 경향이 있기 때문에 세계화가 진행될수록 전 세계 노동자 계급과 서민들의 생활은 점점 불안정해지고 생활수준이 저하됩니다. 자본이 노동조합에게 "이 정도로 임금수준을 삭감하지 않으면 임금이 싼 다른 나라로 공장을 옮기겠다"고 협박하는 것이 다반사이기 때문이죠.

다음으로 지역적인 경제통합에 대해 이야기해봅시다. 지역적인 경제통합에는 유럽연합(EU), 북아메리카 자유무역협정(NAFTA), 한미 자유무역협정과 같은 것들이 있죠. 그런데 요즘 이런 것이 세계화를 가로막는 장애물이라는 주장이 빈번히 제기되고 있어요. 그러나 이와 같은 지역적인 경제통합은 1930년대의 블록경제와는 전혀 다른 것입니다. 1930년대 세계 대공황에서는 제국주의 모국이 식민지와 종속국을 묶어 자급자족적인 블록경제를 형성함으로써 블록 안의 무역은 권장하고, 블록 밖과의 무역은 사실상 중단시켰지요. 이래서 세계시장은 더욱 축소되면서 경제 회복이 더욱 어려워진 것입니다. 그러나 지금의 지역적인 경제통합은 한꺼번에 세계 전체를 하나의 경제권으로 묶어 개방화와 자유화를 실시할 수 없으니까 지리적으로나 역사적으로 가까웠던 나라들끼리 먼저 무역, 외환, 자본 이동의 자유화를 실시하는 것입니다.

한미 자유무역협정에는 한미 간의 무역거래에서 기존의 관세를 인하한다는 규정은 있어도, 한미 이외의 여타 나라와의 무역거래에 대해 관세를 종전보다 더 인상한다는 규정은 없잖아요? 지역적인 경제통합을 거쳐 세계 전체의 경제통합으로 나아가려는 것이죠. 예컨대 유럽연합은 중부 유럽의 옛 공산국들을 새로운 회원국으로 영입했고, 아프리카에 있는 예전의 식민지들을 '준회원국'으로 받아들이려 하고 있어요.

또 유럽연합은 유로(Euro)라는 단일 통화도 만들고, 유럽 중앙은행(European Central Bank: ECB)도 창설하고, 사회보장제도, 노동법규, 조세제도도 동일하게 하려고 노력하고 있습니다. 앞으로 대외외교를 단일화하고, 유럽연합의 군대도 창설할 것입니다. 이미 유럽연합 안에서는 자본

> EU, NAFTA, FTA와 같은 지역별 경제통합은 배타적인 경제블록을 형성하는 것을 목표로 삼고 있지 않으며, 계속해서 새로운 회원국을 영입하고 있다. 유럽연합은 최근에는 중부 유럽의 구사회주의 국가들(폴란드, 체코, 헝가리, 불가리아, 리투아니아, 슬로바키아, 에스토니아, 라트비아, 슬로베니아 등)을 회원으로 영입했다. 다시 말해 지역별 경제통합은 자본의 세계화를 반대하거나 저지하지 않는다.

이동은 물론이고 인구이동까지도 상당히 자유롭게 허용하고 있어요. 유럽연합 회원국의 국민들은 유럽연합 안에서는 하나의 나라처럼 생활하는 거죠. 그래서 영국 공항에 도착하면 여권심사대가 영국인(British), 유럽연합인(EU CITIZEN), 외국인(Foreigner)으로 구분되어 있어 영국인과 유럽연합인은 입국 도장도 찍지 않고 그냥 나가는데, '외국인'만 진짜 심사를 받습니다.

한미
자유무역협정

두 나라나 세 나라 사이의 자유무역협정(FTA)이 크게 증가하고 있는 것은, WTO가 세계 전체를 상대로 '다자간 자유무역협정'

을 맺을 수 없었기 때문입니다. 2008년 7월에 세계무역기구의 '도하 개발어 젠다(Doha Development Agenda)'에서 세계 모든 나라가 모여 농산물 자유무역협정을 논의했지만, 농산물 수출국과 수입국 사이에 수출국의 농업보조금 지급문제와 수입국의 특별 관세 부과 문제에 관해 합의를 보지 못했습니다. 이리하여 의견이 맞는 두 나라나 세 나라가 쌍무적인 자유무역협정을 맺게 된 것이죠. 우리나라 정부도 미국 정부와 2007년 4월에 한미 자유무역협정을 체결했지만, 아직 한국 국회와 미국 의회의 비준을 받지 못하고 있지요.

그런데 한미 자유무역협정은 우리나라가 칠레와 맺은 자유무역협정보다는 포괄범위가 훨씬 더 크다는 것을 알아야 합니다. 칠레와 맺은 자유무역협정은 그냥 상품에 대해 관세를 없애거나 인하한다는 정도였지만 미국과 맺은 자유무역협정은 EU와 같은 경제통합적인 성격을 가지고 있습니다. 미국은 세계에서 시장만능주의가 가장 크게 지배하는 나라입니다. 공기업이 하나도 없고, 공적인 의료보험도 없고, 국유 철도도 없는 나라죠. 그런 미국의 제도와 법규가 한미 자유무역협정에 그대로 삽입되는 것입니다. 그래서 우리나라 국회는 한미 FTA 때문에 23개 정도의 법률을 개정해야 하지만 미국은 법률 하나도 개정할 필요가 없게 되어 있지요. 우리나라 법에는 어떤 사건이 터져 농민들이 손해를 많이 입었다든지, 중소기업이 손해를 많이 봤다고 하면, 농민이나 중소기업을 어떤 식으로든 구제, 지원한다는 그런 규정이 있죠. 그런데 한미 FTA는 이런 규정을 기본적으로 폐기하게 되어 있습니다. 정부가 개입하지 말고 시장에 맡기도록 하는 것이죠. 그래서 우리나라 법을 고쳐야 하는 것입니다. 만약 한국 정부가 농민에게 보조금을 준다면, 미국의 국제적인 농산물 독점기업들이 한국 정부를 상대로 국제중재기관에 소송을 제기할 수 있습니다. 한국 정부가 한국 농민들에게 보조금을 주었기 때문에 자기들이 농산물을 비싸게 팔아먹을 수 없게 되었으니 그 손해를 배상하라고 소송을 거는 것이죠. 그러면 한국 정부가 이 소송에서 지게 되어 있어요. 왜냐하면 한미 FTA에서는 그런 보조금 지급을 금지하고 있기 때문이죠. 따라서 한미 FTA는 한국을 점점 더 미국 같은 깡패나라로 전환시키게 될 것입니다.

미국은 세계에서 1인당 국민소득이 가장 높은 나라 중 하나일 뿐만 아니라 국민 중 빈민이 가장 많은 나라이기도 합니다. 영화 〈식코(Sikco)〉 보셨지요? 공적인 의료보험이 없고 이윤 추구에 혈안이 되어 있는 민간 의료보험뿐인데, 보험료가 비쌀 뿐 아니라 온갖 이유를 갖다 대면서 보험금을 잘 주지도 않아요. 돈이 없으면 죽어야 된다고요. 또 뉴욕에 있는 할렘(Harlem) 알지요? 흑인 빈민들이 모여 살고 있는데 마약, 매춘, 살인, 폭력 등이 난무하는 무법천지잖아요. 뉴욕에만 이런 슬럼(slum)이 있는 게 아니에요. 시카고, 로스앤젤레스, 보스턴 등 대도시에는 어디에나 다 슬럼이 있어요. 세계 최고의 국민소득을 올리는 미국이 세계에서 가장 형편없는 사회보장제도를 가지고 있기 때문에 빈부격차는 세계에서 가장 높고 빈민은 대대로 그 굴레에서 벗어날 수 없습니다. 이런데도 이명박 정권이 왜 하필이면 이런 깡패나라를 닮아가려 하는지 그 이유를 모르겠어요.

그런데도 왜 한미 FTA를 체결하려고 했을까요? 첫째는 미국의 부시 정부가 한미동맹을 강조하면서 한미 FTA를 통해 미국에게 '조공'을 바치라고 요구했을 것입니다. 미국은 최근 무역수지 적자와 재정수지 적자 등 경제적으로 매우 어려운 상태에 빠져 있어요. 그래서 군사력을 사용해 경제를 호전시켜야겠다고 이라크를 침공하기도 했잖아요. 이라크를 점령해 석유 자원을 미국의 손아귀에 넣음으로써 경제를 크게 개선시키겠다는 '나쁜' 의도가 있는 것이죠. 물론 이런 결정에는 미국의 석유자본과 군수자본이 '바보' 부시를 크게 충동질한 측면이 있겠죠. 그런데 이라크와의 전쟁이 속전속결로 끝나지 않고 질질 끌면서 미군 사상자가 크게 증가하고 군사비 지출도 1조 달러 이상으로 증가하니까, 만만한 한국 정부에게 군인을 파견해 달라고 한 것이죠. 또한 평택에 거대한 규모의 미군 기지를 짓고 이 미군들이 세계의 각 분쟁지역에 참전할 수 있도록 하면서 미군 기지의 건설비용을 대부분 한국 정부가 맡으라고도 했지요. 그리고 주한 미군의 주둔 비용을 50%까지 한국 정부가 부담하라고 요구하고 있잖아요? 이런 식으로 미국을 돕는 것은 사실상 옛날 조선이 청나라에 바친 '조공'과 비슷한 것입니다. 미국 정부는 한미 FTA를 통해서 이런 형식의 조공을 요구하고 있는 것입니다. 곡물과 쇠고기 시장을 열어서 결국에는 미국의 국제 농산물 독점체가 한국 시장을 독점하게 하는 것이지요. 또 한국의 공적인 의료보험제도를 뒤흔들어 미국 제약회사의 이익을 보증하라고 요구하기도 하고, 한국의 자동차에 대한 세제를 바꿔서 미국의 대형 자동차가 잘 팔릴 수 있게 하기도 했지요.

한미 FTA를 체결한 두 번째 이유는 노무현 정부가 우리나라의 농업, 어업, 축산업, 중소기업 등은 사실상 국제경쟁력이 없기 때문에 어떻게든 축소시켜야겠다고 작정한 데 있습니다. 한미 FTA를 통해 여타 분야에서 일정한 이득을 보면서 국제경쟁력이 없는 부문을 죽이려고 한 것이죠. 왜 이런 부문을 지원하지 않느냐고 항의하면 한미 FTA 때문에 지원할 수 없다고 말할 작정이었던 거예요. 2007년에 한미 FTA 반대시위가 한창이었을 때, 노무현 정부는 "우리가 농민, 어민, 축산업자, 중소기업을 다 살려내겠다"고 이야기했지만, 이 이야기의 내용은 결국 "몇 달 동안 소득을 보조하겠다"는 것이었습니다. 몇 달 동안 먹고살 수 있게 돈을 주다가 그 돈을 끊어버리면, 농민, 어민은 다 죽는 것이죠. 국제경쟁력 없는 농업, 어업이 사라짐과 동시에 농민, 어민이 모두 죽는 것입니다. 물론 노무현 정부는 농업, 어업과 같은 데 들어가는 돈을 중단하고 그 돈을 다른 곳에 사용한다고 하지만, 이 죽는 사람들은 어떻게 하자는 겁니까? 또 농촌 땅을 그대로 방치해야 하나요? 농촌은 한국 사람들에게는 고향의 이미지가 있다고요. 그리고 환경보호라는 의의도 매우 크지요. 따라서 농촌이 망하면 돈으로 계산할 수 없는 엄청난 손실이 생긴다고 할 수 있어요. 그러나 가장 큰 문제는 정부가 우리 국민의 먹을거리를 이윤에만 관심을 가진 미국의 독점자본에게 맡긴다는 데 있습니다. 미국의 농산물 독점업체는 항상 그렇듯이 가격을 올릴 것이고, 온갖 유전자 변형 농산물을 공급할 것이며, 인간 광우병을 발생시킬 수 있는 축산물을 아무런 주의도 하지 않고 팔 것입니다. 바로 이런 FTA 때문에 노무현 정부는 진보세력으로부터 크게 욕을 먹은 거예요.

셋째로 노무현 정부는 한미 FTA를 통해 대기업, 부자, 조·중·동의 인기를 얻어 보수 대연합을 형성하고자 했습니다. 물론 그렇게 잘되지는 못했죠. 그래서 노무현 대통령이 자기를 '좌파 신자유주의자'라고 부른 거예요. 기득권 세력이 자기를 싫어하고 욕을 하니까 자기는 '좌파'이고 (웃음) 진보 세력이 자기를 싫어하고 욕하니까 자기는 '신자유주의자'라는 거예요. (웃음) 결국 '좌파 신자유주의자'라는 용어는 아무도 자기를 지지하지 않는다는 것을 가리키는데도 자기가 무슨 큰 '위인'이라도 된 것처럼 그 용어를 사용하고 있더군요. 그런데 한미 FTA는 한국에서는 재벌, 부자, 친미주의자에게 이득을 줄 것이고, 미국에서는 금융업자, 법률사무소, 농축산 독점체, 수출업체에게 이득을 줄 것입니다. 그러나 시장만능주의가 강화되면서 사회보장제도는 더욱 축소되기 때문에 한국의 노동자 계급이나 서민들은 손실만 입을 가능성이 큽니다. 부익부 빈익빈이 강화되면서 한미 두 나라는 점점 더 깡패자본주의의 길을 걷게 되겠죠. 그래서 한미 FTA를 통해 한국의 보수 대연합과 미국의 보수 대연합이 결탁해 두 나라의 노동자 계급과 서민들을 더욱 억압하게 될 것입니다. 만약 2008년 11월 미국 대통령 선거에서 민주당 오바마(Barack Hussein Obama: 1961~)가 당선된다면, 지금 정부끼리 체결한 한미 FTA는 미국에게 더욱 큰 이익을 주는 방향으로 변경될 것입니다. 미국의 민주당은 전통적으로 고립주의를 선호하기 때문에 한미 FTA가 더욱 큰 이익을 주지 않으면 체결하지 않겠다고 할 수 있어요. 또한 2008년 9월 이후 더욱 강화되고 있는 미국의 금융공황을 어떻게든 완화시키기 위해 한국을 희생양으로 삼을 가능성도 있습니다. 그때 이명박 정부가 어떻게 나오느냐가 문제인데, 아마도 더욱 크게 양보하면서 FTA를 체결하려고 하겠죠.

새로운 제국주의

이제 제국주의(imperialism)에 관해 이야기해봅시다. 처음 제국주의라는 말이 많이 사용된 19세기 후반기에 제국주의는 선진국이 후진국을 수탈한다는 개념이 아니고 선진국들끼리 식민지 획득을 둘러싸고 서로 싸운다는 개념이었습니다. 아까도 이야기했지만, 각국의 독점자본가들이 세계시장을 독점하려고 서로 경쟁하는 과정에서 자기 나라 정부의 군사력을 끌어들임으로써 무력 충돌이 일어나는 것을 제국주의라고 했던 것입니다. 하지만 이런 의미의 제국주의는 제2차 세계대전이 끝난 뒤에 크게 후퇴했어요. 소련은 1991년에 붕괴했지만 엄청난 정치적·경제적·이데올로기적 세력이었잖아요. 자본주의 '진영(camp)'에 대항하는 '사회주의 진영' 또는 '공산주의 진영'의 우두머리였지요. 또 핵무기와 대륙간 탄도미사일도 가지고 있었고, 1961년에 처음으로 우주인을 달에 보내기도 했죠. 그래서 자본주의 선진국 정부들은 잘못하면 두 진영이 정면으로 싸우게 될지도 모른다고 걱정해서 하나로 뭉쳤단 말이에요. 이런 이유로 자본주의 선진국 정부들 사이의 무력 충돌이라는 제국주의 개념은 사실상 사라진 것입니다.

그래서 1945년 이후에는 선진국이 후진국을 수탈한다는 개념의 제국주의가 크게 유행하게 됩니다. 선진국들이 신생독립국들에게 경제원조와 군사 원조를 제공하면서 정치·경제적으로 이들을 종속시키는 현상이 모든 대륙에서 나타났지요. 라틴 아메리카는 쿠바를 빼면 미국의 세력권이었고, 아프리카에서는 옛날의 식민모국이 그대로 신생독립국들을 지배하고 있었습니다. 그래서 1960년대 후반부터 1970년대까지 라틴 아메리카의 진보적인 지식인들이 만들어낸 '종속이론(dependency theory)'이 전 세계적으로 전파된 것입니다. 그들은 "주변부(periphery)에 속한 후진국을 지배하고 있는 중심부(centre)의 사슬을 벗어나지 않는 이상 후진국은 계속 후진국일 수밖에 없다"고 주장하면서 사회주의 혁명을 독려했지요.

소련을 비롯한 사회주의 진영은 1990년대 초반에 완전히 붕괴됩니다. 그렇지만 아직도 선진자본주의 국가들이 서로 전쟁을 할 정도로 외교관계가 악화되고 있지는 않지요. 여기에는 여러 가지 이유가 있습니다. 먼저 다른 선진국보다 미국의 군사력이 월등히 강하기 때문입니다. 둘째는 모든 선진국이 핵무기를 가지고 있기 때문입니다. 핵무기를 터뜨리면 모두가 죽잖아요. 셋째는 자본의 세계화가 크게 진전되어 각국 출신의 자본이 세계 전역에 혼재하고 있는 상황이라 이들을 보호하기 위해 각국 정부가 전쟁에 돌입할 수 없게 된 것입니다. 그래서 선진국들은 지금 서로 힘을 합해 후진국을 수탈하는 데 전념하고 있는데, 이것이 바로 '집단적인 제국주의(collective imperialism)'라고 하는 것입니다. 이것의 우두머리가 미국이에요. 이를 보여주는 사례는 사실 많죠. 1983년에 멕시코가 외환위기에 처했을 때 미국과 여타 선진국의 은행과 기업은 IMF와 협력해 멕시코의 부를 상당량 수탈했지요. 1997년 아시아 외환위기 때도 IMF, 미국, 영국, 일본 정부가 모두 협력해서 아시아를 수탈했고요. 그렇다고 선진국들의 이해관계가 동일한가 하면 절대 그렇지는 않습니다. 집단적 제국주의 안에서 선진국 정부들이 서로 경쟁도 하고 대항도 하지요. 미국이 이라크를 침략하려고 할 때, UN에서 독일과 프랑스가 반대했잖아요. 왜냐하면 미국이 이라크의 석유를 독점해 버리면 자기들은 매우 어려운 처지에 빠지기 때문이에요. 물론 독일과 프랑스가 미국 정부의 침략계획을 '비난'했지만, 미국의 침략을 저지할 수는 없었지요. 그런데 선진국들 사이의 긴장관계는 미국의 경제력이 약화될수록 미국에 대항하는 형태로 나타날 수밖에 없을 것입니다. 달러가 세계화폐의 자격을 잃고 있기 때문에 유로를 세계화폐로 하자는 주장이 자꾸 나오고 있는 상황이지요.

중국의 급격한
산업화

이제 중국경제에 대해 이야기해 보겠습니다. 현재 중국경제를 빼놓고는 세계경제를 이야기할 수 없을 정도입니다. 먼저 세계를 계속 지배해야겠다는 야욕을 가진 미국 정부가 경제력이 점점 더 쇠약해지면서도 러시아와 중국을 완전히 봉쇄하려고 시도하고 있습니다. 러시아를 둘러싼 이전의 소련공화국들에 미국 군대가 주둔하지 않는 곳이 거의 없어요. 그리고 중국을 봉쇄하기 위해 한국과의 동맹을 강화하고 베트남을 후원하고 있는데, 미얀마만은 미국 말을 잘 안 듣고 있지요. 미얀마는 중국과 굉장히 밀접한 관계를 가지고 있어서 최근 미얀마가 입은 엄청난 자연재해를 복구하기 위해 미국 측 원조재단이 입국하겠다는 것도 거절했을 정도입니다. 미얀마 정부는 미국 측의 파괴 공작을 경계하기 때문이지요.

어쨌든 중국은 해외로부터 대규모 직접투자와 차관을 도입해 높은 경제성장을 달성하고 있습니다. 1990년대 이후 중국의 고정자본(공장과 기계 설비) 증가율은 세계에서 가장 높은 수준이었죠. 이렇게 해서 중국이 지금은 '세계의 공장'이 된 것입니다(18세기 말부터 19세기 중반까지는 작은 나라 영국이 산업

혁명을 통해 '세계의 공장' 역할을 했지요). 최근 중국이 야기한 멜라민(melamine) 파동이 전 세계를 공포에 빠뜨리는 것을 보면 중국이 '세계의 공장'이라는 사실을 실감할 수 있을 것입니다.

이런 공업화는 농촌에 있는 과잉인구를 도시로 데려와서 공업노동자로 전환시키는 과정이잖아요. 중국에 있는 자본가들이 이런 노동자들에게 저임금 장시간 노동을 시켜 큰 이윤을 얻게 되자, 외국에 있는 자본가들도 "중국에 공장을 지으면 저임금 장시간 노동을 이용할 수 있으니 돈을 벌 수 있겠다"고 생각해 중국에 대규모로 투자를 하게 된 것입니다. 그래서 선진국 경제가 정체되는 경향이 생깁니다. 또한 선진국 노동자 계급에게는 일자리가 증가하지 않으니까 실업자가 늘어나고, 임금수준도 낮아지고 노동조합 세력도 약해지는 현상이 나타나는 것이지요. 결국 중국경제의 눈부신 발전으로 세계경제 구조가 변동하면서 선진국의 경제기반 자체가 자꾸 허물어지는 심각한 문제가 생기고 있는 것이죠.

중국 말고도 상당히 급속한 산업화를 추진하고 있는 나라로는 인도를 들 수 있습니다. 인도 사람은 영어를 잘하니까 미국과 영국의 문의전화, 즉 콜센터를 담당하고 있지요. 또한 인도 사람들은 머리가 굉장히 좋아서 외국 기업들이 인도에 IT산업을 크게 건설하고 있어요. 그런데 내가 인도에 몇 번 가보았는데 큰 문제가 하나 있는 것 같았어요. 영국이 인도를 식민지로 통치하면서 선거문화를 잘 정비했지만, 선거가 항상 중산층 이상의 계층에 기반을 둔 보수정당들끼리의 경쟁이다 보니 저소득층이나 빈민은 이런 선거민주주의로부터 완전히 배제되어 있더군요. 그래서 어디서나 극빈층이 너무나 많은 거예요. 이런 사정은 베네수엘라에서도 마찬가지였는데, 인도에서는 아직 차베스 같은 정치인이 등장하지 않은 것이죠. 차베스는 1998년 12월 대통령 선거에서 "나는 빈민을 위하겠다", "나라의 부를 더욱 균등하게 분배하겠다"라는 공약을 내걸었어요. 이 공약을 믿고 인구의 60~80%를 차지하는 빈민이 차베스에게 투표함으로써 차베스가 대통령에 당선된 것입니다. 차베스는 빈민들에게 자기 동네에 '주민자치위원회'(우리나라의 동사무소와 같은 것)를 만들게 하고, 자기들이 무엇을 필요로 하고 무엇을 원하는가를 그 위원회에서 토론하도록 했어요. 그리고 그것을 현실화하는 데 얼마의 돈이 든다는 계획서를 작성해, 이것만 전담하는 정부기구인 '대중참여사회발전부(Ministry of Popular Participation and Social Development)'에 제출하게 했지요. 그러면 대중참여부에서 실무자가 와서 주민자치위원회와 토론하면서 그 계획을 개선, 확정하고, 그 뒤에 주민자치위원회 계좌로 돈이 들어온다고요. 그래서 빈민들이 그 돈으로 자기 동네를 개발하는 것이지요. 이를 통해 빈민들의 의식수준과 협동심이 엄청나게 커지면서 차베스의 강력한 지지세력이 된 것입니다. 인도와 같은 '대의제 민주주의'의 맹점을 제거한 '참여 민주주의', '직접 민주주의'를 바로 베네수엘라에서 실현한 거예요. 촛불집회를 백골단을 투입해 탄압하면서 공안 정국을 조성하는 이명박 정부나 청와대에 꼼짝 못하는 국회의 거대 여당 역시 '대의제 민주주의'의 맹점을 보여주는 것이라 할 수 있겠죠.

다시 중국경제로 돌아가 보죠. 중국은 경제발전 과정에서 수출 규모를 크게 확대했어요. 여기서 수출 규모는 중국인이 경영하는 기업의 수출과 외국인 기업의 수출을 모두 합한 것입니다. 세계의 총수출에서 중국이 차지하는 비중이 1980년 0.8%에서 2003년에는 7.3%로 10배나 증가했지요. 컴퓨터와 기타 IT상품의 핵심적인 부품은 외국에서 수입하고 있지만 장난감과 게임 용품, 의류, 사무용 설비, 나아가 컴퓨터, 생활가전, 기타 IT상품까지 중국의 수출 품목 또한 다양합니다. 값싼 중국 제품이 세계를 휩쓸고 있는 것입니다. 외국 기업들이 중국 제품과 경쟁하기 어려운 것은 중국 노동자의 임금수준이 너무나 낮기 때문이에요. 선진국 제품이 중국 제품과 경쟁하기 위해서는 중국 화폐인 위안화가 평가절상되어야 합니다. 현재의 환율인 '1달러 = 7위안'을 예컨대 '1달러 = 3.5위안'으로 위안화를 평가절상하면(즉, 달러화가 평가절하되면), 선진국 제품의 경쟁력이 조금 살아나겠죠. 왜냐하면 옛날에 1달러 하던 중국 제품이 이제는 2달러로 비싸지잖아요. 또 중국 쪽에서 보면 옛날에는 1달러 하던 미국 제품이 이제는 50센트로 값이 내렸기 때문에, 미국 제품을 많이 수입하겠죠. 그런데 지금은 달러의 가치가 7위안으로 높기 때문에 선진국 사람들은 중국 상품을 매우 값싸게 구입해 생활수준을 높이고 있는 것입니다. 만약 달러의 가치가 3.5위안으로 평가절하되면 선진국 사람들의 생활수준은 저하될 수밖에 없다는 딜레마에 빠지게 됩니다. 지금 미국에 대해 무역수지 흑자를 가장 많이 내고 있는 나라가 중국이니까 중국의 흑자 규모를 축소하려면 위안화를 평가절상하고 달러화를 평가절하해야 하는데, 이렇게 되면 '1달러 = 7위안'이던 것이 '1달러 = 3.5위안'이 되니까 미국인들의 생활수준이 저하될 수밖에 없는 것이죠.

또 한편으로 중국의 급속한 공업화는 세계 각국의 수출을 크게 증가시키는 측면이 있습니다. 중국이 특히 식품과 원료 농산물, 철광석, 석유, 고급제품의 부품, 기계, 고급소비재 등을 많이 수입하기 때문에 선진국들은 값싼 중국 상품을 많이 수입하면서 기계나 기술집약적인 부품, 고급소비재를 많이 수출할 수 있기 때문이죠. 하지만 중국과 인도가 급속한 경제성장 과정에서 연료, 광산물, 농산물 등을 많이 소비하기 때문에, 석유와 같은 원자재 값이 상승해 선진국들도 피해를 입고 있습니다. 그러나 중국의 수출 증가가 OECD 회원국(30개국)의 일자리를 별로 감소시키지 않는다는 통계도 있어요. 이는 선진국에서 제조업 일자리가 일자리 전체의 16% 밖에 되지 않기 때문입니다. 선진국의 일자리는 대부분 국제경쟁과 차단되어 있는 도소매업, 서비스업, 공익사업, 건설업 등과 관련되어 있고, 중국과 같은 후진국들이 노동집약적인 산업

> 중국의 수입은 세계의 농산물(식품과 원료)과 광산물(금속과 연료)의 수입에서 약 5%를 차지하며, 철강 수입에서는 12%를 차지한다. 또 농산물과 광산물을 합친 것의 4배 정도에 이르는 제조품을 수입하고 있다. 수출상품에 필요한 하이테크 부품, 국내투자를 위한 자본재(기계류, 반제품, 원자재), 국내소비를 위한 소비재 등이 이에 속한다.

에 종사해 그 제품을 선진국에 팔고 선진국은 점점 더 부가가치가 높은 기술집약적인 산업으로 이동하고 있기 때문이죠.

하지만 이와 같은 중국의 발전이 세계시장에 미치는 효과가 긍정적인 것만은 아닙니다. 중국이 매우 빠른 속도로 생산규모를 증가시키면 세계시장이 포화되는 상황이 나타나서 이윤율이 저하하고 과잉생산공황을 야기할 수 있습니다. 그리고 이렇게 되면 중국이 세계 각국으로부터 기계, 원자재, 곡물, 연료, 철광석, 고급소비재 등을 수입할 수 없기 때문에 세계경제가 공황에 빠질 가능성이 매우 큽니다. 그리고 지금 자본주의적 중국은 교육과 의료를 시장에 맡기고 있기 때문에 노동자들과 서민들의 생활은 매우 어려운 상황이에요. 저임금 장시간 노동에다가 높은 산업재해율에 시달

> 중국의 급속한 경제성장은 세계경제를 공황에 빠뜨릴 수 있다. 또 중국 정부가 각계각층의 민주화 요구를 어떻게 수용하느냐에 따라 세계경제의 혼란을 유발할 수 있다.

리는 노동자들이 거대한 소득격차에 대항하기 위해 노동조합을 결성해 임금 인상을 요구하거나 지식인들과 학생들이 공산당의 독재에 반대하면서 민주주의적 선거를 실시하라고 요구할 경우, 또는 소수민족들이 독립국가를 수립하겠다고 요구할 때, 중국 정부가 어떻게 할 것인가에 주목해야 합니다. 이런 정치적 요구가 경제적 혼란을 가져올 것은 분명하고 나아가 세계경제에도 큰 혼란을 야기할 수 있을 것입니다.

이제 신자유주의 또는 시장만능주의가 세계경제에
어떤 영향을 미쳤는지 살펴보기로 해요. 신자유주의
는 정부가 경제에 개입하는 것을 중단하고 경제를 시장에 자유방임하라고 주
장할 뿐만 아니라 규제, 고용의 보호, 사회보장제도 등도 최소화해야 한다고
말합니다. 이렇게 되면 노동조합 세력이 약화되고 고용주의 권한이 강화되어
수익성이 회복되고 경제가 더 발전할 것이라고 예상했지요. 또한 국내외적으
로 경쟁이 심화되고 자본시장에서 주가가 등락하면, 주가가 오르는 기업은
더 큰 투자를 해서 혁신을 도입할 것이므로 경제가 빠르게 성장하리라고 예
상했습니다. 그런데 실제로는 자본주의 황금기인 1960~1973년에 인구 1인당
생산이 매년 4%나 성장했던 데 비해, 신자유주의의 전성기인 1990~2005년에
는 매년 2%밖에 성장하지 못했죠. 신자유주의자들의 예상이 완전히 빗나간
것이죠. 왜 이렇게 되었느냐는 지금 굉장한 수수께끼예요. 이에 대해 시장만
능주의자들, 신자유주의자들은 "탈규제나 자유화를 끝까지 실시하지 않았기
때문에, 성장률이 2%밖에 안 된 것"이라고 말합니다. 이들은 사실상 돌팔이
의사와 거의 비슷하다고 할 수 있어요. 어떤 사람이 아프다고 했더니, 돌팔이
의사가 "당신 피에 나쁜 것이 있다"면서 피를 빼기 시작한 거죠. 그런데도 환
자가 병이 낫지 않는다고 하니, 피를 더 빼야 한다고 하면서 피를 더 빼니까
그 환자는 죽어버리는 겁니다. (웃음) 신자유주의자들은 이렇게 각 국민경제,
나아가서는 세계경제를 반신불수로 만들 거예요. 이것은 현재 미국에서 폭발
하고 있는 금융공황에서 분명히 나타나고 있습니다.

실제로 1980년대 이후 경제성장률이 크게 저하한 이유는 다른 데 있습
니다. 첫째는 경제의 금융화가 진행되면서 금융적 투기가 기승을 부려 반짝
경기(boom)와 붕괴(bust)가 번갈아 가면서 일어났기 때문입니다. 미국에서는

IT주식, 주택저당 증권, 그리고 곡물, 금, 석유 등 1차산품에 대한 투기가 번갈아 가며 크게 일어나면서 벼락경기가 생겼다가 붕괴되기를 반복한 것이지요. 둘째로 미국의 중앙은행이 벼락경기의 붕괴로 금융기관이 위기에 처할 때마다 값싼 돈을 대규모로 공급해 구제해 준 데도 문제가 있었습니다. 정부가 이렇게 손실을 보상해주니 금융기관은 도덕적 해이에 빠져 점점 더 위험한 곳에 무리하게 투기를 하게 되고 경제 전체가 작은 풍문에도 너무나 민감하게 반응할 수밖에 없는 취약한 구조를 가지게 된 것이죠. 셋째로 정부가 경제에 개입하지 않으니까 호미로 막을 것을 가래로 막아야 하는 상황이 되어버렸어요. 정부가 나서서 정부의 소비수요와 투자수요를 증감시켰다면 유효수요 부족이 큰 문제로 등장하지 않았을 텐데, 뒷짐만 지고 있었기 때문에 소비자 신용이 크게 증가하고 기업채무도 크게 증가한 것입니다. 넷째로 기관투자가들이 산업기업의 대주주가 되면서 산업기업이 장기적인 연구개발 투자나 생산 확대 투자를 소홀히 한 것도 한 원인이 됩니다. 경제의 금융화로 말미암아 가치나 부의 생산 기반을 완전히 무너뜨리는 기생성(parasitism)이 크게 증가한 것이지요. 다섯째로 시민들은 실업과 빈곤에 시달리고 사회복지지출은 축소되면서 국내시장과 세계시장에서는 경쟁이 심화되었는데, 이것이 기존의 거대한 생산자들에게 초과이윤에 대한 불안감을 증가시켜 투자 확대를 억제했기 때문이에요. 각 산업에서 중심적인 기업이 주도적인 지위에서 밀려나는 빈도가 1970년대에 비해 몇 배나 높아졌기 때문에 시장의 불안정성이 증가하고 기업가는 자신감을 잃게 된 것이지요.

OECD 회원국들이 1980년대 이후 어떤 과정을 통해 성장했는가를 세 가지 부류로 나누어 분석한 연구를 한번 살펴보도록 하죠. 이것은 내가 번역한 『고삐 풀린 자본주의』의 저자 앤드류 글린(Andrew Glyn: 1943~2007)이 분류한 것인데, 이를 살펴보면 다음과 같습니다.

시장만능주의	영미권	미국, 영국, 캐나다, 호주, 뉴질랜드, 아일랜드 등
↕	남유럽	그리스, 스페인, 포르투갈, 이탈리아 등
사회민주주의	북유럽	스웨덴, 덴마크, 노르웨이, 핀란드, 독일, 프랑스, 벨기에, 네덜란드, 룩셈부르크, 스위스 등

표 4.1 _ 각국의 빈곤율(2000년 또는 1990년대 말) (단위: %)

미국	영국	캐나다	호주	네덜란드	독일	벨기에	프랑스	스웨덴	핀란드
17.0	12.3	11.9	11.2	8.9	8.2	7.9	7.0	6.4	5.4

주: 한 나라의 가계소득의 중간값의 50% 이하를 받고 있는 가계가 총가계에서 차지하는 비율
자료: 글린(2008), 260쪽.

글린의 분석에 따르면, 사회민주주의를 숭상하는 북유럽 나라들에서 소득 불평등과 빈곤율이 가장 낮습니다. 또한 이들 나라는 가장 평등한 나라이면서 경제성장률도 가장 높습니다. 그런데 시장만능주의 나라들, 특히 미국과 영국은 가장 불평등하고 빈곤율도 가장 높으며 성장률도 가장 낮아요. 그리고 남유럽 나라들은 그 중간에 해당합니다.

사회민주주의적 정책을 채택하는 정부는 각 가계가 시장으로부터 얻는 소득이나 기업으로부터 받는 소득(시장소득)이 매우 불평등하기 때문에 조세제도와 사회보장 급여제도를 통해 이 불평등을 감소시킬 뿐만 아니라 빈곤율을 감소시킵니다. 이것을 단계별로 나누어 보면 다음과 같습니다. 여기에서 '최종소득'은 '시장소득'의 불평등성을 크게 감소시킬 뿐만 아니라 시장소득에 따른 빈곤율을 크게 저하시키는 역할을 하는 것이죠.

우리는 계속 이런 이야기를 듣곤 하지요. "1980년대 이후의 세계화와 신자유주의 및 무한경쟁은 피할 수가 없다. 이런 환경에서 '국가경쟁력'을 높이기 위해서는 서민에 대한 복지 지출을 삭감하지 않을 수 없다"고 말이죠. 하

* 시장소득＋이전소득＝총소득

(이전소득: 연금, 실업급여, 출산급여, 소득보조, 아동급여, 주택보조, 장애인 보조, 학생보조)

* 총소득－직접세＝가처분소득

(직접세: 소득세, 사회보험료)

* 가처분소득－간접세＝세후소득

(간접세: 부가가치세, 담배세, 주세, 석유세)

* 세후소득＋현물급여＝최종소득

(현물급여: 무상교육, 무상의료, 무료교통, 무상 학교급식, 주택 현물급여)

지만 이런 이야기는 시장만능주의 나라에만 해당되는 이야기입니다. 시장만능주의 나라에서는 국가경쟁력을 핑계로 서민들에 대한 이전소득과 현물급여를 대폭 삭감함으로써 복지수준을 바닥까지 감축했지만, 북유럽 사민주의 나라에서는 국민들이 '경제적 효율성'을 따지기에 앞서 자기들은 더욱 평등한 사회를 원한다고 '정치적으로' 결정했기 때문에, 이전소득과 현물급여를 그대로 유지하면서 복지수준을 전혀 삭감하지 않았습니다. 시장만능주의 나라에서는 '자본가들의 경쟁력'을 자꾸 국가경쟁력이라고 속이면서 자본가들은 아무런 희생이나 노력도 하지 않고 노동자와 농민 등 서민들에게만 엄청난 희생을 강요하고 있는 것입니다. 그리고 노동자들이 저임금 장시간 노동에 시달리면서 자동차의 수출 경쟁력을 높여 주었다 해도, 재벌들이 자동차를 더 많이 수출해서 큰 이윤을 올릴 때 이 이윤이 노동자나 서민들에게 돌아갈 길이 없는 것도 문제입니다. 자동차 재벌이 정부에 '특별세'를 내겠어요, 국내 소비자에게 '자동차 값'을 깎아 주겠어요? 순전히 그 큰 이윤은 자동차 재벌 총수의 주머니에 들어가는 것입니다. 한미 FTA를 체결할 때도 똑같은 논리를 폈지요. 한미 FTA를 체결하면, 우리나라 자동차가 미국에 무관세로 들어가기 때문에 일본 차보다 우리나라 차가 더 잘 팔리게 된다고요. 거기서 나온 이윤으로 농민과 어민을 먹여 살린다고 거짓말하는 거예요. 만약 이런 일이 발생하도록 하려면, 자동차 공장을 재벌 총수의 것이 아니라 사회의 것으로 환원하면 됩니다. 우리나라 사람들은 재벌이나 부자나 보수언론이 하는 이야기는 금방 믿어 버리는 나쁜 버릇이 있어서, 자기 자신은 죽을 지경이면서 나라 돕는다고 '국가경쟁력'을 걱정하고 있지요. (웃음) 그럴 필요가 하나도 없는데도 말이죠. 재벌이나 부자나 보수언론이 우리에게 무엇을 해주었는가를 생각하면서 매우 객관적으로 행동해야 합니다. 자기의 생활수준이 저하되고 있거나 언론·출판·집회·결사의 자유를 제약당하고 있다면, 사회를 향해 큰 소리로 "여기에 문제가 있다"고 외쳐야 해요. 촛불시위가 바로 그런 것이잖아요? (박수) 그래야 그 문제가 정치적인 쟁점이 되면서 민주적인 정치적 결정의 대상이 되는 것입니다. 비록 이런 결정이 경제적으로 효율적이지는 않다 해도 우리가 좋아서 그렇게 한다면 누가 뭐라고 하겠어요. 여기서 '경제적 효율성'을 어떻게 측정하는가도 큰 문제예요. 예컨대 정부가 경부운하를 건설한다고 할 때, 경제적 효율성을 무엇을 기준으로 어떻게 측정할 것인가, 또 얼마나 오랜 기간의 사회적 손익을 고려해야 할 것인가 등 문제점이 많을 수밖에 없습니다.

전쟁의 비인간성과 낭비성 | 현재 이라크나 아프가니스탄에서 전쟁이 계속되면서 군인과 민간인 등 사상자가 많이 생기고, 집과 공장이 파괴되고, 그 지역 주민들의 생활이 완전히 망가지고 있지요. 일부 마르크스주의자는 제2차 세계대전 이후 미국의 호황이 군수산업의 성장에 힘입은 것이라고 주장하지만 이는 틀린 말입니다. 군수산업은 무기(원자탄, 수소탄, 전투기, 군함, 유도탄, 전차, 대포 등)와 탄약을 만드는 산업인데, 군수품은 기계로도 사용하지 못하고 먹을 수도 없다고요. (웃음) 따라서 무기와 탄약을 만드

는 데 드는 인적·물적 자원은 모두 낭비된다고 볼 수 있습니다. 자원을 낭비하는 나라가 어떻게 높은 성장률을 달성할 수 있겠어요? 하지만 민간 군수자본가는 무기와 탄약을 자국 정부에 팔거나 외국에 수출할 수 있기 때문에 오히려 큰 이윤을 얻습니다.

그렇다면 군수산업이 미국경제의 호황을 가능하게 했다는 주장의 근거는 무엇일까요? 이들은 군수산업이 무기와 탄약을 만들기 위해 각종 기계와 원료를 필요로 하고 노동자를 고용하기 때문에 생산재산업과 소비재산업의 생산을 자극함으로써 호황을 일으킨다고 주장합니다. 하지만 미국 정부가 무기와 탄약을 사지 않고 다른 곳에 재정을 지출하더라도 마찬가지로 유효수요를 증가시켜 호황을 야기했을 것이기 때문에 호황이 군수산업 때문이라는 주장은 옳지 않습니다. 첫째로 미국 정부가 병원이나 학교를 지어 국민들에게 의료와 교육을 무상으로 제공하더라도 군수산업과 같이 생산재와 소비재에 대한 수요(유효수요)를 증가시켜 경제 전체에 호황을 가져왔을 것이라는 말입니다. 왜냐하면 병원과 학교를 건축하려면 철근, 시멘트, 목재 등 생산재를

미국 정부의 타국에 대한 침략 및 침략 지원 사례

1983	그레나다(인구 8만 명)를 침략해 민족주의적 정부 타도
1984~1987	니카라과(인구 400만 명)를 공격하는 반란군 지원
1989	파나마(인구 220만 명)를 침공해 대통령 노리에가 장군 체포
1991	쿠웨이트에서 이라크 군대를 축출하기 위해 남부 이라크를 침공하고 10년 동안 경제제재 실시
1992~1993	자연재해로 인한 기근을 구제한다는 명목으로 소말리아(인구 300만 명)에 수천 명의 해병대 배치
1995~1999	구유고슬라비아와 보스니아, 코소보 내전에 개입하고, 세르비아를 폭격. 이스라엘의 팔레스타인과 아랍국 및 레바논에 대한 공격 지원
2001	아프가니스탄 침략
2003	이라크 침략

구매해야 하고, 건설노동자를 고용해 임금을 주면 노동자가 임금으로 소비재를 구매하게 되기 때문입니다. 또한 의사, 간호사, 교사, 관리인 등을 고용해야 하기 때문에 고용이 증가하고 소비재에 대한 수요도 더욱 증가하겠지요. 둘째로 미국 정부가 무기와 탄약에 정부 재정을 지출하지 않고, 연금, 실업급여, 저소득층을 위한 소득보조, 장애인 보조, 공공임대주택 건설 등 사회보장제도를 개선하고 확충하는 데 돈을 쓴다 해도 마찬가지로 국내의 생산재와 소비재에 대한 수요가 증가하고 경제 전체가 호황을 누릴 수 있습니다. 그런데 미국에서는 대체로 학교, 병원, 주택 등은 자본가 계급이 이윤을 목적으로 운영하고 있기 때문에 정부가 개입하기 매우 어렵고, 연금, 실업급여, 소득보조, 장애인 보조 등도 민간보험업에서 포괄하고 있기 때문에 정부가 개입하기가 어려운 상황이죠. 그리고 민주당이나 공화당이나 모두 상층 부르주아지의 이익을 옹호하는 정당들이어서 사회개혁이나 사회보장제도의 개선에는 관심이 없습니다.

이제 정부가 무기와 탄약의 구매에 재정을 지출한 경우(A), 무상의료와 무상교육에 지출한 경우(B), 그리고 사회보장제도의 개선에 지출한 경우(C)의 효과를 실제로 비교해볼까요? A의 경우에는 정부가 무기와 탄약을 창고에 보관하거나 전쟁에 실제로 사용하는 것 이외에는 다른 용도가 없기 때문에 정부 재정이 낭비된다고 할 수 있습니다. B의 경우에는 정부의 지출로 건강한 국민, 지성적인 국민이 탄생하는 것이므로 그 사회의 생산력이 발전하는 데 크게 기여한다고 할 수 있지요. C의 경우도 빈민의 생활수준을 향상시킴으로써 빈민이 정상적인 시민으로 활동하게 될 것입니다. 그리고 이로 인해 마약, 매춘, 폭력, 강도 등이 크게 줄어들어 사회의 안녕과 질서가 유지되고, 사람들 사이의 연대와 협력이 강화되며, 국민들의 자발성, 창의성, 헌신성이 크게 증가할 거예요. 물론 대규모의 경찰을 유지해야 할 필요성도 없어지고,

모두가 총을 소지해야 할 필요성도 사라지게 되겠지요. 결국 B와 C의 경우가 A의 경우보다 사회와 경제에 훨씬 더 긍정적인 효과를 미치게 된다고 볼 수 있습니다. 사실상 1960년대와 1970년대에 걸쳐 미국 산업의 국제경쟁력이 독일과 일본에 비해 크게 떨어진 것도 바로 미국 정부의 막대한 전쟁 비용 지출 때문이었다고 할 수 있습니다.

결국 군수산업은 인적·물적 자원을 낭비하는 산업이라는 것을 잘 알겠지요? 그러나 민간 군수자본가는 여기서 막대한 이윤을 얻습니다. 정부가 국민으로부터 거둔 세금으로 무기와 탄약을 구매해서 민간 군수자본가의 배만 부르게 하고, 나라 전체로서는 막대한 손해를 보는 것이죠. 특히 무기와 탄약 같은 군수품의 가격은 정확하지 않은 것이 특징입니다. 군수품의 제조공정은 '대외비'이므로 정부는 군수품의 가격을 '제조비용+일정한 이윤'으로 책정하게 마련이에요. "나사 하나의 값이 100달러를 넘었다"는 폭로 기사만 보아도 군수산업은 '높은 이윤과 낮은 능률'을 동시에 지니고 있다는 것을 알 수 있어요. 그리고 군대 − 군수산업 − 무기과학 복합체(military−industrial−academic complex)가 전쟁을 부추기는 경우가 있음을 경계해야 합니다. 미국의 아이젠하워(Dwight Eisenhower: 1890~1969) 대통령은 1961년 1월 17일 퇴임연설에서 "군산복합체로부터 부당한 영향을 받지 않아야 하며, 오직 정신을 바짝 차린 총명한 시민만이 안전과 자유가 함께 성장하도록 거대한 군수산업과 군인조직을 강제할 수 있다"고 말한 바 있습니다. 하지만 지금은 무기과학자가 새로운 무기를 개발하고 이 무기를 군수산업이 제조해서 군인에게 이를 사용하도록 충동질하는 경우가 많아요. 이렇게 되면 무기과학자, 군수산업, 군인이 모두 한통속이 되어 전쟁을 일으킬 구실을 찾게 되겠죠.

이라크 전쟁 비용은 이라크를 침략할 때 부시 정부가 밝힌 500~600억 달러가 아니라 1~2조 달러에 이를 것이라는 예측도 있습니다. 이미 2005년 12

월 30일까지 이라크의 전투작전과 지원작전을 위한 총지출이 2,510억 달러에 달했어요. 물론 1~2조 달러에는 부상자에 대한 의료비용과 장애자 수당, 전쟁에서 써버린 군사장비의 보충비용, 군인의 신규모집 비용 등이 포함되며, 또한 동원된 인적 자원들의 사회적 비용(예를 들어, 동원된 군인들이 민간기업에서 받을 수 있는 봉급)이 포함됩니다. 또 전쟁이 경제 전체에 미친 영향(예를 들어, 석유가격의 상승, 더욱 불안전한 사회 환경, 이자율 상승 등에 따른 손실)이 포함되어 있지요.

이렇게 볼 때 국방비는 '경제 살리기'에 전혀 도움이 되지 않을 뿐더러 국민들의 정신문화를 해친다는 것을 알 수 있습니다. 따라서 이명박 정부는 국방비를 늘리기보다는 감소시킬 수 있는 정책을 펼쳐야겠죠. 그리고 여기에는 남북관계를 대결 분위기에서 화해 분위기로 전환시키고, 국민개병제를 직업군인제로 전환시키며, 미국으로부터 최신의 값비싼 무기를 구매하지 않고, 미국 정부의 강요가 있더라도 국군의 해외파견이나 주한미군이 남한 기지에서 해외로 출격하는 것을 금지하며, 주한미군의 주둔비용을 미국 정부가 부담하도록 하는 등의 조치가 포함되어야 할 것입니다.

질문 미국의 군산학복합체에 대해 말씀하셨는데, 군산학복합체가 20세기 초반에 과학기술의 발전에 기여한 바를 우리가 부정할 수는 없을 것 같습니다. 군산학복합체의 파괴적인 측면은 마땅히 지양되어야 하겠지만, 새로운 사회에서는 과학기술을 발전시키기 위해 어떤 준비가 되어 있는지 궁금합니다.

답변 국방을 위해 무기를 개발하다가 발견한 새로운 과학기술을 평화산업에 이용한 경우는 지적하신 대로 많습니다. 인터넷도 그중 하나죠. 그런데 무기를 개발하다가 '부수물'로 새로운 과학기술을 얻는 것보다는, 처음부터 인간의 필요와 욕구를 충족시키기 위해 과학기술을 연구하고 개발하는 것이 훨씬 더 경제적이고 인간적이지 않을까요?

참고문헌

글린, 앤드류(Andrew Glyn). 2008. 『고삐 풀린 자본주의: 1980년 이후』. 김수행·정상준 옮김. 필맥.

김수행. 2006. 『자본주의 경제의 위기와 공황』. 서울대학교 출판부.

김수행. 2008. 『알기 쉬운 정치경제학』(제2개정판). 서울대학교 출판부.

05

1997년 한국 공황의 원인과 결과

1997년 한국 공황의
전개과정 자, 시작하겠습니다. 오늘 강의에서는 우리가 흔히
'IMF 사태'라고 부르는 1997년 12월의 한국 공황에
대해 이야기해 보겠습니다.

한국에서도 여러 차례 경기순환이 있었지요. GDP 갭(GDP Gap: 실질GDP
와 장기추세 사이의 괴리)을 기준으로 1970년대부터 2003년까지 경기순환을 그
려보면 〈그림 5.1〉과 같습니다. 보다시피 1974~1975년에는 제1차 석유파동
의 영향을 받아 GDP가 장기추세 이하로 감소했어요. 또 1979~1980년에도 제
2차 석유파동과 박정희 대통령의 서거로 GDP가 크게 감소했지요. 그 뒤 가
장 크게 GDP가 감소한 것이 1998년인데, 이것이 바로 1997년 말에 폭발한 한
국 공황 때문에 일어난 일입니다.

여기서 미리 알아두어야 할 것은 우리나라 경제가 수출에 너무 의존하

그림 5.1 _ 실질GDP와 장기추세의 괴리(한국)

GDP갭
(%)

1970 1972 1975 1978 1981 1983 1986 1989 1992 1994 1997 2000 2003
연도

자료: 이준구·이창용, 『경제학원론』(2005, 범문사), 제3판, 392쪽.

고 있다는 점입니다. 외국으로부터 기계나 원자재를 가져와서 국내에서 가공해 수출하는 경제모델, 즉 '소국 개방경제'라는 것이죠. 그렇기 때문에 이명박 정부가 국내적으로 아무리 잘 해봐야 747이 안 된다는 겁니다. 지금 한번 보세요. 석유 값이 올라가니까 정부도 경제성장률이나 물가에 대해 속수무책이잖아요. 처음부터 거짓말을 하지 말았어야지. (웃음) 지금과 같이 해외사정이 나빠지면 굉장히 큰 타격을 입는 것이 바로 소국 개방경제의 특징입니다. 그래서 내가 세계시장에 너무 의존하지 말자고 이야기하는 거예요. 수출에 너무 목매지 말고 국내시장을 좀 넓히자는 것이죠. 해외시장에 상품을 팔려고 하니까 수출경쟁력을 높이려고 국내의 임금수준을 계속 깎게 되는 것입니다. 그런데 임금은 수출기업으로 봐서는 '비용'이지만, 여타 기업에서 보면 '구매력'이잖아요. 노동자들이 임금을 많이 받으면 국내에서 생산되는 상품을 많이 살 것 아니겠어요. 상품이 잘 팔리니까 국내 기업이 투자를 증가시키고 고용을 증가시킨다는 말입니다. 결국 수출에 몰두하면 국내시장은 자꾸 좁아질 수밖에 없습니다. 국내에서 상품을 팔 수가 없는 것이죠. 그러면 또 수출해야 한다고 법석을 떨겠죠. 그래서 수출 증대와 임금 삭감(즉, 서민의 불행)이 악순환하고 있는 것입니다. '임금 삭감→수출 경쟁력 상승→수출 증대

→국내시장의 협소화→수출 증대의 필요성→임금 삭감'이라는 악순환이 계속되는 것이죠. 이 악순환을 타파해야만 노동자와 서민이 잘살 수 있습니다.

1997년 12월의 한국 공황을 설명하는 이론에는 두 가지가 있습니다. 모두 엉터리이지만, 그것을 비판하기 전에 먼저 공황의 현실적인 경과를 한번 살펴보도록 합시다.

1997년 1월부터 당진에 큰 철강회사를 세우고 있던 한보철강을 시작으로 삼미 특수강, 진로, 대농, 한신공영, 기아, 쌍방울, 해태, 뉴코아와 같은 대기업이 파산 위기에 처하게 됩니다. 보통 퇴출된다고 말하는데, 매각이나 합병을 당하든지, 법정관리에 들어가든지. '화의'(채권자들과 채무자가 기업을 어떻게 처리할지를 논의하는 것)에 들어가는 것이죠. 대기업들이 이렇게 자꾸 파산 위기에 빠지니까 이 기업들에 돈을 대출해준 은행과 제2금융권은 큰 '부실채권'을 안게 되었지요. 또 부실채권이 증가하니 원리금을 받을 수 없게 되어 손실이 확대된 것이고요. 이제 금융기관 자체도 파산 위기에 빠진 것이죠. 이런 상황에서 금융기관은 새로 대출을 하지 않고 이미 제공한 대출을 회수하기 시작합니다. 그래서 대기업들은 돈을 구할 수 없어 파산하는 경우가 더욱 많아졌지요. 또 그 기업들에 대출해준 은행까지도 파산 위기에 처하게 됩니다. 금융기관에 예금한 고객들이 갑자기 나타나서 현금을 내놓으라고 하고, 결국 다수의 금융기관도 문을 닫고 파산한 것입니다.

이런 상황에서 한국의 대기업과 금융기관에 외화차관을 많이 준 외국은행은 돈을 떼일 위험이 있다고 생각해 대출 기한을 연장해주지 않고 외화차관을 갚으라고 요구합니다. 그리고 우리나라의 주식과 채권을 구매한 외국투자자들은 장래 전망이 나빠지자 주식과 채권을 모두 팔아 달러로 환전해서 본국에 보냅니다. 이렇게 되니까 외환 보유액이 바닥이 나서 기업, 은행, 제2금융권이 외채의 상환 만기일에 외채를 갚을 수 없는 상황이 발생한 것입니다. 이게 외환 부족이고 외환위기인 것이죠. 외환이 부족하니까 환율은 엄청 올라가겠죠. 1997년 6월까지는 1달러에 800원 정도 하던 것이 10월 30일에는 1,000원 가까이 폭등하고, 11월 10일에는 1,000원을 돌파해 12월 10일에는 1,600원, 11일에는 1,719원, 23일에는 최고 수준인 1,995원에 도달합니다. 이런 상황에서 기업과 은행들이 파산 위기에 빠지는 형태로 공황이 폭발하게 된 것이지요. 정부는 기업과 은행들이 외국 채권자에게 외채를 갚지 못해 "한국이 국제적으로 파산했다"는 소리를 듣지 않기 위해 1997년 11월 21일에 IMF에 특별 구제금융 500억 달러를 요청하게 됩니다. 그리고 12월 3일에 승인을 받았지요. 그해 12월 18일에는 대통령 선거가 있었는데, IMF는 특별 구제금융의 조건들 − 이것을 어떻게 갚아야 한다든지, 이것을 갚기 위해서는 재정금융 긴축정책을 채택해야 한다든지, 이자율을 올려야 한다든지, 자본시장을 외국투자자에게 완전 개방해야 한다든지, 상품에 대한 수입제한을 완전히 철폐한다든지 하는 조건들 − 을 대통령 후보자들에게 보증을 받았어요. 누가 대통령이 될지 모르니까 이런 식으로 한 거죠. 그리고 사실은 IMF가 우리나라를 신탁통치한 것입니다. IMF가 돈을 빌려줬기 때문에, 그것을 회수하기 위해서는 정부의 정책에 간섭할 수밖에 없는 것이지요. IMF는 실제로 한국의 경제시스템 자체를 시장 중심적으로 개혁했습니다. 우리가 말하는 신자유주의 정책을 그대로 도입했는데, 그것이 실제로는 IMF와 미국의 재무부와 월 스트리트의 이익을 옹호하는 정책이었지요. IMF가 1997년 말부터 한국은행에 절대로 돈을 풀지 말라고 지시한 결과 이자율이 엄청나게 오르고, 이로 인해 알짜배기 대기업들이 현금을 구하지 못해 파산상태에 빠지면서 미국투자자들에게 기업의 주요 부문을 헐값에 팔아넘길 수밖에 없었죠.

이와 같은 공황이 일어난 이유에 대해서는 두 가지
견해가 대립하고 있습니다. 여기서 가장 쟁점이 되
는 것은 바로 '아시아 모델'입니다. 우리나라의 경제시스템을 흔히들 '아시아
모델'이라고 부릅니다. 일본, 타이완, 한국이 아시아 모델을 통해 급속한 경
제성장을 달성했다고 말하잖아요. 그러면 아시아 모델은 어떤 것일까요? 첫
째로 아시아 모델은 금융제도가 주식시장 중심이 아니라 '은행 중심'이라는
특징을 가지고 있습니다. 기업들이 주식을 발행해서 자금을 조달하지 않고,
은행을 통해 차입한다는 것이지요. 이 은행 중심의 금융제도는 독일이나 일
본도 마찬가지예요. 이것의 반대가 증권시장 중심의 금융제도인데 미국과 영
국이 그렇지요. 둘째로 정부가 경제성장이나 새로운 산업의 육성에 적극적으
로 개입한다는 것을 의미합니다. 정부가 '산업정책'을 강력하게 추진한다는
것이죠. 이것은 일본이나 타이완도 마찬가지예요. 셋째로 정부와 은행과 기
업이 굉장히 밀접한 관련을 맺고 있으며, 그중에서 정부가 기업과 은행을 지
배하면서 경제성장을 주도적으로 추진한다는 뜻입니다. 이 세 가지가 바로
아시아 모델이 갖는 특징입니다.

　　IMF나 신고전파 주류 경제학은 아시아 모델이 한국 공황의 핵심적인 원
인이라고 주장하면서 한국경제를 더욱 시장에 맡기는 방향으로 개혁해야 한
다고 제안합니다. 아시아 모델에서 가장 중요한 부분이 정부가 산업정책을
세워 은행과 기업에 지시하면서 그 정책을 실시하는 것이잖아요. 바로 이것
을 바꾸라는 것이죠. 반면에 아시아 모델을 찬양하는 이들로는 좌파 케인스
주의자와 정부개입 찬양론자가 있습니다. 좌파 케인스주의자는 미국 매사추
세츠 주립대학(애머스트)에 있는 좌파교수들이 대표적이고 한국에서는 거기
에서 박사학위를 받은 일본 리쓰메이칸 대학의 이강국 교수가 있습니다. 또

정부 개입 찬양론자는 케임브리지 대학의 장하준 교수가 가장 대표적이지요. 이들은 모두 아시아 모델이 1962년 이래 경제개발 5개년계획과 산업정책을 통해 한국경제의 고도성장을 이룩한 엔진이었는데, 1990년 중반에 국내의 금융자유화, 외자 도입의 자유화로 인해 크게 망가졌다고 주장합니다. 그래서 공황이 발생했다는 거죠. 그러면서 앞으로 아시아 모델을 더욱 강화해야 한다고 주장하는 것입니다. 한쪽은 아시아 모델을 없애야 한다고 하고, 다른 한쪽은 아시아 모델을 강화해야 한다고 하는데, IMF가 신탁통치를 했기 때문에 아시아 모델을 해체하는 쪽으로 나아간 거죠.

이제 한국 공황의 원인에 대해 이야기해보죠. IMF나 주류 경제학자들은 아시아 모델에 내재하는 도덕적 해이(moral hazard)와 연고자본주의(crony capitalism)가 공황의 주된 원인이라고 주장하고 있습니다. 그런데 도덕적 해이나 연고자본주의는 사실상 경제학 용어가 아니에요. 자기들이 늘 하듯이 무차별곡선, 이자율, 투자, 환율, 무역수지 등을 가지고 분석해야 경제학 냄새가 날 것 아니겠어요? 하지만 주류 경제학에는 공황이론이 없기 때문에 공황을 설명한다고 엉뚱한 소리를 하는 거예요. 도덕적 해이는 정부가 기업(은행)이 망하면 자꾸 구제를 해주니까 기업(은행)이 정부를 믿고 위험한 투자(대출)를 계속하는 것을 가리키는 용어예요. 그리고 연고자본주의는 정부와 기업, 은행 사이에 끈끈한 유대관계가 있어서 정부 관리가 은행에게 특정한 기업에 대출하라고 부탁하면 은행이 경제적 타당성을 계산하지 않고 대출해주는 것을 가리키는 용어지요.

사실 이와 같은 의미의 도덕적 해이나 연고자본주의가 한국에 상당히 큰 폐해를 낳았다는 것은 우리 모두가 잘 알고 있는 사실입니다. 연고자본주의의 예를 하나 들어볼까요? 예컨대 은행이 청와대 비서관의 부탁을 받고 A기업에 부실대출을 해준다고 합시다. 이때 은행은 돈을 회수하지 못한다는 것을 알면서도 왜 대출을 해줄까요? 사실 이는 은행이 땅 짚고 헤엄치는 격인데요, 이유는 이런 겁니다. 은행이 청와대의 부탁을 받아 A기업에 연간 이자율 10%로 100억 원을 대출했는데, A기업이 원리금을 상환하지 못하면 어떻게 될까요? 은행이 청와대에다 대출을 회수하지 못해 어렵다고 이야기하면, 청와대가 한국은행에 지시해 그 은행에 무이자로 1,000억 원을 특별융자해주는 거예요. 은행은 이 1,000억 원을 무이자로 받아 고객들에게 10%의 이자율로 대출하면 금방 손실을 메울 수 있겠죠. 여기서 한국은행이 은행에 대부해준 1,000억 원은 사실상 정부의 공적 자금으로 국민의 혈세와 관련되어 있을 뿐만 아니라, 그런 돈이 풀리면 물가가 올라 결국 서민만 희생당하는 꼴이 된다는 점에서 문제가 크겠죠.

여기서 문제는 이와 같은 연고자본주의나 도덕적 해이가 독재정권이 총칼로 언론과 집회의 자유를 막았던 시절에나 일어날 수 있었던 일이라는 것입니다. IMF나 주류 경제학이 한국 공황의 원인을 도덕적 해이나 연고자본주의에서 찾는다면, 다른 나라에서 일어난 공황은 설명할 수가 없습니다. 자본주의 경제에서는 호황이 계속되는 동안 기업은 투자를 너무 많이 하고, 은행은 대출을 너무 많이 하고, 상인은 거래를 너무 많이 합니다. 바로 이런 '과잉'이 폭발해 공황이 발생하게 되는 것이지요. 이와 같이 도덕적 해이나 연고자본주의를 끌어들이지 않더라도 공황을 설명할 수 있는 겁니다.

또 1990년대 중반 한국은 WTO와 OECD에 가입하면서 개방화, 자유화되었다는 점에서 아시아 모델에서 위기의 원인을 찾자는 주장은 옳지 않습니다. 국내의 금융자유화에 의해 금리가 자유화되었고 은행이 알아서 금리를 결정하게 되었으며, 기업이 자금을 조달하는 경우에도 은행에서 차입하기보다는 주식과 채권을 발행하는 비율이 더 높아졌어요. 그리고 산업정책은 사실상 폐기한 것이나 마찬가지가 되었죠. 김영삼 정권 때 청와대 경제수석이

박재윤이었는데, 서울대 경제학부 교수 출신으로 철저한 신자유주의자였습니다. 그래서 경제정책을 다 없애고 전부 시장에 맡기자고 작정한 거예요. 그래서 삼성에서 자동차산업을 시작하겠다고 하니까 아무 생각 없이 승인해 버린 거예요. 그 당시 현대, 기아, 쌍용, 대우가 있었기 때문에 자동차 공장을 더 승인하는 것은 과잉생산과 과당경쟁의 위험이 있었는데도, 삼성에게 자동차 생산을 허가해준 것이죠. 그리고 한보철강에게도 철강공장을 건설하라고 승인했고요. 그 당시 우리나라 철강업은 포항제철로부터 시작해서 인천제철에 이르기까지 생산이 과잉이었는데도 말이죠. 결국 옛날에 상당한 영향력을 행사한 산업정책을 1990년대 중반에는 전혀 실시하지 않았다는 말입니다. 따라서 아시아 모델 때문에 공황이 발생했다는 IMF나 주류 경제학의 견해는 실증적으로도 말이 되지 않는 것이지요.

그러면 좌파 케인스주의자들과 국가 개입 찬양론자들은 한국 공황의 원인을 어디에서 찾을까요? 이들은 한국 공황의 원인을 아시아 모델의 약화 또는 붕괴에서 찾습니다. 그리고 이러한 약화와 붕괴의 원인은 한국 정부가 IMF, OECD, 미국 정부의 요구, 서방 은행과 기업들의 요구로 말미암아 1990년대 중반에 금융 부문에 대한 규제를 급진적으로 해제한 데 있다고 말합니다. 정부가 기업의 해외 차입과 해외 투자를 통제하지 않아서 재벌이 차입과 투자를 자기 마음대로 한 거라고요. 삼성이 자동차산업을 한다고 하니 그대로 승인했고, 한보가 철강산업을 한다고 해도 그냥 승인했잖아요. 또 은행에 대한 감독도 소홀해졌지요. 이처럼 아시아 모델이 약화되고 붕괴되었기 때문에 공황이 왔다고 이야기하는 겁니다.

이 견해에서 우리가 받아들일 수 있는 것은, 금융을 자유화해버렸기 때문에 대기업이 자기가 원하는 만큼 돈을 빌릴 수 있었다는 사실입니다. 그래서 대기업의 부채/자기자본 비율이 높아지게 되었고, 상품 판매가 원활하지 못하자 곧 대출 상환문제에 직면하게 된 것이죠. 재벌에 대한 대출을 옛날에는 정부가 엄격하게 규제했는데, 정부의 통제가 느슨해지자 시중 은행들은 기존의 규정을 피해 가며 다른 방법으로 대출해줍니다. 그리고 재벌들은 '종합금융회사'라는 것을 만들어서 국내의 돈 있는 사람들한테 펀드를 팔아서 돈을 조달하고 해외은행으로부터 많은 차관을 얻어 왔지요. 이렇게 해서 재벌의 부채/자기자본 비율이 상당히 높아진 거예요. 그리고 자본 자유화를 통해 외국 자본이 우리나라에 드나드는 것을 자유롭게 했지요. 이는 말레이시아가 외국 자본이 들어오는 것은 자유롭게 했지만 6개월이 지나야 나갈 수 있도록 통제한 것과는 대조적입니다. 한국 정부는 이런 '자본통제'를 하지 않았기 때문에 1997년 하반기에 외국 자본들이 앞다퉈 외국으로 탈출하면서 국내 외환보유고가 동이 나버렸던 것입니다.

이런 친아시아 모델 견해는 IMF나 주류 경제학의 주장보다는 훨씬 설득력이 있어 보입니다. 그러나 이 견해는 한국 정부가 경제에 개입하면 한국경제는 언제나 고도성장을 할 수 있다는 '국가물신주의'에 빠져 있다고 할 수 있습니다. 정부가 개입하기만 하면 모든 것이 잘된다고 가정하는 것은 완전히 잘못된 이야기예요. 정부가 전지전능하다면 몇 차례에 걸친 부실기업의 정리를 어떻게 설명할 수 있겠어요? 그리고 아시아 모델에 의해 한국경제가 기적을 이루었다고 이야기하지만, 아시아 모델 그 자체가 무슨 기적을 일으키는 힘을 가지고 있지는 않았어요. 나는 아시아 모델이 노동자와 농민을 착취하는 데 매우 유효한 모델이었기 때문에 한국경제의 고도성장에 기여했다고 생각합니다. 좌파 케인스주의자나 국가 개입 찬양론자는 노동자와 농민에 대한 착취를 전혀 언급하고 있지 않아요. 또 그들은 수출 주도형 소국 개방경제인 한국경제에서는 경제적 성장과 안정이 국외 상황의 변화에 매우 민감하기 때문에 정부의 통제와 조정만으로 경제의 안정적 성장을 달성하기에는 '큰 한계가 있다는 것을 인정하지 않고 있다는 점에서도 문제가 있습니다.

　나는 1998년 7월부터 1999년 6월까지 매사추세츠 주립대학(애머스트)에서 방문교수로 지낸 적이 있습니다. 그곳이 바로 좌파 케인스주의자들의 메카인데 케인스와 마르크스를 결합하려고 노력하고 있는 곳이죠. 그래서 한국의 노동운동에도 굉장히 관심이 많더군요. 내가 갔을 때가 한국 공황 직후라서 공황에 대한 이야기가 많았지요. 그들이 "아시아 모델이 무너져서 공황이 발생했다"고 자꾸 이야기하기에, "당신은 아시아 모델의 핵심이 뭐라고 생각하시오?"라고 물어보니까, "정부가 개입하는 것"이 핵심이라고 하더군요. 그래서 "정부가 왜 개입하겠느냐?"라고 물으니까 대답을 못하더군요. (웃음) 분명히 "정부 개입은 한국경제를 발전시키려는 것"이라고 이야기하겠지만, 그것은 국가를 전지전능한 하느님으로 격상시키는 것이나 다름없어요. 사실 아시아 모델이 경제성장을 이룰 수 있었던 중요한 이유는, 미국의 도움이나 세계시장의 호황과 같은 외부적 요인을 제외하면, 이 모델이 자본가로 하여금 직접적 생산자들(노동자, 농민)을 무자비하게 착취할 수 있도록 했다는 데 있습니다. 또 소수의 대자본가, 재벌이 중소자본가를 수탈해서 중소자본가가 착취한 모든 잉여가치를 자신에게 집중시킬 수 있었기 때문이에요. 그리고 정부가 모든 이용가능한 대내외 자원을 재벌에게 집중시켜 특정 성장산업을 담당하게 했기 때문이고요. 실제로 아시아 모델의 핵심은 정부와 독점적 대자본의 결탁인데, 특히 정부는 독점적 대자본이 노동자 계급을 심하게 착취하는 것을 경찰력을 동원해서 도와준 것이라고 할 수 있습니다. 미국의 좌파 케인스주의자들은 우리 국민들이 박정희 정권과 전두환 정권, 재벌을 왜 미워하는지 전혀 이해하지 못하고 있더군요.

　또 친아시아 모델 견해는 자본자유화 조치로 국내의 외국 자본이 갑자기 밖으로 나가버렸기 때문에 국내의 금융공황과 외환위기가 나타났다고 주장합니다. 그러나 이 주장은 현실과 맞지 않아요. 내가 강의 서두에서 밝힌 1997년의 사건일지에 따르면, 처음에 일어난 사건은 대기업들의 파산 위기와 이에 따른 금융기관들의 파산 위기였다고요. 1997년 11월에 이르러서야 비로소 외국의 채권은행들이 외화대출 기간을 더 이상 연장해주지 않고 대출을 회수하기 시작한 거예요. 자본의 순유입이 자본의 순유출로 전환한 것도 1997년 말에 일어났지요. 따라서 1997년 12월의 외환 부족을 '처음' 야기한 것은 외자유출이 아니라 외국 채권은행들의 대출 회수였다는 겁니다.

IMF 위기에 대한 새로운 견해

이제 1997년 공황에 대한 나의 새로운 해석을 제시해보겠습니다. 나는 1997년 12월 공황은 한국이 자본주의이기 때문에 일어난 것이라고 생각해요. 자본주의의 일반적인 특성을 가지고 공황을 설명하는 것이 옳다는 것이죠. 한국경제의 특수성에 해당하는 도덕적 해이나 연고자본주의를 도입해 한국 공황을 설명하는 것은 이론적으로 옳지 않다는 겁니다.

1997년의 공황을 설명하려면, 왜 1997년 이전에 대규모 투자가 일어났는가를 설명해야 합니다. 1988년은 우리나라가 올림픽을 개최한 해였죠. 그런데 1986년, 1987년, 1988년 이렇게 3년 동안 광복 이후 처음으로 무역수지가 흑자를 기록합니다. 경제가 매우 건실해졌다는 징조지요. 이 기회를 이용해

> 1997년 말의 한국 공황은 자본주의 경제 그 자체의 본성인 주기적 순환의 한 과정으로 전개되었으며, 당시 한국경제가 가지고 있었던 제도적 특성들이 이 공황을 더욱 악화시켜 외환위기와 경제적 파국으로까지 몰고 갔다. 다시 말해 한국의 경제공황은 연고자본주의나 도덕적 해이와 같은 한국자본주의의 특수성에 의해 야기된 것도 아니고 금융자유화에 따른 아시아 모델의 해체로 인한 것도 아니다.

대기업, 특히 재벌들은 투자를 엄청 증가시켰어요. 그때 이미 중국이나 동남 아시아는 노동집약적인 산업(신발, 의류, 장난감 등)에서 우리를 능가하기 시작했지요. 또 한국에서는 1987년 6월 항쟁 이후에 노동조합 조직률이 높아지고, 노동자의 임금수준도 상당히 올라갔어요. 이렇게 되면 자본가는 노동자를 고용하는 대신 기계를 도입할 수밖에 없게 되고, 이것이 사실상 경제발전의 과정이라고 할 수 있겠죠. 그래서 장시간 저임금 노동에 의존했던 노동집약적인 산업들이 대부분 다른 나라로 이동할 수밖에 없었던 겁니다. 그런데 고기술 - 고단가 품목에서는 일본, 독일, 미국에 밀린다고 생각한 재벌들이 한국이 상대적으로 우위를 점하고 있는 전자, 반도체, 자동차, 철강, 석유화학, 조선 산업에 대규모 투자를 하게 됩니다. 재벌들은 이 산업들을 통해 세계시장에서 자신들의 지위를 공고히 하려 한 것이죠. 그런데 이런 새로운 산업기반을 조성하기 위해서는 외국으로부터 기계와 원자재를 대규모로 수입해야 했습니다. 왜냐하면 우리의 실제 산업기술 수준은 굉장히 뒤떨어져 있었기 때문이지요. 외국으로부터 거대한 규모의 기계와 원자재를 수입하려면 막대한 외자가 필요했는데, 이 외자를 국내 은행이나 해외 은행으로부터 차입했던 것입니다. 이런 차입을 막는 여러 가지 규제는 재벌들이 정부에 건의해서 제거되었고요.

　　이렇게 해서 한국의 해외부채가 1993년 말 439억 달러에서 1996년 말에는 1,635억 달러로 3배나 증가한 거예요. 이 당시 한국은 계속해서 고도성장을 하고 있었기 때문에 외국 은행과 투자자들은 앞으로도 한국경제가 잘될 것이라고 생각하고 정부가 지급을 보증하지 않았는데도 즐거운 마음으로 돈을 빌려주었어요. 서로서로 한국에 투자하려고 경쟁한 시기였으니까요. 각국별 신용등급을 매기는 기관들은 한국 기업과 은행의 신용등급을 최고 수준으로 자꾸 올려주었지요. 이는 한국계 기업과 은행이 외국으로부터 외화를 빌릴 때 은행 간 대출금리인 LIBOR (국제금리의 기준)에다가 작은 크기의 마진(spread)만 붙이면 돈을 빌릴 수 있었다는 이야기예요. 또 정부는 해외에서 만기 1년 이상인 외화를 빌려오는 것을 억제하고 단기로 외화를 빌리도록 권장했어요. 왜냐하면 한국경제의 신용등급이 앞으로 점점 더 좋아져서 더

1997년 말의 공황은 자본주의 경제에 내재하는 정상적인 주기적 공황이다. 자본주의 경제에서 과잉투자, 과도한 차입과 대출, 이윤율 저하, 금융취약성, 산업공황과 금융공황은 주기적으로 발생한다. 기업의 높은 부채 비율, 대내외적 금융자유화, 산업과 금융에 대한 정부 통제력의 약화와 같은 제도적 요소들도 공황 발생에 중요한 역할을 했지만, 이는 주기적 공황을 확대시키고 악화시킨 2차적 요소로 이해해야 한다.

낮은 이자율로 차관을 도입할 수 있을 것이라고 생각했기 때문이지요. 이렇게 해서 1996년 말 총외채 중 단기차관의 비중이 55%나 되었어요. 그런데 이 단기차관은 한국경제가 위기에 빠졌을 때는 대출기간을 연장해주지 않고 대출 상환을 요구하기 때문에 외환 부족을 심화시킬 수 있는 요소였죠.

한편, 1990년대 초에 대규모 투자를 감행했던 전자, 반도체, 자동차, 철강, 석유화학, 조선산업 등은 1996년에 거의 완성되어 세계시장에 생산물을 출하하기 시작했어요. 그런데 세계시장이 축소되었고 무한 경쟁이 진행되어 한국계 기업들이 제값에 원하는 양만큼 생산물을 판매할 수가 없었습니다. 사실상 선진국 정부들은 1980년 이후에 신자유주의 정책을 써서 물가 상승을 억제하고 국가경쟁력을 높이려고 사회보장제도를 크게 축소했어요. 사회보장제도를 축소한다는 것은 서민들이 받는 연금, 실업급여, 소득보조, 장애인 보조와 같은 돈을 감소시킨다는 이야기잖아요. 그러면 선진국의 국내시장이 확 줄어드는 것이고, 세계시장의 규모도 축소되겠지요. 그런데도 한국의 여러 산업들이 대규모의 생산량을 세계시장에 공급하니까 팔릴 턱도 없고 가격도 폭락했지요. 결국 지금까지의 투자가 '과잉투자'라는 것이 판명된 것입니

다. 이제 대기업들은 금융기관으로부터 차입한 돈을 갚아야 하는 문제에 직면하게 된 거죠.

이렇게 해서 1997년 1월부터 대기업들은 금융기관으로부터 차입한 빚을 갚지 못해 파산하기 시작합니다. 1997년 1월에 재계 순위 14위인 한보철강이 발행한 수표를 주거래은행이 부도 처리함으로써 한보철강이 파산했죠. 주거래은행이 재벌을 파산시키는 일은 과거에는 없었던 엄청난 사건이었어요. 물론 이른바 '부실기업 정리'는 사실상 자주 있었지만요. 예컨대 1969~1972년에는 1965년의 한일국교정상화를 조건으로 일본에서 받은 청구권 자금을 사용한 외자기업 중 거의 절반이 파산하면서 부실기업들이 정리되었고, 1979~1981년에는 중화학공업의 중복투자를 정리하기 위해 정부가 자동차산업, 터빈산업, 전자산업 등에서 동일한 업종을 동일한 재벌들에게 떠맡기는 조치를 실행했어요. 또 1984~1988년에는 몰락하는 해운회사와 건설회사를 정리했고요. 정부는 이런 부실기업의 과잉설비를 해소하고 금융적 어려움을 해결하기 위해 재벌들에게 특별융자, 채무상환 중단과 같은 특혜를 주어 부실기업의 인수와 합병을 유도하고, 그 부담은 은행과 정부, 궁극적으로는 국민들이 지도록 했던 것입니다.

이런 전철이 있었기 때문에 1997년 1월에 한보철강이 문제로 등장했을 때 옛날처럼 정부가 은행에게 한보철강을 구제하라고 할 것인가가 관심의 초점이 되었어요. 만약 정부가 한보철강을 살려줬다면, 그 뒤에 나타난 재벌들의 파산 위기는 구제금융으로 해소되었을 것이고, 결국에는 1997년 12월의 공황은 폭발하지 않았을 가능성이 큽니다. 물론 그 후유증은 있었겠지만. 그런데 김영삼 대통령은 한보철강을 구제하지 않았습니다. 왜 그랬을까요? 첫째는 김영삼 대통령의 둘째 아들 김현철이 한보철강을 후원한다는 소문이 언론에서 자주 언급되었기 때문일 겁니다. 둘째는 국회가 1996년 12월 25일 새벽에 중앙정보부법과 노동법 개정안을 날치기 통과시켰잖아요. 중앙정보부에게 사람들을 마음대로 잡아가서 조사할 수 있는 권리를 주었고, 기업이 대량해고를 할 수 있도록 노동법을 개정했지요. 이로 인해 1997년 1월에 전국적인 파업이 일어납니다. 물론 개정된 중앙정보부법과 노동법은 2월에 가서 김영삼 정부가 폐기할 수밖에 없었죠. 이런 상황에서 김영삼 대통령이 한보를 봐줄 수가 없었다는 이야기예요. 언제나 역사에서는 우연이 굉장히 큰 일을 하는데, 1997년 12월 공황이 일어난 것은 위에서 말한 두 가지 이유 때문에 한보를 살리지 못한 것에서 직접적인 원인을 찾을 수도 있을 것 같아요. 한보에게 구제금융을 줄 수 없었으니까 그다음부터는 어느 대기업도 살릴 수가 없었던 것이죠.

한국은행의 외환보유고가 1997년 상반기에 크게 감소한 이유 중 하나에도 매우 재미있는 이야기가 얽혀 있어요. 김영삼 대통령은 집권 기간 동안 1인당 국민소득을 1만 달러로 올리겠다는 공약을 했죠. 환율이 자꾸만 올라간다면, 예컨대 1달러가 800원에서 1,000원으로 상승한다면, 1인당 국민소득 1만 달러의 원화 금액이 증가하기 때문에 1만 달러를 달성하기가 더 어려워지겠죠. 그래서 한국은행이 달러의 가치를 800원에 묶어 두기 위해 외환보유고를 외환시장에 대규모로 풀었다는 거예요. 나중에 보니까 한국은행이 가진 외환보유고는 30억 달러밖에 남아 있지 않았다고 하더군요.

공황에 대처하는
방법의 문제점

이런 공황이 발생했을 때, IMF와 김대중 정부는 무엇을 했을까요? 금융기관이 모두 파산 직전의 상태에 놓였고 실제로 많은 금융기관이 파산했지요. 금융 부문의 구조조정에서 사라진 금융기관도 많고 인수 합병된 금융기관도 많아요. 정부는 이런 금융기관을 구제하기 위해 거액의 공적 자금을 투입합니다. 지금 미국의 중앙은행(FRB)이 비우량 주택담보대출 때문에 파산 위기에 있는 다수의 금융기관에게 구제금융을 주는 것과 마찬가지지요. 그러면 1997년 11월부터 2007년 11월 말까지 정부는 168조 원이라는 엄청난 금액의 공적 자금을 어디에 투입했을까요? 먼저 정부는 금융기관이 무너지려고 하니까 그 주식을 63조 원어치나 사들였어요. 주식을 샀기 때문에 금융기관에 출자했다고 말할 수 있겠죠. 물론 금융기관의 주식이 어느 정도 가격을 회복했는지는 모르지만, 상당한 금액의 손실을 입었을 거라는 것은 너무나 분명합니다. 둘째로 부채가 자산보다 많은 부실 금융기관을 인수한 은행이 입은 손실을 정부가 메워주었죠. 이 금액이 18조 원에 달했어요. 셋째로 금융기관이 파산해버리니까 예금자들은 자기들의 예금을 잃고 투자자들은 자기들의 투자금액을 잃게 되었잖아요. 정부는 이런 예금과 투자금액 전액을 예금자와 투자자에게 갚아주었어요. 이 금액이 30조 원이었죠. 미국의 경우에 예금보험제가 생기기 전에는 금융기관이 파산하면 예금자와 투자자는 예금과 투자금액을 모두 잃어버렸지만, 예금보험제가 생긴 뒤에는 은행이 예금에 대해 보험회사에 보험료를 내는 대신에 파산했을 때 일정 한도의 예금을 예금자에게 돌려주게 되었습니다. 그런데 우리나라에서는 예금보험제가 생기기 이전에 정부가 예금과 투자금액 전액을 예금자와 투자자에게 돌려준 거예요. 우리나라에도 예금보험제가 생긴 후에는 5,000만 원까지 개인에게 예금과 투자금액을 돌려주게 되었지요. 넷째는 부실 금융기관이 가지고 있던 자산 17조 원어치를 정부가 샀어요. 다섯째는 부실 금융기관이 가지고 있던 유가증권을 사들이는 데 38조가 들었지요. 이렇게 해서 쓴 돈을 다 합하면 168조 원에 이르는 것입니다.

금융기관을 구제하기 위해 정부가 투입한 공적 자금 168조 원의 사용처를 생각하면 매우 불공평하다는 생각을 지울 수가 없어요. 금융기관이 망하거나 손해를 입은 것은 사실상 부실경영 때문이잖아요. 이득을 많이 얻기 위해 각종 투기를 했을 것이고, 높은 이자율을 감수하는 위험한 차입자에게 대출했을 것이며, 경영자들이 지나치게 높은 봉급을 받았을 거예요. 이처럼 방만하게 경영하다가 망한 금융기관의 부채를 모두 공적 자금으로 대신 갚아주는 것이 공정하다고 할 수 있겠어요? 서민이나 실업자나 신용불량자들에게는 그렇게도 자기의 책임을 강조하던 정부가 금융기관의 부채는 어떻게 국민의 혈세로 대신 갚아주느냐는 말이에요. 정부가 금융기관의 빚을 공적 자금으로 대신 갚아주었기 때문에 금융기관은 이제 민간기업이 아니라 사실상 공공기관이라고 볼 수밖에 없어요. 따라서 정부는 법률을 통해 금융기관의 사적 이윤 추구에 일정한 제한을 가해야 해요. 예컨대 서민들에게 소액 대출을 풍부하게 제공함으로써 서민들을 고리대의 위협으로부터 보호한다든지, 주택담보대출을 유리한 조건으로 제공한다든지, 총대출의 일정한 비율을 중소기업에게 대출해야 한다는 법률을 제정해야 하는 거죠.

그렇다면 한국의 기업과 금융기관이 외채를 갚지 못한 것에 대해 외국 투자자가 책임질 일은 없을까요? 먼저 한국 정부는 민간을 대신해 외채를 갚아야 할 의무가 없었다는 사실을 아셔야 합니다. 실제로 19세기에 영국의 수입업자들은 거대한 양의 원료를 수입한 뒤 돈을 갚기 싫으면 런던 법원에 가서 파산 신청을 했어요. 그리고 이렇게 파산해버리면 외국인들은 런던의 수입업자한테 한 푼도 못 받게 되어 있었죠. 1997년의 한국 공황에서도 한국의 대기업과 금융기관이 외국의 금융기관과 거래한 것이지 한국 정부가 이들과 거래한 것은 아니잖아요. 민간의 기업과 금융기관이 해외에서 돈을 빌려 왔단 말이에요. 돈을 빌린 기업과 금융기관이 망했으면 돈을 빌려준 해외의 금융기관도 망함으로써 문제가 해결되어야 할 것 아니겠어요? 그런데 IMF와 미국 정부가 한국의 민간이 진 빚을 모두 한국 정부가 책임지라고 해버린 거예요. 물론 한국 정부가 IMF와 미국 정부의 의도를 눈치 채고 미리 민간의 외채를 정부의 외채로 전환시키겠다고 앞장선 측면도 있었지만요.

둘째로 한국의 기업과 금융기관에게 대출해준 외국의 금융기관이 판단을 잘못한 것이라고 할 수 있습니다. 한국경제가 계속 고도성장을 해왔기 때문에 앞으로도 그럴 것이라고 잘못 예상하고 한국의 민간에게 지나치게 많은 대출을 한 것이 잘못인 거죠. 그렇기 때문에 외국의 금융기관도 일정 부분 책임을 져야하는데 실제로는 전혀 책임을 지지 않았죠. 미국계 외국 은행과 투자자들이 한국에 그렇게 많이 투자한 것은, "한국 정부는 미국 정부가 한마디 하면 꼼짝 못할 테니까 막 빌려줘도 언제든지 다 받을 수 있다"는 믿음을 가지고 있었던 것 같아요. 이것이 바로 도덕적 해이인 거죠. 외국 은행과 투자자는 이런 도덕적 해이에 빠져 위험을 무시하고 대규모 자금을 한국의 민간에게 빌려주거나 투자한 것입니다. 사태를 이렇게 만든 것은 한국 정부가 미국 정부에 대해 너무나 굴종적이었기 때문이에요. 지금도 미국산 쇠고기 수입 문제에서 한국 정부가 미국 정부에게 꼼짝 못하잖아요. 오히려 한술 더 떠서 미국산 쇠고기가 품질이 좋다고 대통령부터 농수산부 장관까지 '시식회'를 열면서 온갖 선전을 하고 있는 '황당한 사건'이 벌어지고 있잖아요. 미국 정부에 대한 '저자세', 굴종이 문제에요. 이게 어제오늘 일은 아니라고요. IMF와 미국 정부가 한국 정부에 압력을 넣어서 외국 은행과 투자자에게는 아무런 책임을 지우지 않고 한국 민간의 빚을 온통 한국 정부의 빚으로 전환시킨 것입니다.

여기서 잠깐 멕시코 이야기를 해볼까요? 후진국의 외채문제가 터지기 시작한 것은 1983년부터였죠. 이 문제도 사실은 선진국 은행의 위험스러운 대출 확장 노력에서 생긴 것입니다. 1973년과 1979년에 일어난 석유파동 덕택에 OPEC 산유국들이 엄청나게 많은 석유 달러를 가지게 되자 이들은 국내의 개발에 사용하고 남은 석유 달러를 선진국 은행에 예금했는데, 선진국 은행은 그 예금을 대출할 곳이 없었어요. 왜냐하면 선진국 전체가 불황에 허덕이고 있어서 자본가들이 투자를 하지 않으려 했기 때문이에요. 그래서 선진국 은행들이 후진국에게 대출을 하기 시작한 거예요. 선진국 은행의 대출 담당 직원들이 후진국에 가서 제발 우리 은행 돈을 쓰라고 정치권에 로비하고 뇌물 주면서 후진국에 대출을 했다고요. 그래서 그때는 큰돈을 빌리는 것이 쉬웠죠. 한국이 중화학공업을 개시할 때도 석유 달러의 차입에 크게 의존했지요. 선진국 은행이 돈을 쓰라고 하면서 뇌물까지 주니까 후진국 정부는 마음껏 빌려서 온갖 곳에 다 써버린 겁니다. 이렇게 해서 세계의 4대 외채국으로 브라질, 멕시코, 아르헨티나, 한국이 등장한 것입니다. 그리고 최초의 외채 위기가 1983년에 멕시코에서 터진 거예요.

멕시코 정부는 정부 자신과 은행 및 기업들이 외채 원리금을 상환기간 안에 갚을 수가 없어서 '지불불능(default)'을 선언할 수밖에 없다고 IMF와 미국 정부에 통보했어요. IMF와 미국 정부는 깜짝 놀라서 제발 참으라고 애원했지요. 지불불능을 선언하면, 멕시코에 1,000억 달러 정도를 대출한 미국계 은행들은 금방 망하게 된다고요. 왜냐하면 1,000억 달러가 곧바로 은행의 손실로 나타나므로 고객들이 그 은행으로부터 예금을 모두 인출할 테니까요. IMF와 미국 정부가 앞장서서 채권은행단과 멕시코 정부 관리를 소집해서 '외채의 구조조정(rescheduling)'을 시작합니다. 지불불능을 선언하지 않는다는 조건 아래, 채권은행단은 원금과 이자의 일부를 탕감하고, 이자율을 인하하며, 원리금의 상환기간을 연장하고, 당장 필요한 추가적인 차관을 제공하겠다는 합의서를 작성했어요. 이것이 채무자를 보호하면서 천천히 빚을 갚게 하는 올바른 조치인 거죠. 여러분도 알지요? 많은 빚을 진 사람이 채권자보다 힘이 세다는 것을. (웃음)

그런데 왜 한국 정부는 멕시코 정부의 전술을 조금도 본받지 못했을까요? 첫째로 한국 사람들은 대체로 미국 정부한테 조금만 잘못 보이면 모두가 죽을지도 모른다는 '괴상한' 친미 사대주의 사상을 가지고 있기 때문이에요. 광복절에 서울 한복판에서 태극기와 성조기를 들고 애국가와 미국 국가를 부르면서 부시의 건강을 기원하는 일은 아무래도 좀 이상하지 않아요? 둘째로 1997년 12월 18일이 바로 대통령 선거일이었어요. 대통령 후보자들이 IMF와 미국 정부한테 밉보이면 낙선할 것이라고 생각해서, "우리 모두 힘을 합쳐 IMF 빚을 갚자"고 외친 거죠. 셋째로 한국의 정치인과 고급관리들은 자기 자신의 앞날만 생각하지 한국경제나 서민의 사정은 전혀 고려하지 않기 때문이에요. 4·19 학생혁명이나 1987년 6월의 민주항쟁 등은 금방 잊어버리고 친미 보수의 기득권 세력에게 아부하는 것에만 관심을 쏟고 있으니 무슨 전술을 구사하겠어요. 정부가 민간 빚을 대신 갚는 것은 전혀 문제가 되지 않으며, 외국에 진 빚을 모두 양심적으로 끝까지 갚아야 '옳은' 일이라고 생각하는 순진무구하고 '멍청한' 정부 관리들 때문에, '벼랑 끝 전술'은 정부의 대책 속에 있지도 않았던 거죠. 오히려 IMF와 미국 정부가 "한국 정부가 옆으로 새는 것이 아닌가?" 하고 겁이 나서 IMF 총재와 미국 재무부 장관을 서울에 몇 번 파견했는데, 한국 정부 관리들은 IMF가 500억 달러를 빌려준다는 것에 감지덕지해서 머리를 조아리며 굽신거렸으니, 참으로 기가 찰 노릇이지요. 이명박 대통령도 부시가 "그냥 쇠고기 모든 부위를 수입하게!" 하니까, 아무 말도 못하고 "예예" 한 것이 아닌지 참 걱정되네요. (웃음)

　　마지막으로 검토해보아야 할 중요한 문제가 있습니다. 외채를 갚지 못하는 나라를 한국처럼 망가뜨리지 않고 합리적으로 구제할 수 있는 방법은 무엇일까 하는 것입니다. 사실 한국 정부는 1997년 11월쯤에 미국 정부와 IMF에게 외환이 부족하니까 돈을 좀 빌려달라고 상의했다고 합니다. 그런데 이 친구들이 돈을 빌려주지 않고 IMF에 정식으로 특별구제금융을 신청하라고 한 거죠. 그래서 11월 21일 IMF에 공식적으로 특별구제금융을 신청하니까 이 친구들이 "한국에 외환위기가 일어났다"고 동네방네 광고를 한 셈이 된 것입니다. 그런 상황에서 누가 한국에 돈을 빌려주려고 하겠어요? IMF와 미국 정부가 자기들의 이득을 위해 일부러 "한국에 불났다!"고 외침으로써 다른 나라들이 차관을 제공하는 것을 막았을 가능성도 있어요. 국내에서는 대기업이 파산 위기에 처할 경우 채권은행들이 모여서 이 기업의 자산과 부채를 동결합니다. 그리고 채권은행단은 이 기업에게 추가적으로 자금을 지원하면서 기업의 재무구조를 개선해 기업을 살린다고요. 하이닉스(Hynix)도 바로 이런 워크아웃(work-out)을 통해 다시 살아난 거예요. 마찬가지로 IMF도 외채국이 파산 위기에 처하면 외채국의 외화자산과 외화부채를 동결하고 외채국에게 추가적으로 자금을 지원해서 외채국을 다시 살려내야 하는 것입니다. 그런데 한국의 경우에는 미국의 재무부와 월 스트리트가 파산 상태의 한국경제로부터 큰 이득을 얻자고 작정했기 때문에 이들과 연루되어 있는 IMF가 올바른 조치를 취하지 않은 것입니다. 내가 첫 번째 강의에서도 말한 바와 같이 IMF는 미국 정부가 지배하는 국제기구이기 때문이죠.

이런 이유로 IMF는 한국의 은행과 기업의 빚을 한국 정부의 빚으로, 단기차관을 장기차관으로 전환시키면서 국제금리보다 훨씬 더 높은 금리를 요구했습니다. 그리고 재정금융 긴축정책을 통해 한국의 대기업과 은행을 파산시키면서 외국투자자로 하여금 헐값으로 알짜기업과 은행을 매입할 수 있게 했지요. 서민들은 일자리를 잃고 신용불량자가 되어 '죽지 못해 사는' 극한상태에 빠졌는데도 IMF는 이 문제에는 전혀 개입하지 않았죠. 그러면서 한국 대기업들에게는 부채/자기자본 비율을 200%로 낮추기 위해 주식을 발행하도록 권장함으로써 외국투자자들이 한국 대기업의 최대 주주가 되게 한 것입니다. 크게 보면 IMF는 은행 중심의 금융제도를 증권시장 중심의 금융제도로 바꾸면서, 미국투자자들이 한국경제를 마음껏 요리하게 만든 것이지요. 결국 미국 정부, IMF, 월 스트리트가 한통속(IMF-Treasury-Wall Street Complex)이 되어 한국을 수탈한 것과 같다는 겁니다.

질문 아까 관치금융에 대해 이야기하셨는데, 다른 측면에서 바라보면, 정부가 관치금융을 통해 실업이 예상되는 노동자들을 살리려 했다고 말할 수도 있지 않을까요? 어떻게 생각하시는지 궁금합니다.

답변 '관치금융'은 정부가 시중 은행이 싫어하는 부실대출을 강요하는 것으로 의미를 명확하게 축소시켜 규정할 필요가 있는 것 같아요. 정부가 일반적인 금융정책을 세워 집행하는 것을 가지고 관치금융이라고 불러서는 안 된다는 것입니다. 만약 정부의 고급관리가 시중 은행에 전화해서 부실기업 A에게 대출해주라고 요구할 때, 은행이 마지못해 대출을 해주는 것이 아니라 '좋아서' 그 대출을 해준다면, '관치금융'이라고 이야기할 수 있나요? 시중 은행이 정부 관리의 부탁을 매우 잘 들어준 이유는, A기업에 대출해 원리금을 몽땅 잃게 되면 정부의 고급관리가 한국은행으로 하여금 그 은행에 특혜적인 특별융자를 내려주도록 하기 때문이에요. 이런 상황에서는 관치금융이라는 단어를 사용해서 정부만을 욕하는 것이 좀 지나치지 않나 생각되네요. 부실대출이 크게 증가한 것은 정치인, 정부관리, 은행 임원 모두가 연루된 부정부패 때문입니다.

질문 1997년 외환위기 당시에 아시아에서 말레이시아가 우리나라와 똑같은 상황에 있었는데, 말레이시아의 마하티르(Mahathir bin Mohamad: 1925~) 총리는 IMF 요구를 거부한 것으로 알고 있습니다. 우리나라가 IMF의 요구를 받아들여 공공성이나 사회성을 배제하고, 많은 국가 기간산업을 헐값으로 외국 자본에 넘겨주는 상황을 맞이한 것과 달리 말레이시아는 이를 어떻게 처리했는지 궁금합니다.

답변 제가 말레이시아에 몇 번 놀러 가기는 했습니다만 말레이시아를 잘 알지는 못합니다. (웃음) 마하티르 총리가 생각해낸 기본정책은, 외국 자본이 들어오는 것은 자유롭게 하되 6개월이 지나야 나갈 수 있다는 것이었습니다. 한꺼번에 외국 자본이 나가버리면 외환 부족으로 큰 혼란을 겪기 때문이지요. 1997년에 다른 아시아 나라들은 외환위기에 빠졌지만 말레이시아는 이 정책 때문에 외환위기를 면할 수 있었지요. 말레이시아는 투기적인 자본 이동을 규제하기 위해 자본통제를 실시한 몇 안 되는 후진국이었습니다.

질문 IMF는 공공 부문의 구조조정으로 공기업의 민영화를 요구했으며, 국정교과서, 종합기술금융회사, 남해화학, 포항제철, 한국통신, 한국중공업 등이 민영화되었습니다. 이명박 대통령도 공기업의 '선진화'라는 미명하에 민영화를 실시할 예정인 것으로 알고 있습니다. 교수님은 민영화를 어떻게 생각하세요?

답변 나도 공기업 자체는 개혁해야 할 측면이 굉장히 많다고 생각해요. 공기업의 사장이 그 공기업의 내용이나 경영은 하나도 모르면서 오직 대통령과의 친분으로 사장이 된다면 문제가 있지요. 이런 사장은 공기업을 '선진화'시키는 것이 아니라 공기업을 망치겠지요. 이런 사장은 아무것도 모르니까 노동조합에게 봉급과 보너스를 많이 주어 자기를 내쫓지 말아달라고 타협을 한단 말이에요. 또 노동조합도 사장을 궁지에 몰아넣는 시늉만 하다가 봉급과 보너스나 잘 챙기자고 작심하게 된다고요. 사실상 노동조합과 공기업의 사장이 결탁하는 경우가 매우 많다고 생각해요. 이런 측면이 공기업에서 개혁해야 할 가장 중요한 측면인 것 같아요. 또 공기업은 공공의 이익을 도모해야하기 때문에 가격 인상이나 종업원의 해고나 환경 파괴 등을 최소화할 의무가 있어요. 공공의 이익을 도모하는 과정에서 공기업이 손실을 보는 것은 국민들이 세금을 내서 메워주는 것이 당연합니다.

이명박 대통령은 2008년 7월 11일 국회 개원연설에서 "정부가 공기업 지원에 매년 20조 원의 세금을 쓰고 있다. 공기업의 선진화는 더 이상 늦출 수 없다"고 주장했지요. 그러나 이것은 사실을 크게 왜곡하고 있어요. 2006년 297개 공공기관 중 12개 기관이 전체 지원금 17조 9,849원 중 67.4%인 12조 1,204억 원을 받았는데, 이 기관들은 정부가 꼭 해야 할 복지지원 사업, 사회간접자본 건설사업, 국가 성장잠재력 확충사업을 대신 수행했을 뿐입니다. 예컨대 국민건강보험공단이 2006년 가장 큰 지원금인 3조 8,062억 원을 받았는데, 이것은 공단의 적자를 메우기 위한 것이 아니었어요. 「국민건강보험법」에 따르면, 건강보험 가입자와 피부양자의 보험급여비용 지원 및 취약계층에 대한 보험료 경감을 위해 당해 연도 보험료 예상수입액의 20%에 해당하는 금액을 국고와 건강증진기금이 지원한다고 되어 있기 때문에 공단이 이를 받은 것이었죠. 정부가 해야 할 일을 지원을 받아 대신한 것 뿐이에요. 두 번째로 큰 금액인 2조 4,087억 원을 받은 한국철도시설공단은 이 돈으로 고속철도, 17개 구간 일반철도, 10개 구간 광역철도를 건설했어요. 또 세 번째로 큰 1조 844억 원을 지원받은 한국도로공사는 고속도로 17개 구간을 신설하고 16개 구간을 확장하는 공사에 이 돈을 사용했어요. 그리고 특히 민영화 대상으로 거론되고 있는 한국전력공사, 한국전력공사의 자회사, 대한주택보증공사, 한국지역난방공사, 한국가스공사, 한국철도공사의 자회사, 한국감정원의 자회사 등은 정부의 지원을 한 푼도 받은 적이 없어요.

공기업의 민영화는 민간 자본가가 그 공기업을 매입할 의향이 있어야 가능하기 때문에 수익성이 없는 공기업은 팔릴 수가 없습니다. 공기업의 민영화를 가장 먼저 대규모로 실행한 영국의 경우를 보면, 민영화 이후 공공서비스 가격은 상승하고 서비스의 질은 저하한 데다 종업원은 대규모로 해고되었어요. 민간 자본가는 주민의 필요와 욕구를 충족시키는 것이 목적이 아니라 오직 이윤 극대화를 추구할 뿐이기 때문에 이런 현상이 나타나는 것입니다. 또한 민간 자본가는 장기적인 투자에는 관심이 없고 단기적인 이윤만 추구하기 때문에, 민영화한 영국 철도에서 역사상 가장 큰 사고가 났고, 결국 다시 국유화할 수밖에 없었죠. "시장이 가장 효율적이다"라는 말은 시장에 맡기면 민간 자본가가 단기적으로 가장 큰 이윤을 얻을 수 있다는 것을 의미할 뿐이지 주민들이 값싸고 편안하게 공공서비스를 이용할 수 있다는 의미는 아닙니다.

질문 강의 내용과는 좀 동떨어진 질문이지만 궁금해서요. 서울대학교 경제학부의 선생님 후임 문제는 어떻게 되었습니까?

답변 2008년 4월에 교수 채용 공고가 났어요. 두 사람을 뽑는다는 것과 전공과목은 '경제학 일반'이라고 하고, 괄호 안에 '정치경제학 포함'이라고 표시해서 공고를 냈지요. 네 사람이 응모했는데, 세 사람은 분명히 '정치경제학'에 응모했고, 한 사람은 '경제학 일반'에 응모하지 않았나 싶어요. 교수들이 투표를 해서 선발하는데, 제1차 투표에서는 교수들의 1/2 이상의 표를 얻어야 하고, 제2차 투표는 신임투표로서 교수들의 2/3 이상의 표를 얻어야 선발되도록 되어 있어요. 그런데 6월 11일 경제학부 교수회의에서는 한 사람도 뽑지 않았어요. 그 이유는 내가 잘 알 수 없지만, 겉으로는 '자격 미달'이라고 이야기하는 것 같아요. '자격 미달'은 '세계적으로 유명한 학술지'에 논문을 게재하지 않았다는 뜻이에요. 경제학부에는 '세계적으로 유명한 학술지' 목록이 있는데, 그 목록에 있는 잡지들은 모두가 주류 경제학 계통의 논문을 전문적으로 취급하고 있지요. 따라서 마르크스 경제학 계통의 논문은 거기에 실리기가 매우 어려워요. 마르크스 경제학 전공자들은 비주류 경제학 계통의 논문을 전문적으로 취급하는 잡지에 논문을 올릴 수밖에 없는데, 주류 경제학 전공자들은 그런 잡지가 어느 정도 유명한지를 모르지요. 그러니까 마르크스 경제학 전공자에게 주류 경제학 잡지 목록에 따라 '자격 미달'이라고 판정 내리는 것은 매우 불공평한 것입니다. '자격 미달'은 명목상의 이유이고, 마르크스 경제학 전공자를 뽑기 싫다는 것이 진정한 이유라고 생각해요. (웃음)

지금 서울대학교 경제학부의 교수 정원은 34명인데, 내가 정년퇴임했고 다른 한 교수는 사표를 냈기 때문에 두 자리가 비어 있어요. 경제학부 교수 32명의 박사학위 취득 대학은 30명이 미국 대학이고 1명은 서울대이고 다른 1명은 영국 대학이에요. 경제학 연구방법에서는 32명 모두가 주류 경제학적 방법을 채택하고 있고요. 이처럼 미국 박사들이 학부나 학과를 독점하고 있는 현상은 서울대학교 경제학부만 그런 것이 아니라 서울대학교 다른 학과도 그렇고 서울대학교 이외의 다른 대학교도 마찬가지예요. 한국의 학계가 미국 유학파에 의해 지배되고 있는 것이지요. 사실상 미국 유학파나 친미주의자가 지배하고 있는 현상은 정계나 재계나 언론계나 문화계도 마찬가지겠지요. 이런 현상은 1945년 이후부터 현재까지 미국과 한국의 관계가 매우 가까웠다는 것을 가리키는 셈입니다. 또 친미 보수주의가 한국을 지배한 결과이자 원인이지요.

제2학기에는 한 분이 8월 말에 정년퇴임하기 때문에 세 자리에 대한 교수 채용 공고가 나올 거예요. 전공과목에 마르크스 경제학 또는 정치경제학이 포함될지는 나로서는 알 수 없는 일이죠. 학문에서도 계급투쟁이 엄청나게 진행되고 있는 거예요. (웃음) 여러분들은 서울대 교수면 굉장히 양심적이라고 생각하는데, 전혀 그렇지 않아요. 교수들도 자신들의 이익을 추구하는 사람들이고, 자신들의 학문을 비판하는 이는 결코 뽑으려 하지 않지요. 경제학부 교수들은 서울대학교 경제학부는 모두가 주류 경제학을 전공하는 사람들로 구성하면 좋겠다는 의견을 공공연히 드러내고 있어요. 이런 태도는 참으로 비난받아야 마땅하다고 생각해요. 서울대학교는 국립대학교잖아요. 국립대학교는 지금 당장에 주류가 아니더라도 여러 가지 학설과 사상을 학생들에게 가르쳐야 해요. 그래야 학생들이 이것도 듣고 저것도 듣고 해서 자기 식으로 새로운 이론을 만들어낼 수 있지 않겠어요?

그러면 내가 어떻게 경제학부 교수로 채용될 수 있었는지 궁금하시겠죠. 나는 상당히 운이 좋았어요. 내가 서울대 경제학부 교수로 선발된 것은 1988년 2학기였는데, 이는 사실 1987년 6월 민주항쟁 덕이었죠. 그때 대학원 학생들이 경제학부 학부장에게 주류 경제학자만 뽑지 말고 마르크스 경제학자도 한 명 뽑자고 건의한 거예요. 교수들은 교수 뽑는 것은 교수들의 고유한 권한이라고 하면서 꿈쩍도 하지 않았어요. 그런데 이런 태도는 수요에 따라 공급한다는 주류 경제학의 기본 원리와 전혀 맞지 않는 태도라고요. (웃음) 수요가 많으면 공급을 하는 것이 당연하지 않아요? 주류 경제학자들이 학생들의 수요는 '나쁜' 수요라고 이야기했다고요. (웃음) 아니 수요에 나쁜 수요와 좋은 수요가 어디 있겠어요. 교수들이 대학원생들의 요구에 권위주의적으로 대응하니까 대학원생들이 수업을 거부하고 강의실을 점거하면서 농성을 했지요. 다른 학과 대학원생들도 동조해서 시위를 하고, 이러다가 학부생들이 대규모로 시위를 하게 된 거예요. 결국 경제학부 교수들이 겁에 질려 '정치경제학'을 전공과목으로 채용 공고를 낼 수밖에 없었지요. (웃음) 이렇게 나는 사실상 1987년 6월 민주항쟁의 덕을 크게 봤지만, 그렇다고 쉽게 채용된 것도 아니었어요. 교수들이 나를 뽑지 않으려고 경제학부의 인사규정까지 고쳤지요. 종전에는 교수들 중 과반이 동의하면 그 사람을 뽑게 되어 있었는데, 이 규정을 고쳐 과반의 동의를 받아 올라온 사람을 두고 또 신임투표를 해서 교수들의 2/3 이상이 동의해야 채용한다는 조항을 포함시켰지요. 이 규정이 아직까지 살아 있는 거예요. 나는 이 조항까지 통과한 사람이라고요.

2008년 제2학기에 '마르크스 경제학' 또는 '정치경제학'을 채용과목으로 넣을 것인가 아닌가는 학생들의 투쟁에 달려 있다고 봐요. 세 자리를 뽑는데 한 자리를 양보하는 것, 교수 34명 중 한 사람을 비주류 경제학 전공자로 분배하는 것이 경제학부 교수들의 양심에 달려 있는 것이 아니라 학생들의 격렬한 투쟁에 달려 있다는 것이 안타까울 따름이지요. 암운이 감도는 서울대학교 경제학부에 비하면 성공회대는 참 다행이라고 생각하고 열심히 공부하시기 바랍니다.

참고문헌

김수행. 2006. 『자본주의 경제의 위기와 공황』. 서울대학교 출판부.

06

세계 속의 한국: 민족주의 이데올로기 비판

　　나는 혹시나 우리나라 국민들이 한국경제가 성장하고 발전해서 세계에서 1, 2위를 다투는 경제대국이 되어 동남아시아나 세계를 지배했으면 좋겠다고 생각하는 것은 아닌지 걱정하고 있어요. 이렇게 되면 우리가 일본의 식민지 지배를 비판할 수 있는 근거가 없어지는 것이지요. 또 한국 정부와 대자본이 한미 FTA를 체결하려는 것도 미국과 군사동맹을 넘어선 경제통합을 달성하여 미국의 힘에 기대어 해외로 진출하고 싶다는 의도를 가지고 있기 때문인 것 같아요. 이런 침략주의적 이데올로기는 사실상 민족주의적 이데올로기에 기반을 두고 있는데, 세계 평화를 해칠 뿐만 아니라 전 세계 시민들의 정상적인 생활도 파괴하는 매우 위험한 생각입니다.

　　이번 강의에서는 역대 정권들이 한국의 서민들에게 어떤 형식으로 민족주의적 이데올로기를 심어주었는가를 고찰해봅시다.

박정희 체제에 대한
평가

한국 국민들에게 "역대 대통령 중 누가 제일 훌륭한 사람이냐?"라고 물으면, 박정희 대통령이 가장 많은 표를 얻는다는 여론 조사가 있더군요. 박정희 장군이 1961년 5·16 쿠데타로 정권을 잡아 경제를 개발하고 한강의 기적을 달성하여 비로소 자주독립적인 민족국가를 건설했다고 찬양하는 사람들도 많지요. 하지만 내가 보기에 박정희 일당은 군사쿠데타를 통해 집권한 뒤 미국의 지원 아래 '깡패자본주의'를 확립해, 정치적·경제적·사회적 갈등과 대립을 심화시킨 장본인인데 말이죠. 내가 61학번이라 이런 지옥 같은 박정희 시대를 처음부터 끝까지 몸소 체험해봐서 잘 알아요. 나치체제가 독일 경제의 위기를 일시적으로 극복하는 데 성공했다고 해서 누군가가 나치체제를 찬양한다면 사람들이 그것을 받아들일 수 있겠어요?

박정희 체제에서 우리가 지적해야 할 것은 경제개발과 정치 독재가 공생하고 있었다는 사실입니다. 최근 진보적인 학자들 중에는 독재를 안 했어도 개발을 할 수 있었는데 참 안타깝다고 이야기하는 이들이 있는데, 나는 박정희식 경제개발을 하려면 독재가 필연적이었다고 생각해요. 이제 이 공생관계부터 해명해봅시다.

1945년 제2차 세계대전이 끝나자 다수의 식민지와 종속국이 정치적 독립을 획득합니다. 신흥 독립국들은 경제체제로서 사회주의 모델을 채택한 경우가 많았죠. 그 당시 소련이 군사적·경제적 강국으로 등장하면서 사회주의 진영이 단결되어 있었기 때문이에요. 곧 이어서 동유럽 나라들, 북한, 그리고 중국이 사회주의 진영으로 들어왔어요. 이렇게 되니까 미국은 자본주의 진영을 확대하고 수호하며 강화할 책임을 지게 된 거죠. 유럽을 부흥시키기 위해 마셜 플랜으로 패전국 서독을 포함한 유럽 각국을 지원했고 패전국 일본을 지원하기도 했어요. 더욱이 한반도는 남북분단체제였기 때문에 미국 정부는 한국전쟁을 도맡아 수행하면서 북한 정부에 큰 타격을 가했지요. 또 한국전쟁 이후에는 남한에서 어떻게 해서든지 자본주의가 꽃을 피우게 하겠다고 작정을 합니다. 미국 정부는 항상 남한을 자본주의 또는 자유세계의 본보기로 만들겠다고 이야기했어요. 실제로 그 당시 미국은 한국 정부에 대해 군사적 · 경제적 원조를 아끼지 않았죠.

박정희와 정치군인들이 쿠데타를 일으키기 직전의 상황을 잠시 살펴봅시다. 1960년 4 · 19 학생혁명에 의해 학생, 서민, 노동자, 농민, 지식인의 힘이 상당히 증가했지요. 그때 교사들이 노동조합운동으로서 전교조를 처음 결성했고, 대학생들은 남북통일을 촉진하기 위해 판문점에서 남북학생회담을 여는 것을 계획하기도 했어요. 빈부격차가 심하고 일부에서는 사치가 극심해서 학생들이 명동에 가서 옷 잘 입고 가는 여성들에게 색깔 있는 물을 뿌리던 때이기도 했죠. 물론 이승만 대통령의 친미 독재가 4 · 19혁명에 의해 갑자기 무너지고, 내각제로 개헌된 이후 초대 내각으로 들어선 장면 정부는 나라를 다스릴 준비가 전혀 되어 있지 않았죠.

미국 정부는 한국에서 자본주의가 굳건히 세워져 자본가 계급의 지배가 확립되기를 바라는데, 이승만 정부나 장면 정부 모두 이를 제대로 못하고 있어서 불만이었습니다. 이 상황에서 박정희 일당은 4 · 19 이후의 '사회적 혼란 상태'를 정리하고, "절망과 기아선상에서 허덕이는 민생고를 시급히 해결하여 국가 자주 경제 재건에 총력을 경주"할 것을 '혁명' 구호로 내걸고 쿠데타를 감행한 것입니다. 미국 정부는 박정희가 여수 · 순천 반란사건에 참가했다가 반란군의 모든 비밀을 한국 정부에게 전하면서 빠져나온 것을 알고 있었지만, 박정희 일당이 경제개발에 열중할 수 있다고 판단했기 때문에 이 쿠데타를 사후에 승인합니다. 그래서 미국 정부와 박정희 쿠데타 세력이 협력해서 경제를 발전시키려고 한 거죠.

그 당시의 경제사정은 매우 어려웠습니다. 1960년에 1인당 국민소득은 79달러(2007년 2만 달러)에 불과했고, 인구의 57%(2007년 7%)는 농업에 의존하고 있었으며, 1963년 도시근로자 가구의 소비지출 중 61%(2007년 25%)가 식료품비였어요. 농촌에서는 지난 가을에 거두어들인 쌀은 다 떨어지고 보리는 아직 여물지 않아 식량이 부족한 5~6월에 보릿고개가 심했지요. 수출액은 1960년에 3,000만 달러(2007년 3,715억 달러)로 섬유, 합판, 가발이 주로 미국으로 수출되었어요.

박정희 정권이 경제를 개발하는 데 가장 필요했던 것은 외화였어요. 외화로 외국으로부터 기계와 원자재를 수입해서 가공해 수출하는 방법이 가장 효과적인 개발방법이었기 때문입니다. 여기에 미국 정부가 많은 도움을 주었죠. 미국 정부는 군사적 · 경제적 원조와 차관을 제공했고, 미국 시장을 한국 상품에 개방했어요. 미국 정부의 전폭적인 지원 덕택에 한국 정부는 1965년에 한일 국교를 정상화하면서 일본의 식민지 지배에 대한 배상금으로 8억 달러의 경제협력자금을 받았지요. 또 미국 정부의 베트남 전쟁을 지원하기 위해, 1965년에는 비둘기부대(공병대, 수송대), 청룡부대, 맹호부대를, 1966년에는 혜산진부대, 백마부대를 파병함으로써 모두 31만 2,853명을 베트남에 보냈어요. 이는 미국 다음으로 많은 병력이었죠. 이들은 1971년 12월부터 1973년 3월까지 모두 철수하게 되지만, 그동안 베트남 주둔 한국군을 위한 물자와 서비스를 국내에서 조달했기 때문에 베트남에 대한 수출이 급증했고, 군인과 노동자들의 봉급과 현지 한국기업들의 사업수입 등이 외화를 얻는 데 크게 기여했어요. 물론 전사자가 4,600여 명, 중상자가 17,000여 명이었고, 아직도 수많은 고엽제 환자가 있지요. 또한 1963년부터 서독에 광부와 간호사를 파견해 외화를 많이 벌어들였지요. 이런 박정희식 외화 획득이 경제발전에 크게 기여했는데, 이 전체 테두리는 자본주의 진영을 강화하려는 미국 정부의 세계 전략이었다고 보면 되겠습니다.

국내적으로는 1945~1948년의 해방 공간에서는 좌우대립이 심각하다가 1948년 이후에는 이승만 정권이 좌파세력을 거의 제거했고, 1950~1953년의 한국전쟁으로 인해 국민들의 머릿속에는 반공사상이 깊숙이 뿌리내리게 됩니다. 그 뒤로는 정부가 민주화운동, 학생운동, 농민운동, 노동운동, 빈민운동 등을 모두 '빨갱이 운동'으로 몰아 탄압하기 일쑤였죠. 그러다가 1960년의 4·19 학생혁명에 의해 민주화 분위기가 싹텄는데 박정희의 군사쿠데타로 민주주의는 압살당하게 된 것입니다. 자본이 절대적 우위를 차지하는 계급관계를 재구축하고 강화한 것이지요. 직접적 생산자들인 농민과 노동자가 무자비하게 착취당했고, 특히 농민은 쌀 가격의 폭락으로 큰 고통을 받았지요. 이 당시에 미국 정부는 잉여농산물인 밀을 대규모로 한국에 원조했는데, 이로 인해 쌀 가격이 계속 폭락한 거예요. 노동자들은 세계 최장의 노동시간, 최저의 임금수준, 최다의 산업재해에 시달렸지요. 제조업은 미국 정부의 원조물자를 가공하는 밀가루산업, 방적과 방직산업, 설탕산업 등 삼백(三白)산업이 주축이었고, 수출상품으로는 섬유, 합판, 가발이 가장 중요했는데 여기에 고용된 대부분은 농촌에 있다가 가족을 먹여 살리기 위해 도시로 온 젊은 여성 노동자들이었지요. 한편 중소기업은 대기업들이 납품 값을 계속 인하하고 대금 지급을 6개월까지 연기함으로 인해 자기가 노동자로부터 착취한 이윤 대부분을 대기업에 바쳐야 했습니다.

또 그 당시에는 재벌이 시중 은행의 주식을 가장 많이 가지고 있었는데, 박정희가 정권을 잡으면서 재벌 총수를 부정 축재자로 몰아 이들이 가지고 있던 은행 주식을 전부 국가에 헌납하게 합니다. 이렇게 해서 시중 은행 전부가 국유화되었지요. 이를 통해 박정희 정부는 시중 은행의 자금을 경제개발

계획에 맞추어 투자할 수 있었어요. 그리고 정부는 일반대출에 대한 금리가 30%일 때도 특정 산업에 대한 대출에는 5%의 금리를 적용하게 했지요. 이것이 바로 '정책금융'입니다. 박정희 정부는 주요 산업을 건설할 때 정부가 스스로 공장을 세우는 것이 아니고 재벌들에게 산업을 하나씩 맡기는 정책을 채택했어요. 이래서 재벌들이 크게 성장한 것이지요. 재벌들은 세금도 적게 내고 철도 사용료도 적게 내고 차관을 독점적으로 배당 받았지요.

따라서 박정희 정권이 대내외적인 이익집단으로부터 독립적이고 자율적이어서 한국경제의 장래를 공평무사하게 계획하고 집행할 수 있었고, 이를 통해 고도성장을 달성했다는 주장은 거짓말입니다. 대내적인 이익집단에는 주로 재벌과 같은 대기업이 해당되고, 대외적인 이익집단에는 미국 정부가 있습니다. 먼저 우리 정부가 미국 정부의 간섭을 받지 않았다는 것은 전혀 사실이 아니에요. 미국 정부는 미군과 한국군의 작전 통제권을 쥐고 있습니다. 또 미국이 군사 원조, 경제 원조를 많이 했고, 이러한 원조가 국가 재정의 기둥이었지요. 경제개발에 필요한 외화를 조달하는 데도 미국 정부와 미국이 지배하는 국제기구의 차관이 결정적이었고요. 또 일본 정부로부터 받은 청구권 자금이나 베트남 파병에서 얻은 외화 모두가 미국 정부의 직간접적 개입에 의해 가능한 것이었죠. 결국 박정희 정권은 미국 정부의 지도와 협력에 의지해 경제개발을 할 수 있었다고 보아야 합니다.

재벌과의 관계는 또 어땠을까요? 박정희는 위스키를 마시지 않고 막걸리를 좋아했기 때문에 서민적이었다고 이야기하는데, 옳은 말이에요. (웃음) 그러나 이런 이야기는 서민을 위했다던가, 서민을 자신의 정치 기반으로 했다는 것과는 전혀 다른 이야기입니다. 서민을 자기의 정치 기반으로 했다면 노동자와 농민을 기아선상에 두면서 재벌만을 살찌우는 '깡패자본주의'를 건설했겠어요? 경제와 정치에서 박정희는 재벌과 대자본을 동맹세력으로 삼았고, 이로 인해 재벌과 대자본의 이익을 옹호하지 않을 수 없었습니다. 일례로 독과점행위를 막는 '공정거래법'을 서슬 퍼런 박정희 정권이 20년(1964~1980년) 동안이나 재계의 반대로 제정할 수 없었다는 사실을 생각해보면 됩니다.

박정희 정권이 효율적이고 청렴결백했다는 이야기를 자꾸 하는데 기가 찰 노릇이에요. 박정희 대통령은 모든 권한을 가진 독재자였어요. 또 두 번째로 막강한 공직자인 중앙정보부장은, "박정희의 지시를 어기는 사람은 중앙정보부에 데리고 와서 두드려 패든지 죽이든지 한다"고 얘기했죠. 그런 식으로 독재하는데 왜 부정부패가 없겠어요. 역사를 실증주의적으로 연구한다는 학자들은 "부정부패의 증거가 없기 때문에 박정희는 청렴결백했다"고 이야기하지요. 그 당시에 박정희를 욕하면 모두가 잡혀가서 목숨까지 잃는 판국에 어디서 정보가 샐 수 있으며, 누가 어떻게 그 정보를 기록에 남길 수 있겠어요? 정부의 공식문서나 신문에 나타난 게 없으니 박정희를 욕하면 안 된다는 역사학자들은 부디 '자기 발로' 부정부패의 증거를 찾아내려고 노력하길 바랍니다. (웃음)

물론 지금은 박정희 정권의 부패에 대한 증거가 많이 드러난 상태입니다. 노무현 정부 시절에 '국가정보원 과거사건 진실규명을 통한 발전위원회'(2004년 설치)를 만들어 과거 중앙정보부('중앙정보부→국가안전기획부→국가정보원'으로 이름이 바뀌었다) 시절의 부정부패를 조사했지요. 그중 몇 가지만 이야기해볼까요? 첫째는 '부일장학회 등 헌납사건'이 있습니다. 부일장학회를 운영하던 사람은 김지태로 부산일보, 부산문화방송, 한국문화방송도 가지고 있었지요. 이 김지태를 구속하면서 처벌을 면제해주는 조건으로 언론 3사의 주식과 부일장학회의 토지 10만 평을 국가에 헌납하라고 했어요. 그런데 이 헌납한 재산이 국가로 들어가지 않고 '5·16 장학회'의 소유가 되었지요. 5·16장학회가 박정희와 육영수의 이름을 딴 '정수장학회'로 이름이 바

꿰면서 정수장학회의 소유가 된 것이죠. 이것을 보고 부정부패를 안 했다고 하면 말이 안 되지요. 이 사건이 일어난 것이 1962년이고 박정희가 죽은 것이 1979년이니까 사건 발생 43년 뒤에, 그리고 박정희가 죽은 뒤 30년 만에 처음 공개되는 것이에요.

또 경향신문 매각사건도 있었지요. 경향신문은 요새도 상당히 진보적이지만 옛날에는 더 진보적이었어요. 그 당시에도 박정희 욕을 많이 했지요. 그러니까 박정희 대통령이 중앙정보부에 경향신문을 없애라고 지시한 거예요. 중앙정보부는 은행에 경향신문에 대한 대출의 상환기간이 오면 연장해주지 말라고 지령을 내려서 경향신문을 파산시키고 결국은 5·16 장학회의 소유가 되게 한 거예요. 이런 비밀스러운 이야기는 내가 알아낸 것이 아니라 당사자인 국가정보원이 고백한 것입니다.

이외에도 중앙정보부가 무소불위의 권력으로 간첩단 사건을 조작해 반독재 민주화 인사를 감옥에 넣거나 죽인 사건들도 많았습니다. 인민혁명당(인혁당) 사건(1964), 민청학련(전국민주청년학생총연맹) 사건(1974), 인혁당 재건위 사건(1974) 등이 그것이죠. 2007년 1월 23일 서울중앙지법은 '인민혁명당 재건위원회 사건'에서 1975년 국가보안법 위반 등의 혐의로 기소돼 유죄가 확정된 뒤 사형이 집행된 도예종 씨 등 8명의 재심 선고공판에서 무죄를 선고했어요. 사건 발생 32년 만에 진실이 밝혀진 셈인데, 사법부가 자신의 잘못된 과거를 인정했다는 점에서 큰 의미를 가집니다. 앞으로 더욱 많은 폭압과 부정과 부패가 밝혀질 거예요.

이런 사건들을 보면서 박정희가 경제개발을 이룩했다고 찬양하면 되겠어요? '한강의 기적'을 이야기하는 것이 수치스러울 따름이죠. 히틀러가 1930년대에 군수산업 개발을 통해 독일경제를 부흥시켰다고 히틀러를 찬양할 수 있겠어요? 유럽에서는 이런 사람들을 '정신이상자'로 보는데, 한국에는 이런 '정신이상자'가 너무나 많아요. 정치인들, 국회의원들, 정부관리들, 경제학자들, 역사학자들, 경제인들, 언론인들 다수가 그렇죠.

박정희 정권은 가장 독재적이었고 부패했으며 따라서 가장 낭비가 심했던 정권으로 평가해야 합니다. 반독재 민주화 운동·노동운동·농민운동·빈민운동·학생운동 등을 탄압하기 위해 수없이 비상계엄을 선포했고, 집단시위를 막기 위해 매일 같이 전투경찰이 최루탄을 쏘아댔으며, 백골단이 시위자를 체포하고, 반공법과 국가보안법을 적용해 무고한 사람들을 대규모로 처벌했습니다. '깡패자본주의' 건설을 목표로 하지 않았다면, 이런 쓸데없는 짓에 인적·물적 자원을 낭비할 수 있었겠어요? 흔히들 노동자와 농민을 제대

* 박정희 정권 시기 비상계엄령 선포 일지

1961. 5. 16. 박정희 군사쿠데타

1961. 5.~1962. 12 비상계엄령

1963. 10. 전국 비상계엄령

1964. 6. 비상계엄령(6·3 사태)

1965. 8. 서울 위수령

1971. 교련 반대시위 및 대학 휴업령

1971. 10. 서울 위수령, 10대 대학에 무장군인 진주

1971. 12. 국가비상사태 선포

1972. 10. 10월 유신 선포, 전국 비상계엄령

1974 긴급조치 1호와 4호 선포

1975~1979 긴급조치 9호

1979. 10. 부산 비상계엄령, 마산과 창원에는 위수령

1979. 10. 26. 박정희 피격 사망

[출처: 조희연(2004)]

로 대우했다면 경제가 발전하지 못했을 것이라고 이야기하지만, 정권 유지 차원의 막대한 비용과 부자들의 사치와 낭비를 억제했다면, 노동자와 농민의 생활이 훨씬 더 좋아졌을 것입니다. "박정희 정권이 '한강의 기적'을 만들었기 때문에 우리가 대외적으로 떳떳하게 되었다"라는 이야기는 이제 그만했으면 좋겠어요. 이 이야기는 우리나라가 깡패자본주의로 성장, 전환했다는 뜻이나 마찬가지잖아요. 1960년대와 1970년대에 진행된 깡패자본주의적 경제 발전에는, 한편으로는 세계 최저의 임금수준, 세계 최장의 노동시간, 세계 최

- 박정희 정권은 중앙정보부에 지시하여 부산일보, 한국문화방송, 부산문화방송 등의 언론사를 소유하고 있던 김지태를 구속한 뒤(1962년 4월: 인용자), 처벌을 면해주는 조건으로 언론 3사의 주식과 부일장학회 기본재산 명목의 토지 100,147평을 헌납받았고 …… 김지태가 헌납한 재산은 당연히 공적으로 관리되고 운영되어야 하나 실제로는 5·16 장학회를 거쳐 정수장학회로 이어져 왔[다]. (2005년 7월 22일 국정원 기자회견문)

- 경향신문은 1964년 2월 1일 삼분폭리(三粉暴利)의 내막을 파헤쳐 정치쟁점화시킨 데 이어, 1964년 5월 9일 '허기진 군상' 제하의 연재물을 통해 가난한 농촌과 영세민들의 궁핍한 삶을 생생하게 고발하여 화제를 불러일으켰으나, 이와 같은 비판은 경향신문과 박정희 정권의 관계를 더욱 불편하게 만들었다. …… 이에 김형욱 중앙정보부장은 박정희 대통령으로부터 "경향신문에서 이준구(그 당시 사장: 인용자)가 손을 떼게 하라"는 지시를 받고 경향신문 강제 매각을 추진하게 된다. …… 1966년 1월 25일 실시된 경향신문에 대한 경매에서 …… 단독 입찰한 기아산업 사장 김철호(박정희와 같은 고향 사람: 인용자)에게 낙찰되었다. 당시 기아산업은 산업은행의 법정관리를 받고 있어 경향신문을 인수할 여력이 없었다. …… 경향신문을 낙찰 받은 김철호는 …… 주식 50%를 박정희 대통령에게 바쳤으며, 1969년 1월에는 신진자동차 측에 소유권을 넘기라는 이후락 비서실장의 요구를 받아 주식을 양도했고, 이후 경영난이 심화되자 1974년 박정희 대통령이 문화방송 사장 이환의에게 경향신문과 통합할 것을 지시함으로써 결국 경향신문도 5·16 장학회 소유가 된다. (2005년 7월 22일 국정원 기자회견문)

• 다음의 세 가지 사건은 박정희 정권이 각각 민정 이양(1963년 10월 15일의 대통령 직접선거에서 박정희가 윤보선을 이긴 것을 가리킴: 인용자) 직후와 유신체제 출범 (1972년 10월) 직후에 학생들의 거센 저항에 직면한 가운데 발표한 대형 공안사건으로서 다양한 반독재 민주화운동의 여러 활동들 가운데 가장 치열하거나 진보적인 입장을 견지한 경우에, 북한과 직접 연결되거나 조총련 등 국외공산계열의 배후 조종을 받는 반국가단체로 몰고 간 사건들이었다. …… 인혁당 사건의 경우는 서울지검 공안부 검사들이 증거불충분을 이유로 불기소처분을 주장하다가 사표를 쓸 정도로 파문이 컸으나 중앙정보부 차장 출신의 신직수 검찰총장 등 검찰 수뇌부가 기소를 강행한 사건으로 검찰의 독립성이 정권과 중앙정보부에 의해 중대하게 훼손당하는 전기가 되었[다]. …… 민청학련 사건은 학생들의 반정부 시위를 대통령이 직접 나서 공산주의자들의 배후 조종을 받는 인민혁명 시도로 왜곡한 사건으로 1,000여 명을 영장 없이 체포, 구금하여 253명을 군사법정에 세웠고 7명에게 사형을 선고하고 수십 명을 무기와 10년 이상의 장기형에 처한 대한민국 최대의 학생운동 탄압사건이[다]. …… 인혁당 재건위 사건은 학생들의 유신체제에 대한 거센 저항에 직면한 박정희 정권이 학생 데모의 배후에 북괴와 연결된 공산주의자들이 있다는 인상을 심어주기 위해 이용한 사건으로, 대법원의 확정 판결 18시간 만에 8명의 사형을 집행하여 국내외로부터 '사법살인'이란 비판을 듣게 된 최악의 공안사건이다. 이는 국가보안법상의 반국가단체 개념을 서클 수준의 조직에까지 적용하여 1980년대 국가보안법으로 수많은 조직들을 만들어내 민주화운동을 탄압하는 역할을 했다. (2005년 12월 7일 국정원 언론 발표문)

대의 산업재해를 노예처럼 견디지 않을 수 없었던 노동자들이 있었고, 다른 한편으로는 이렇게 창조된 이윤을 박정희 일당과 재벌이 독차지해 사치와 낭비를 일삼았다는 사실을 잊어서는 안 됩니다. 그리고 이 깡패자본주의가 지금도 여전히 유지되고 있다는 것도 꼭 기억해두시기 바랍니다.

김영삼 정권의
세계화 전략과
황당한 패권주의

김영삼 대통령은 1994년에 처음으로 한국경제를 세계화하겠다고 선포합니다. 그리고 1996년에 OECD에 가입했지요. 이때는 경제 상황이 상당히 좋아서 김영삼 대통령도 자신감에 차 있었습니다. 미국·중국·일본을 방문해 교민들 앞에서 한 연설에서 한국이 앞으로 아시아에서 정치·경제·군사적으로 강국이 되어 아시아는 물론 세계를 지배하게 될 것이라고 말했지요. 그래서 한국경제를 자유화·개방화했고, 미국으로부터 쓸데없는 무기를 많이 사 왔어요. 재벌들로 하여금 세계 각국에 공장을 지어서 '한국을 대표하는 챔피언'이 되라고 독려하기도 했죠. 이런 황당한 패권주의와 침략주의가 국민들을 기쁘게 해준 것은 사실입니다. 우리나라는 역사적으로 오랫동안 외세의 침략과 지배에 시달렸기 때문에 그럴 만도 하죠.

그러나 이런 패권주의와 침략주의에는 '재벌의 국제경쟁력을 향상시키기 위해서는 모든 국민이 희생해야 한다'는 전체주의적인 사상이 깔려 있다는 것을 알아야 합니다. 삼성전자가 반도체 생산에서 세계 1위를 차지하면 우리가 기분이 좋긴 하지만, 그것을 위해 국민 모두가 희생해야 한다는 것은 말이 안 되잖아요. 삼성전자는 삼성 재벌 또는 이건희 총수의 것이지 국민 모두의 것도 아니고, 삼성전자의 이윤이 국민 모두에게 분배되는 것도 아니잖아요? 삼성 재벌에 대한 특별 검사의 수사에서 보는 바와 같이, 삼성 재벌은 국민을 위한다는 사명감이 눈곱만큼도 없습니다. 온갖 부정과 부패를 통해 정부 관리들, 검사들, 법관들을 '매수'해서 삼성 재벌 또는 이건희 일가의 부를 증식시키려고 노력하는 집단이죠. 또 한국에서 사업하는 것보다 다른 나라에서 사업하는 것이 수익성이 높다면 당연히 그곳으로 본부를 옮겨갈 것 아니겠어요? 또 패권주의와 침략주의에는 외국시장에 침투해 현지 노동자를 착취하는 것은 '매우 당연하다'는 제국주의적 사상이 깔려 있어요. 그래서 일본이 한국을 30년 동안 식민지로 지배한 것은 '당연하다'는 식민지 사관이 나오는 거예요. 그리고 이런 패권주의와 침략주의에는 군사적으로 강력해져야 한다는 군국주의가 깔려 있는데, 이렇게 하려면 미국 정부의 온갖 정책에 순종해야 하고 미국제 무기와 탄약을 많이 수입해야 합니다. 노동자를 착취해 얻은 귀한 외화를 무기 수입에 낭비한단 말이에요. 강한 군사력으로 북한을 흡수 통일하고 중국·일본·러시아에 대한 발언권을 높일 뿐만 아니라 동남아를 지배하겠다는 생각은 세계평화를 파괴하게 될 것입니다.

미국의 클린턴 정부는 1994년에 북한이 핵무기를 개발한다는 이유로 북한을 폭격하려고 했지요. 주한 미국 대사가 청와대의 안보수석에게 이런 계획을 알리면서 한국에 있는 미국 국민들을 일본으로 피신시키겠다고 이야기했다고 합니다. 이 이야기를 듣고 김영삼 대통령이 잔뜩 화를 내면서 절대로 전쟁을 일으켜서는 안 된다며, 전쟁이 일어나면 우리 60만 국군은 한 명도 전쟁에 참여시키지 않을 것이며 미국 국민들을 피신시키는 데에도 절대로 수송수단을 제공하지 않겠다고 단언해서 클린턴 정부의 대북 폭격을 막았다는 비화가 있어요. 이것은 상당히 잘한 거지요. (웃음)

그러나 북한을 흡수 통일한다는 생각은 처음부터 버려야 해요. 북한이 핵무기를 가지고 있는데, 흡수 통일하려면 우리가 미국으로부터 값비싼 무기를 대규모로 구매해야 할 것이고, 미국 정부는 이런 호기를 이용해 무기 파는

데 정신이 없을 거예요. 한국전쟁을 통해 우리가 '민족상잔'의 뼈아픈 고통을 겪었는데, 또 그런 일을 벌여야겠어요? 그리고 요즘 청년들은 군대생활에 적응하기가 매우 어렵다고요. 상관이 명령하면 그대로 따르는 것을 정신적으로 납득하지 못하고, 기합을 받는 것은 정신적·육체적 모욕이라고 생각하잖아요. 그러니까 군에 입대해서 자살하는 사람이 많아지는 거예요. 이제 양심적인 병역 거부자도 많이 나타나고, 국민개병제를 직업군인제로 바꾸자는 주장도 나오고 있고, 현역 병역의무 기간 2년이 너무 길어 청년들의 연구능력과 업무능력을 크게 손상시킨다는 주장도 나오고 있는 판국에 전쟁이란 단어는 머릿속에서 없애버려야 합니다.

노무현 정부의
보수 대연합

노무현은 청년과 서민과 진보세력의 지지를 업고 대통령에 당선되었습니다. 상업고등학교를 졸업한 학력으로 대통령 후보까지 되었으니 서울대 법대를 나온 이회창보다는 더 대중적 인기를 끌 수 있었던 거죠. 그런데 노무현 정부는 진보세력이 그렇게도 요구하던 국가보안법 철폐, 사립학교법 개정, 아파트 값 원가 공개와 같은 것들을 실시하지 못합니다. 그리고 대량실업, 비정규직, 양극화와 같은 엄청난 문제들도 해결할 수 없었지요. 그래서 진보세력으로부터 외면당하게 됩니다. 그러자 이런 문제들이 크게 중요하지 않다고 생각하는 집단을 모아 세력을 형성해보려는 생각으로 보수 대연합을 주장한 거예요. 한나라당 박정희 계열의 '산업화 세력'과 열린우리당 '민주화 세력'의 역사적인 화해를 촉구하면서 자꾸 보수 대연합을 이야기한 것이죠.

사실상 한미 FTA도 이런 시도의 연장선상에 있다고 보면 됩니다. 한미 FTA를 체결한다니까 보수언론이 얼마나 환영했어요? 세계의 무한 경쟁 속에서 한국계 초국적 자본인 재벌이 당당하게 세계의 선두에 설 수 있도록 민중들이 자발적으로 희생해야 한다고 주장하면서 말이죠. 한국경제가 발전하려면 외국투자자들이 한국에 더 많이 투자해서 고용을 증가시키고 선진 기법을 전수할 수 있도록 해야 하며, 노동운동이나 민생운동과 같은 것은 이를 추진하는 데 방해가 된다고 이야기했지요. 이런 보수 대연합의 결론은 노동자나 서민은 노예처럼 시키는 대로 일해야 한다는 거예요. 박정희 시대의 '깡패자본주의'를 40년이 지난 지금에 다시 들먹인 거죠. 이게 말이 되는 거예요? 유럽에서 아일랜드가 상당히 경제적으로 나아진 시절이 있었어요. 아일랜드의 임금수준이 다른 나라에 비해 굉장히 낮아서 외국 자본, 특히 미국 자본이 많이 들어왔기 때문이었습니다. 그런데 동유럽의 사회주의권이 무너지면서 동유럽 나라들이 전부 유럽연합에 가입하니까 외국 자본은 임금수준이 더 낮은 동유럽으로 가버렸지요. 아일랜드는 지금 경기 침체가 더 심해져서 실업자가 점점 더 늘어나고 있습니다. 외국 자본의 도입에 의해 경제적 호황을 누리는 것은 노동자와 일반 서민이 계속 희생을 감수하는 동안뿐이라는 것을 보여주는 거죠.

부르주아 민족주의는 '국익'이라는 개념을 앞세워 민중들을 옥박지르고 있지만, 국익이라는 개념은 전체주의적 사상이 만들어낸 선전용어일 뿐입니다. 한미 FTA의 필요성을 이야기하면서 이것이 국익을 증가시키기 때문에 체결해야 한다고 주장하잖아요. 여기서 국익은 영어로 'national interests'인데, 이는 '국가'의 이익이 아니라 '국민 전체'의 이익을 가리킵니다. 예컨대 한미 FTA로 인해 미국이 자동차 수입관세를 없애면 현대자동차가 매년 3,000억 원의 이익을 얻는데, 농민과 어민은 전부 망한다고 가정해봅시다. 그러면 '국민 전체의 이익'은 증가할까요, 감소할까요? 만약 증가한다고 해도 현대자동차의 이익을 어떻게 농민과 어민에게 돌려줄 수 있을까요? 2007년 4월에 한미

FTA가 타결되었을 때, 노무현 대통령은 기자회견에서 "한미 FTA 때문에 피해를 입는 노동자, 농민, 어민을 전부 살릴 방법이 있다"고 말했지요. 어떻게, 언제까지 그들을 살려줄 것인가요? 그들이 죽을 때까지 먹여 살릴 건가요? 아니면 그다음 세대 사람들까지 먹여 살릴 건가요? 전혀 불가능한 이야기잖아요. 실제로는 몇 달 동안 돈을 좀 주다가 흐지부지되겠죠. 그러면 농민과 어민은 죽을 수밖에 없겠죠. 농민과 어민은 정부가 공짜로 도와주는 것은 싫고, 우리도 일하고 싶다고 하는 거잖아요. 국익이 증가한다고 주장하는 노무현 정부와 관변 국책기관들은 현대자동차의 이익이 올라가기 때문에 국익이 증가한다고 말한 것뿐입니다.

이명박 정부의
한미동맹

이명박 대통령이 부시를 만났을 때, 아마 부시는 한미 FTA가 자기 재임기간 안에 미국 의회를 통과하도록 하려면 쇠고기 문제를 해결해야 한다고 '거짓말'을 했을 가능성이 큽니다. 그러자 이명박 대통령이 쇠고기 문제는 부시가 원하는 대로 하겠다고 화답했을 겁니다. 그러나 약간의 상식만 있었어도 시간상으로만 봐도 한미 FTA가 미국 의회를 통과할 수 없다는 것을 알았을 거예요. 현재의 한미 FTA에 불만을 가진 미국 민주당이 의회를 장악하고 있고, 민주당 대통령 후보가 한미 FTA를 수정해야 한다고 계속 이야기하고 있잖아요.

한국의 지배세력과 재벌이 한미 FTA로 한미경제동맹을 구축하면 미국과 더 가까워지니까 미국의 하위 파트너가 되어 북한과 아시아 및 세계를 지배할 수 있다는 '허황된 야심'을 가지고 있는 이상 백전백패할 수밖에 없어요. 미국 정부가 한국 정부를 상당히 우습게 알고 있다는 사실을 명심해야 합니다. 미국 정부가 노무현 정부에게 이라크 파병을 요구하면서 전쟁이 끝나면 이라크 유전 개발에 참여시켜 주겠다고 약속했지요. 며칠 전에 이라크 정부가 유전 개발권을 나누어주었는데, 한국 기업은 빠져 있었어요. 그러면 한국 정부가 유전 개발권을 주지 않았기 때문에 한국 군인을 철수시키겠다고 항의를 해야 할 것 아니에요? 국가 간의 거래에서는 주고받는 협상이 필수적인데, 한국 정부는 협상을 하지 않고 미국 정부를 계속 선의로 해석하거나 미국 정부가 하라는 대로 하는 노예근성을 가지고 있는 것 같아요.

지난 여러 강의에서 이야기한 대로 재벌들은 새로운 도전을 받아 크게 성장할 수도 있겠지만, 노동자, 농민, 서민의 삶은 비참하게 될 것입니다. 한미 FTA는 미국의 경제체제를 한국이 본받겠다는 것을 명시적으로 선언한 것이나 다름없고, 결국 한국에도 미국의 슬럼 같은 곳이 많이 생겨날 것입니다. 한미 FTA가 미국과 한국의 국회에서 인준된다고 해서 한국경제가 곧 붕괴하리라고 생각해서는 안 됩니다. 곧 한국 국회에서도 한미 FTA를 인준하는 절차가 남아 있기 때문에 우리는 이 인준을 저지해야 합니다. 결국 문제의 핵심은 한국 사회를 일부 친미 보수세력과 재벌이 마음대로 지배하는 사회로 만드느냐, 아니면 노동자, 농민, 빈민 등 일반 서민과 양심적인 지식인들이 실질적으로 정치에 참여하고 자신의 운명을 결정할 수 있는 사회로 전환시키느냐 하는 것입니다.

질문 박정희 체제에서 재벌들을 탄압하는 정책들은 정부의 중립성, 자율성을 보여주는 사례가 아닌가요?

답변 박정희 체제의 특징은 개발과 독재의 공생입니다. 따라서 박정희 체제는 박정희가 정권을 잡은 1961년 5월 16일부터 박정희가 죽은 1979년 10월 26일까지만 계속된 것이 아니라, 전두환 정권 시대까지 계속된 것입니다. 박정희 체제가 실제로 끝나는 것은 1987년 6월 민주항쟁과 7~9월의 노동자 대투쟁을 겪은 뒤의 일이에요. 박정희 대통령이 재벌을 탄압한 경우는 쿠데타 직후 재벌 총수를 '부정축재자'로 몰아 국가로 재산을 환수하려고 했을 때뿐입니다. 그런데 처음 환수하겠다고 통보한 금액과 실제로 환수한 금액 사이에는 큰 차이가 났어요. 추측컨대 재벌 측이 박정희와 그 측근에게 온갖 로비를 해서 국가 환수액을 줄였을 겁니다.

　　노태우 대통령은 1989년 '공안통치'를 통해 노동운동, 통일운동, 민주화운동을 무자비하게 탄압했지만 물가 폭등, 주거비 폭등, 수출 둔화, 수입 급증 등 경제적 혼란은 오히려 심화됩니다. 그래서 노태우 정부는 1990년 이후부터 이 '총체적 위기'의 주범으로 자기의 열렬한 지지자였던 재벌을 희생양으로 몰아세웠어요. 재벌들이 부동산 투기, 주식투기 등을 통해 불로소득을 획득하는 데만 몰두하면서 생산적 투자와 기술 혁신을 게을리했기 때문에 수출상품의 국제경쟁력이 저하되고 수출이 정체되어 무역수지 적자가 발생했다고 발표했지요. 또 재벌 총수들을 청와대로 불러 부동산 매각을 강요했어요. 혹시 '괘씸죄'에 걸려들까봐 겁이 난 재벌들은 '비업무용 토지'를 상당 부분 매각했지요. 또한 정부는 재벌들에 대한 여신한도를 설정하고 재벌 계열사들 사이에 출자를 제한하는 등 당시로서는 '개혁적인' 조치를 취했습니다.

김영삼 대통령 시절에는 재벌들이 정부 주도가 아니라 민간 주도로 가자고 요구했어요. 재벌들이 이제는 상당히 자신감을 갖게 된 거죠. 김영삼 정부도 이에 동의해서 무역, 외환, 자본 시장의 자유화와 개방화를 시작했고, 이러다가 1997년에 금융위기와 외환위기를 맞게 된 것입니다.

따라서 지금까지 한국 정부가 기본적으로 재벌 위주의 경제정책을 채택한 것은 틀림없는 사실입니다. 전두환 정권이 국제 재벌을 없앴지만 이것은 재벌세계에서의 세력 재편이었지 재벌 전체에 대한 탄압은 아니었지요.

질문 한미 FTA에 대한 현실적인 대안은 무엇인지 묻고 싶습니다.

답변 한미 FTA는 단순히 관세를 낮추는 협정이 아니라 한국과 미국이 경제적으로 통합되는 협정입니다. 미국 투자자가 한국 정부의 정책에 의해 손해를 본다면, 한국 정부에게 손해 배상을 청구할 수 있어요. 따라서 한미 FTA는 한국 정부가 채택할 수 있는 경제정책의 범위를 제한하는 협정입니다. 이런 틀에서 한국 정부는 서민을 위한 경제정책을 채택할 수가 없어요. 따라서 한미 FTA에 대한 대안은 한미 FTA의 국회 인준을 막는 방법뿐입니다. 최근 캐나다 정부가 캐나다 우체국을 지원했다가 북미 자유무역협정(NAFTA) 규정에 의해 미국의 민간 우편사업체(UPS)에 손해를 배상하게 되었어요. 이런 사례만 봐도 한미 FTA가 어떤 결과를 낳을지 짐작이 가지요? 한국은 4·19 학생혁명, 1987년 6월 항쟁, 지금의 촛불집회 등 민중의 힘이 결집되어 사회를 변혁하는 힘이 상당히 큰 역동적인 사회입니다. 하지만 한미 FTA가 인준되면 이것이 한국 정부의 주권을 제약하면서 이런 개혁적인 민중의 힘이 제대로 발휘될 수 없을 것입니다.

질문 신자유주의가 자본가들에게만 이익이 되고 서민들의 삶에 문제를 일으킨다고 하셨는데요, 그렇다면 대외적 발전이 아닌 대내적 발전을 꾀해야 하는 건가요? 국가들이 유기적으로 결합되어 있는 현 상황에서 대내적인 발전을 추구하는 것이 가능한지, 또 대외적인 방법으로 서민과 대중들의 이익을 꾀할 수 있는 방안은 없는 것인지 궁금합니다.

답변 현재 세계의 정치, 경제를 미국이 지배한다고 해도 지나친 이야기는 아닙니다. 미국 정부가 제국주의 세력의 우두머리이고, 여러 선진 자본주의 국가들이 미국 정부와 어느 정도 이익이 대립하는데도 협력해서 세계를 지배하는 그런 체제이지요. 세계의 제국주의 세력은 모든 나라가 대외적인 경제 관계를 개방하고 자유화하면 이익을 볼 수 있다고 이야기합니다. 미국은 금융거래에서는 세계 최대의 규모를 자랑하고 있고, 금융기법도 세계 최고입니다. 이는 미국 달러가 세계화폐이기 때문이죠. 그런데 금융거래는 주식과 채권을 사고팔든 자금을 대출하든, 직접적으로 새로운 가치를 창조하지는 못합니다. 또한 금융거래는 투기성이 강해서 주식 가격이 상승할 때는 끝없이 상승하지만 하락할 때는 마찬가지로 끝없이 하락하는 법입니다. 지금 미국 금융기관들이 비우량 주택담보대출에 기반을 둔 주택저당 증권의 가격 폭락으로 계속 몰락하고 있잖아요? 이런 금융기관을 살리기 위해 미국의 중앙은행(FRB)이 거대한 금액의 값싼 구제금융을 제공하고 있는데, 이것은 달러 가치를 폭락시켜 세계적인 금융공황을 야기할 가능성이 큽니다.

이런 상황에서 한국 정부는 대외 지향적인 경제정책을 국내 지향적으로 전환할 필요가 있습니다. 한국의 1인당 국민소득이 2만 달러, 즉 2,000만 원이나 되기 때문에 이에 상응하는 사회보장정책을 실시하면, 이것이 국내시장을 넓혀 생산과 고용을 증가시키고 삶의 질을 높여줄 것입니다. 연금제도를 개선하고, 공적 보육시설을 확대하고, 비정규직을 정규직으로 전환하고, 노동시간을 단축해서 일자리를 나누어 갖고, 공적인 환경보호사업을 추진하고, 기차나 전철의 운전기사를 증가시켜 대형 사고를 미리 방지하는 것과 같은 조치를 취해서 소비능력을 증가시키고 일자리를 창출할 필요가 있습니다. 세계시장에서 경쟁하는 수출업체는 계속 새로운 노동절약적 기술을 채택해야 하기 때문에 고용을 증가시키기가 매우 어렵습니다. 정부가 중심이 되어 서민들의 소비능력을 증가시키고 일자리를 만들어내야 국내시장이 확대될 수 있고, 세계공황의 피해를 줄일 수 있을 것입니다.

지금과 같은 대기업 중심의 자유무역을 통해서는 국가 간의 경제협력이 서민의 생활을 개선하기 어렵다고 생각합니다. 베네수엘라를 중심으로 체결된 경제협력방식에 따르면, 쿠바는 베네수엘라에 교사와 의사를 파견하고, 베네수엘라는 쿠바에 석유를 싼값으로 공급하는 방식으로 협력이 이루어지더군요. 이런 협력방식에 따라 남한은 북한에 식량이나 컴퓨터를 제공하고 북한은 남한에 지하자원의 채굴권을 줄 수도 있겠지요. 서민의 생활을 개선하기 위해서는 국가 간의 경제협력이 이윤 추구가 아니라 주민들의 필요와 욕구를 충족시키는 것을 목적으로 해야 할 것입니다.

참고문헌

김수행. 2006. 『자본주의 경제의 위기와 공황』. 서울대학교 출판부.

김수행. 2008. 『알기 쉬운 정치경제학』(제2개정판). 서울대학교 출판부.

김수행·박승호. 2007. 『박정희 체제의 성립과 전개 및 몰락: 국제적·국내적 계급관계
   의 관점』. 서울대학교 출판부.

조희연. 2004. 「박정희 시대 지배의 강압과 동의」. ≪역사비평≫, 67호(여름).

O7

스웨덴의 사회민주주의

    오늘은 스웨덴 이야기를 좀 해보려고 합니다. '우리가 앞으로 어떤 사회를 지향해야 하는가' 하는 물음이 사실 머릿속에 꽉 차 있잖아요? 그래서 현재 이 세상에서 가장 복지가 잘되어 있는 나라 중 하나인 스웨덴을 고찰해보려고 합니다. 보수언론은 항상 "우리나라는 정부가 제공하는 복지급여 수준이 높아 일하려고 하는 사람이 없다"는 식으로 이야기하는데, 유럽에서 살지 않았던 사람들은 이에 속아서 우리나라의 복지급여 수준을 낮춰야겠다고 생각하기 쉽지요. 그래서 스웨덴에 대해 이야기하기 전에 영국의 사회복지 서비스에 대해 잠깐 소개해보겠습니다.

    나는 가족과 함께 영국 런던에서 10년 이상 살았어요. 1972년 2월에 외환은행 런던지점에 부임하면서 생후 1년 9개월 된 장남과 9개월 된 쌍둥이, 이렇게 애 셋을 데리고 갔지요. 일단 병원이 전부 공짜라는 게 신기했죠. 병원에 돈 받는 사람이 없더군요. 우리는 급하면 응급실로 가는데 치료도 금방

해주고 돈도 받지 않았어요. 애들이 좀 커서 초등학교(primary school) 가기 전에 가는 유치원(nursery school)에 들어갔는데 이것도 공짜였어요. 영국에서 유치원은 일하러 가는 부모들을 돕기 위해 아침 9시부터 저녁 6시까지 애를 돌보아주는 곳인데 전부 공짜예요. 또 초등학교에 가니까 애들이 가방을 매고 다니지 않더군요. 그냥 맨몸으로 가면 학교에서 책, 연필, 공책 등 모든 것을 공짜로 주면서 공부를 가르쳐요. 교실에는 학생이 20명 있는데, 칠판이 없고 학생 네 명이 앉는 큰 책상이 다섯 개가 있어요. 칠판에 무엇을 써서 학생 전체를 상대로 가르치는 일이 없는 것 같았어요. 책상을 돌아다니면서 선생이 애들을 하나하나 잡고 이야기하는 거예요. 애들마다 교재도 다르고 진도도 달라요. 남이 무엇을 하는지 알지 못하니까 경쟁하는 분위기도 없겠죠. 초등학교 1학년에 들어가면 제일 먼저 가르치는 것이 무엇이냐고 물으니 바느질이라고 하더군요. 남자 여자 할 것 없이 바느질을 가르치고, 빵 굽는 것을 가르친다고요. 애들에게 처음부터 자기 혼자 사는 법을 가르쳐요. 늘 수영장과 박물관에 데리고 다니고, 쉬는 시간에는 축구를 하고, 교육과정의 초점이 공부가 아니라 학생들을 남과 친하게 지내는 건전한 시민이 되도록 하는 데 있는 거예요. 남들과 경쟁하는 프로그램이 하나도 없어요. 학교에서는 점심과 저녁 간식도 공짜예요. 의무교육이 이런 것이구나 하고 느꼈지요. 중학교, 고등학교, 대학교, 대학원도 모두 공짜예요. 자기가 공부하고 싶으면 끝까지 하는 것이지요.

고등학교를 졸업한 학생들은 대학에 가거나 취직을 하잖아요. 이때가 보통 만 19살인데, 취직을 못하면 실업급여를 받아서 살듯이 대학에 가는 사람은 실업수당에 준하는 생활비(grants)를 받아요. 학교에서는 입학금이나 등록금을 받지 않고, 정부는 학생들에게 생활비를 지급하는 거죠. 이 돈으로 책도 사고 의식주생활을 하는 거예요. 나중에 결혼해서 애를 낳기 위해 병원에 들어가면 닷새 동안 전부 공짜로 서비스를 받습니다. 또 퇴원한 뒤에는 간호사들이 매주 한 번씩 와서 애가 잘 크는지 살피고 가고, 정부는 우유 값이라고 돈도 주지요.

또 영국의 주택정책은 공공 장기임대주택을 기본으로 합니다. 정부가 집을 지어 집 없는 사람들에게 월세를 받고 집이나 아파트를 임대하는 것이지요. 월세는 자기 소득의 5% 정도로 정해져 있어서 한 달 소득이 500만 원이면 25만 원의 월세를 내고, 한 달 소득이 100만 원이면 5만 원의 월세를 내면 됩니다. 만약 실업자가 되면 소득이 없기 때문에 월세를 내지 않아도 되지요. 어디서나 구청은 자기의 행정구역 안에서는 노숙자를 두지 말아야 한다는 법률이 있어서, 런던 히드로 공항 근처의 구청은 베트남 난민들에게 방을 얻어주느라고 큰 금액을 지불하기도 했습니다. 또 가족 수가 많은 사람은 방이 많은 아파트를 배정받는데 월세 차이는 거의 없는 편이에요. 나도 이런 아파트에 살아봤는데 괜찮아요. 주택을 소유하지 않고 월세 내고 살다가 죽으면 그만 아니에요? 그리고 아들딸도 그런 공공 장기임대아파트에서 월세 주고 살면 되는 거죠. 물론 자기 집을 소유하고 싶은 사람은 주택은행(Building Society)에서 주택담보대출을 받아 집을 살 수 있습니다. 25~30년 동안 모기지(mortgage)의 원리금을 갚는데, 고정금리로 하지 않고 대부분 변동금리로 하고 있고, 자기 생애 최초로 가옥을 구매하는 사람에게는 모기지의 원리금 상환액에 대해 소득세를 공제해 줍니다. 또한 모기지를 받은 사람이 일시적으로 해고되어 원리금을 내지 못하는 경우에는 구청이 그 원리금을 대신 주택은행에 내준답니다. 일단은 구청이 대신 내줄 테니까 나중에 일자리 구해서 갚으라는 거죠. 이런 사회도 있다는 말이에요. (웃음)

그런데 내가 자꾸 강조하고 싶은 것은, 영국이 이런 복지사회를 만든 것이 1948년이었고 그때 영국의 1인당 국민소득은 한국의 2만 달러보다 훨씬 적은 1만 달러도 되지 않았다는 사실입니다. 참 신기하지 않아요? 왜 지금의 우리보다 훨씬 못 살 때 영국은 그렇게 훌륭한 복지사회를 만들 수 있었을까? 이 의문을 늘 마음속에 담고 계셔야 합니다. 우리 국민은 모든 문제를 개인적으로 돌파하려는 성향이 너무 강한 것 같아요. 교육문제를 보더라도 모든 학생이 평등하게 받는 학교 교육에 만족하지 않고, 내 아이는 특별하게 키우겠다며 사교육에 의존하니까 모두가 경쟁적으로 사교육에 매달리게 되잖아요. 사교육비는 계속 상승하고 빈부격차는 결국 교육격차로 이어지겠죠. 또 최근 신문이나 텔레비전을 보면 암이나 기타 질병에 대해 사적으로 보험을 들라는 광고가 너무 많아요. 정부가 암이나 기타 질병을 국민건강보험에 포함시키고 모든 국민들로부터 보험료를 받는 것이 민간보험업자들보다 훨씬 싸고 효율적인데도 말이죠. 민간보험회사가 광고하는 데 얼마나 돈이 많이 들겠어요. 이런 거대한 광고비를 보험료에 포함시킬 테니 민간보험료가 정부보험료보다 훨씬 비쌀 수밖에 없겠죠. 우리 국민들은 경쟁적으로 자기 혼자 잘살겠다는 성향이 매우 강한데, 이것을 고쳐야 합니다.

영국에서 그렇게 평등주의적인 사회복지제도를 만들 수 있었던 이유는, 그런 사회복지제도를 만들겠다는 노동당에 국민들이 투표했기 때문입니다. 결국 경제적 문제가 아니라 정치적 문제라고요. 다시 말해 영국이 그렇게 할 수 있는 경제적 여유가 있느냐 없느냐의 문제가 아니라, 국민들이 특정 정당에게 그렇게 해달라고 정권을 맡긴 것이 중요했다는 거죠. 영국의 노동당은 사회복지제도를 창설하고 유지하기 위해 6대주 5대양에 걸쳐 있던 영국의 식민지를 모두 해방시키고 거기에 주둔한 영국 총독과 군인들을 모두 국내로 불러들임으로써 거대한 규모의 국가재정을 절약했고, 이 돈이 바로 사회복지제도의 재원이 될 수 있었습니다.

스웨덴의 경우도 마찬가지입니다. 사회민주주의를 실현하려는 사회민주당(사민당으로 약칭)이 1932년부터 지금까지 10여 년의 기간을 제외하고 계속 집권했기 때문에 스웨덴이 세계 최고의 사회보장제도를 가지게 된 것입니다. 2006년부터 지금까지는 '부르주아 정당'*이 집권하고 있지만 어쨌든 중요한 것은 그 이전에는 유권자들이 사회보장제도의 개선과 확대를 원해서 사민당에 투표함으로써 복지사회를 만들 수 있었다는 것입니다.

우리는 '새로운 세상'을 기획할 때 늘 자본주의를 뛰어넘는 '사회주의'나 '공산주의'와 같은 너무 먼 장래를 상상하는 경향이 있습니다. 하지만 이렇게 목표를 너무 멀리 잡아버리면 지금 우리가 무엇을 해야 할지 잘 모르게 됩니다. 우리가 지금 부딪히는 작은 문제부터 해결하면서 우리의 능력과 연대감을 키워나가야 조금 더 큰 문제에 도전할 수 있고, 이런 과정이 바로 혁명적 실천이 되는 것입니다. 그리고 이를 위해서는 지금 현재 가장 좋다고 생각되는 경제사회 운영모델을 깊이 연구할 필요가 있어요. 오늘 소개할 스웨덴 모델이 여러분에게 새로운 상상력을 불러일으키기를 바랍니다.

스웨덴 모델 | 모든 사람들이 굉장히 좋아하던 스웨덴 모델은 1930년대부터 1960년대 말까지 계속되다가, 1974~1975년의 세계적인 불황 이후에는 조금씩 붕괴되기 시작합니다. 스웨덴 사민당(SAP)의 기본 노선은 우파 정당과 좌파 정당 사이의 중간노선으로 자본주의의 기본 구조를 깨뜨리지 않으면서 노동자 계급과 시민들의 이익을 최대로 보장하려는 것이었죠. 노동자 계급은 생산직, 사무직, 전문직 노동조합을 따

* '부르주아 정당'은 스웨덴에서 보편적으로 사용되는 용어로서 보수당, 자유당, 중도당, 기민당도 스스로를 이렇게 부른다.

로 설립했는데, 스웨덴 노동조합 총연맹 중 가장 규모가 큰 노동조합이 '생산직 노동조합 총연맹(LO)'이에요. 그리고 이 LO와 사민당이 연합해서 만들어낸 스웨덴 특유의 경제사회 운영모델을 흔히 스웨덴 모델이라고 부릅니다.

스웨덴 사민당은 1889년에 창설되어 1920년에도 집권한 적이 있지만, 연속적으로 집권한 것은 1932년부터입니다. 이때부터 2006년까지 74년 동안 10년(1976년 10월~1982년 10월, 1991년 10월~1994년 10월)을 빼고는 계속 집권한 기록을 가지고 있지요. 이는 국민들이 복지사회를 유지하고 확대하라고 사민당에게 계속 투표한 결과입니다. 스웨덴 사민당은 2006년 10월에 부르주아 정당인 중도당(Moderate Party)한테 패배하는 바람에 지금은 중도당이 집권하고 있는 상황이지만 2009년 10월에 또 선거를 하면 어떻게 될지 모르지요. 어쨌든 사민당이 장기 집권할 수 있었던 이유는 노동자들의 80% 이상이 노동조합으로 조직되어 사민당을 지지했기 때문입니다. 80% 이상의 노동조합 조직률은 세계에서 가장 높은 수치지요. 사실상 자본주의사회에서는 노동자 계급이 자본가 계급보다는 수적으로 훨씬 더 많기 때문에, 노동자 계급의 표를 얻으면 수상이건 대통령이건 무엇이든 다 할 수 있는 거예요. 그런데 우리나라 사람들은 자기가 노동자 계급에 속한다는 것을 자주 잊어버리는 것 같아요. 그러니까 노동자들의 파업을 비난하기 일쑤고 그러다가 이명박에게 투표한 것 아니겠어요?

내가 1972년부터 1982년까지 영국 런던에서 10년 동안 살았는데 그 당시에는 파업이 자주 일어났어요. 자본가가 노동자를 희생해서 이윤을 더욱 증대시키려고 하자 노동자들은 자신들의 유일한 무기인 파업권을 행사했던 것이지요. 내가 가장 많이 경험한 파업은 철도 파업이었어요. 윔블던 테니스 대회가 열리는 윔블던에서 살고 있었는데, 거기에서 런던의 금융 중심지인 시티(City)로 출근하려면 1시간가량 기차를 타고 가야 했죠. 철도 파업의 주된 형태는 '준법 투쟁'이었어요. 열차가 정거장에 도착하면 안전점검을 해야 한다는 규정이 있는데 보통 때는 하지 않죠. (웃음) 그런데 파업을 한다 하면 '법대로 하자'면서 정거장마다 철도원 하나가 모든 열차 바퀴를 망치로 두들기고 다니는 거예요. 그래서 정거장마다 기차가 30분은 서 있게 되지요. 우리나라 사람 같으면 이럴 때 철도원 멱살을 잡고 욕을 하지 않겠어요? 욕하는 사람들이 사실 자본가나 기업가 계급에 속하는 것도 아닌데 말이죠. 영국 사람들은 자기도 노동자니까 철도 노동자의 사정을 이해하는 거예요. 모두가 가만히 앉아 신문을 읽는다고요. 물론 30분을 그대로 앉아 있으니 답답하겠죠. 이런 식으로 무려 다섯 정거장을 지나간다고 생각해보세요. 회사에 출근하는 것이 아니라 점심 먹으러 가는 꼴이 된다니까요. 그런데도 영국 노동자들은 자신들도 노동자라는 계급의식을 가지고 있어서 다른 노동자에 대한 동류의식을 발휘하는 거지요.

그럼 다시 스웨덴 이야기를 해볼까요? 스웨덴의 사민당 정부는 경제성장을 위해 대기업 편향적인 자유주의적 산업정책과 케인스주의적 경기안정화정책을 채택하면서도 경제성장의 과실을 조세를 통해 국가로 흡수해 보편적인 사회보장정책(국민연금, 주택, 공공탁아제도, 교육과 의료의 무상 제공)을 실시했습니다. 보편적인 사회보장정책은 한편으로는 산업합리화와 경제성장을 지원했고, 다른 한편으로는 자본주의적 경제발전에 뒤따르는 사회문제를 완화하는 역할을 담당했지요. 사용자연합 총연맹(SAF)과 LO 사이의 중앙단체교섭에 의거한 협력주의적 노사관계는 순조로운 경제성장을 뒷받침했고, SAF와 LO를 비롯한 주요 이익단체들과 사민당 정부 사이에 형성된 조합주의적(corporate) 의사결정구조는 스웨덴 모델을 공고하게 했습니다.

연대임금정책 사민당 정부는 '사회복지정책' 외에도 '연대임금정책(solidaristic wages policy)'을 실시합니다. 이는 노동조합과 사용자연합, 정부가 합의한 정책인데, 대기업이든 중소기업이든, 정규직이든 비정규직이든, 동일한 노동을 하는 노동자에게는 동일한 임금을 주는 것을 원칙으로 하는 정책이지요. LO는 강한 노동조합만 높은 임금을 쟁취하고 약한 노동조합은 낮은 임금을 쟁취하는 것을 막으면서 노동자들의 평등주의를 실현하려는 의도에서 이를 제안했고, 사민당 정부는 노동조합 사이에서 벌어지는 임금 인상 경쟁을 막아 물가 상승을 억제하고, 수익성이 낮아 동일한 임금을 줄 수 없는 중소기업을 퇴출시켜 기업 구조를 개선하기 위해 이를 받아들입니다. 또 수익성이 낮은 기업들이 파산하면서 생긴 해고자들에 대해서는 정부가 '적극적인 노동시장정책'을 채택해서 이들을 재교육시키고, 취업정보를 제공하고, 다른 곳으로 이사하는 경우에는 이사비와 정착비까지 주면서 재취업을 도왔지요. 물론 사회복지정책에 따라 해고자가 높은 실업수당을 받을 수 있었고, 병원과 학교가 무상이기 때문에 연대임금정책이나 적극적인 노동시장정책이 가능했던 것이죠.

하지만 연대임금정책과 적극적인 노동시장정책은 사실상 대기업에게 큰 이익을 준 대기업 편향적인 정책이었어요. 〈그림 7.1〉에서 보는 바와 같이 기업의 부가가치 생산액이 높은 대기업과 부가가치 생산액이 낮은 중소기업이 동일 노동에 대해 동일 임금을 준다면, 대기업일수록 더욱 큰 이윤을 얻고 중소기업일수록 손실이 커지겠죠. 또한 적극적 노동시장정책에 따라 중소기업에서 방출된 노동자를 훈련시켜 대기업에 취업시키기 때문에 대기업은 높은 이윤뿐만 아니라 노동자의 부족을 느끼지 않고 기업을 확장시킬 수 있었습니다. 또 사민당 정부는 경기를 조절하기 위해 케인스주의적인 경기안정화

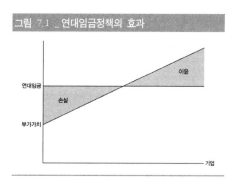

그림 7.1 _ 연대임금정책의 효과

정책을 채택했어요. 경기가 나빠지면 정부가 재정지출을 확대해서 국내의 수요를 증가시키고, 금리를 낮추어 기업이 쉽게 자금을 빌리고 투자를 하도록 만드는 것이지요. 반대로 경기가 과열되면 정부가 재정지출을 감축해서 국내의 수요를 축소시키고, 금리를 올려 기업의 투자를 억제하는 거예요. 이런 여러 가지 정책 때문에 스웨덴 경제가 안정적인 고도성장을 달성할 수 있었고, 대기업은 더욱 팽창할 수 있었던 것입니다.

여기서 우리가 알아야 할 것은 스웨덴 유권자들이 "이웃과 더불어 더욱 평등하고 더욱 부유한 사회를 만들겠다"는 사민당의 강령을 지지했기 때문에 사민당이 정권을 잡을 수 있었다는 사실입니다. 사민당 정부는 이런 유권자들의 지지를 바탕으로 약속한 공약을 실현하기 위해 대기업과 부자에게 높은 세금을 부과하고, 그 세금 수입에 의해 세계에서 가장 훌륭한 '보편주의적' 복지국가를 건설한 것입니다. 대기업과 부자는 높은 세금을 내지 않으려면 스웨덴을 떠날 수밖에 없는데, 수익성 있는 오랜 영업 기반과 고향을 버리는 것이 쉽지 않을 뿐 아니라 스웨덴과 같은 복지사회가 미국과 같은 깡패사회 보다는 훨씬 우수하다는 자부심이 있었던 것이지요. 1985년 소련에서 공산당 서기가 된 고르바초프도 소련 경제의 엄청난 문제점들에 직면해 소련 사회를 어느 방향으로 이끌어갈까를 고민하다가 스웨덴 모델이 훌륭한 대안이라고 말한 바 있습니다.

협력적 노사관계 　세계에서 가장 충실한 복지사회를 건설하는 것이 사회적 합의로 굳어지자 SAF와 LO 사이에는 협력적인 노사관계가 형성되기 위한 조건이 마련됩니다. 자본가와 노동자가 더불어 살기로 합의하면 거대한 두 계급이 싸울 필요가 없겠죠. 사실상 이런 사회에서는 기업으로부터 받는 '직접적인 임금'보다는 정부로부터 받는 '사회적인 임금(social wages)'이 더욱 크다고 볼 수 있어요. 사회적인 임금에는 정부에서 받는 연금, 실업급여, 아동급여, 장애자급여, 소득보조, 무상 의료, 무상 교육, 공공 탁아제도, 공공 장기임대주택 등이 포함되니까요. 따라서 직접적인 임금을 둘러싼 사용자연합과 노동조합 사이의 중앙단체교섭은 대체로 파업을 야기하지 않은 채 합리적으로 끝나는 경우가 많았지요. 오히려 사회적 임금, 다시 말해 사회보장제도에 관한 논의가 더욱 중요하게 등장하는데, 정부는 이 문제를 해결하기 위해 사용자연합, 노동조합 등 주요 이익단체들과 협의하게 되는 거죠. 이를 '조합주의(corporatism)'라고 합니다. 예컨대 인플레이션율이 너무 높아 수출이 어렵다고 판단하면, 재무부 장관이 사용자연합 대표와 노동조합 대표를 불러 상의하는 것이죠. 노동조합은 임금인상을 연간 5%로 제한하고, 사용자연합은 주주에 대한 배당을 연간 2% 증가시키며, 정부는 물가 상승률을 4%로 잡기 위해 재정금융정책을 실시하겠다는 식의 합의를 도출하는 것입니다. 모두가 인플레이션을 억제하기 위해 '고통을 분담'하는 것이지요. 한국의 노사정위원회와는 많이 다르지요? 우리의 경우 정부 측 대표나 경영자 측 대표나 공익 측 대표가 관심을 갖는 것은 "노동자가 얼마나 희생하려고 하는가?"이지 고통을 분담하자는 것이 아니잖아요. 그러니까 당연히 노동조합 대표가 참석하지 않으려 하는 것이죠.

스웨덴에서 이와 같은 협력적 노사관계가 가능했던 것은 이를 강력히 추진한 SAF와 LO가 있었기 때문입니다. 스웨덴에서는 매우 좋은 철강이 생산되기 때문에 금속·기계 공업이 가장 번창한 수출산업입니다. 세계적으로 유명한 볼보(Volvo) 자동차도 스웨덴에서 생산되고 있지요(하지만 1999년 포드에게 인수 합병당했다). 이 금속·기계공업 부문의 사용자연합(VF)이 SAF에서 가장 발언권이 세고, 또 LO에서는 금속노조(Metall)가 가장 발언권이 세요. 이 금속·기계공업의 경영진과 노동조합이 금속제품과 기계제품을 더욱 많이 수출해야 기업의 이윤도 많이 생기고 임금도 인상할 수 있으며 스웨덴 경제도 성장하기 때문에, 될 수 있는 대로 서로 협조하자고 합의를 보았고 이 합의가 사용자연합 전체와 노동조합 전체의 분위기를 협력적으로 만든 것입니다.

그렇다면 스웨덴에서 사용자와 노동자들 사이의 단체협약은 실제로 어떻게 진행될까요? 사용자는 산업별로 사용자연합이 있고, 이 산업별 사용자연합이 전국적인 사용자연합 총연맹(SAF)을 결성하고 있어요. 노동자들도 기업별 노동조합, 산업별 노동조합, 그리고 전국적인 생산직 노동조합 총연맹(LO)을 결성하고 있지요. 그래서 1956년부터 1983년까지 단체협약은 SAF와 LO 사이의 중앙단체협약이 가장 핵심적이었어요. 이 중앙단체협약을 기준으로 각 산업별 사용자연합과 노동조합이 다시 협약을 맺게 되지요. 잘 나가는 산업에서는 전국 평균보다 높게 임금 인상률을 정할 것이고, 그렇지 못한 산업에서는 전국 평균보다 낮은 임금 인상률을 정하겠죠. 마지막으로 기업별로 사용자와 노동조합이 모여 산업별 기준을 중심으로 잘 나가는 기업은 산업의 평균 임금 인상률보다 더 높게 결정하고, 그렇지 않은 기업은 이보다 더 낮게 결정하게 되겠지요. 이렇게 해서 전국 평균보다 더 많이 받는 산업도 있고 더 낮게 받는 산업도 있으며, 산업 평균보다 더 많이 받는 기업도 있고 더 적게 받는 기업도 있게 되는 식이지요. 이런 차이를 임금유동(wage drift)이라고 부릅니다. 이런 임금유동이 너무 커지면 동일노동 - 동일임금의 연대임금정책이 제대로 실시되기가 어려워집니다.

공동결정법 | 1976년에 제정된 공동결정법은 기업의 인사와 투자, 경영 전략에 관한 주요 결정을 주주들이나 경영자들끼리 결정하지 말고, 노동조합과의 단체교섭을 통해 노조의 동의를 받으라는 것입니다. 하지만 입법과정에서 경영자들의 거센 반발에 부딪혀서 경영자와 노동조합 사이에 합의가 이루어지지 않을 때는 경영자가 독자적인 행동을 취할 수 있다고 규정합니다. 다시 말해 노동자의 동의를 받지 않아도 된다는 말이지요. 사실 공동결정제도는 독일에서 더욱 발전했는데, 독일에서는 경영이사회의 50%는 경영진에서 나오고 50%는 노동조합에서 나와서 가부가 동수일 때는 의장이 결정권을 가지게 되어 있어요. 보통 의장은 경영자 편이니까, 독일의 경우에도 매우 심각한 문제에서는 경영자 쪽의 의견이 관철되겠죠. 물론 우리나라에는 공동결정법이 없습니다. 기업의 경영진이 노동자를 '머슴'으로 취급하는 판국에, 어찌 머슴이 주인 하는 일에 간여하도록 하겠어요? '1997년 외환위기에 관한 국회청문회'에서 국회의원이 한보철강 사장에게 한보철강의 어느 이사가 이렇게 말했다고 일러주자, "내가 머슴하고 무슨 상의를 하며 머슴이 우리 기업에 대해 뭘 아느냐"고 화를 낸 일이 있었죠. (웃음) 다른 재벌 총수들도 이와 크게 다르지 않을 것입니다.

그런데 공동결정제도는 잘못하면 노동조합이 수세에 몰릴 가능성이 큰 제도입니다. 공동결정제도에서 노동조합이 경영에 참가한 뒤 기업 사정이 나

빠진 경우에는, 경영자들이 노동조합에 책임을 물어 노동시간을 연장하고 임금수준을 낮추자고 제안할 수 있겠죠. 그래서 사실은 노동조합이 공동결정제도에 관심을 가지지 않았던 거예요. 그런데 1974~1975년에 세계경제가 공황에 빠져 실업이 늘어나고 인플레이션율이 크게 상승하면서 이른바 스태그플레이션(stagflation)이 심화되니까 노동조합이 산업민주화의 과제로 공동결정법을 만들자고 한 것입니다.

임노동자기금   1971년에 LO의 연차총회에서는 특히 금속노조의 노동자들이 연대임금정책의 문제점을 제기하게 됩니다. 연대임금정책으로 말미암아 대기업은 큰 초과이윤을 얻었고, 이를 통해 성장한 결과 스웨덴 경제에서 점점 더 막강한 지배력을 행사하게 되었죠. 그러자 노조가 이로 인해 소득불평등이 확대되었다고 불만을 토로한 것입니다. 더욱이 대기업은 자본의 세계화가 진전됨에 따라 세금을 많이 내는 국내에 투자하기보다는 세금을 적게 내는 외국에 투자하기 때문에 국내의 일자리를 증가시키지도 못한다는 비판이 제기됩니다. 결국 대기업에게 연대임금정책과 적극적 노동시장정책을 통해 큰 이윤을 벌게 했더니, 이제 세금을 적게 내려고 해외에 투자하고 있다는 불만이지요. 세금을 많이 거두어 사회보장제도를 유지했는데, 대기업들이 해외에 투자하면서 세금을 내지 않으면 사회보장제도는 해체되는 것이 아니냐는 걱정이 섞여 있었던 것입니다. 그래서 LO에서는 연구단을 조직해서 이 문제의 해결방법을 찾기 시작했지요.

5년 뒤인 1976년에 이 연구단이 '임노동자기금(wage earners' fund)'이라는 안을 가지고 LO 총회에 나타납니다. 선진국일수록 노동조합의 힘이 강할 뿐만 아니라 노동조합에 대한 정부의 지원도 거대하고 노동조합의 연구활동이 민간연구소나 관변연구소의 연구활동과 비교해도 전혀 손색이 없어요. 임노동자기금안의 내용은, 대기업이 얻은 큰 초과이윤은 실제로 노동자들이 낮은 연대임금을 받아서 생긴 것이므로 그 초과이윤의 일부를 임노동자기금에 헌납하고, 노동자들도 자기 임금의 일부를 임노동자기금에 낸다는 것, 그리고 이 임노동자기금이 주요 기업들의 주식을 구매하기 시작해서 그 기업들의 대주주가 된다는 것이었죠. LO 총회에서 통과된 임노동자기금안에 따르면, 10년 후에는 임노동자기금으로 스웨덴 거대 기업들의 주식을 50%가량 살 수 있다고 기대했어요. 이렇게 되면 노동조합이 대기업의 주인이 되기 때문에 대기업의 모든 경영 전략이 노동자 계급과 시민을 위한 것이 될 것이라고 전망했지요.

자본가들은 깜짝 놀라서 임노동자기금안에 엄청나게 반대합니다. 스웨덴 사회가 큰 혼란에 휩싸일 정도로 논쟁이 심했어요. 노동자가 촛불시위를 한 게 아니라 자본가들이 촛불시위를 하기 시작했지요. (웃음) 이러다가 1976년 10월 총선에서 사민당이 패배해서 44년 동안의 장기 집권을 마감하게 되었고, 1979년 10월에 있었던 선거에서도 패배했지요. 사회를 변혁시키는 것이 매우 어렵다는 것을 보여주는 증거입니다. "이렇게 하면 반대파가 어떻게 나올 것인가, 어떤 식으로 주고받기를 해서 우리의 계획을 통과시킬 것인가"를 계속 생각해야 하는 것이죠. 그래서 결국 사민당은 임노동자기금에 매달리다가는 집권이 어렵다고 판단했지요. 1982년 사민당이 다시 집권하면서 1983년에 이름뿐인 임노동자기금법을 만들었지만 이는 1984~1990년 동안에만 한시적으로 시행되었으며, 이 기금으로 주식을 사더라도 대기업들의 주식을 10%밖에 사지 못할 정도였어요. 이 기금마저도 1991년에 집권한 부르주아 정당의 연립정부가 폐기해 버립니다.

이와 같은 임노동자기금안은 자본가가 받는 큰 소득에 평균보다 높은 세율을 적용해서 정부 세입을 증가시키는 방법으로 사회복지를 향상시키는 것에는 일정한 한계가 있기 때문에 제안된 것이었습니다. 자본가가 국내의 세율이 높다고 해외에 투자한다면, 국내에는 일자리 축소, 정부 세입 감소, 사회복지제도의 붕괴, 공동체 정신의 해체와 같은 문제가 생기잖아요. 그래서 노동조합이 소득의 재분배 문제로부터 생산수단의 소유 문제로 방향을 돌린 것이지요. 자본주의의 핵심은 자본가 계급이 생산수단을 소유하고, 노동자 계급은 노동력을 팔지 않으면 살아갈 수 없는 생산관계를 유지하는 것이잖아요? 그런데 노동자 계급이 이 자본주의의 핵심을 무너뜨리려고 임노동자기금안을 제출한 것이죠. 자본가 계급이 결코 가만히 있을 리가 없겠죠. 자본가 계급은 언론, 방송, 학교, 교회, 정치인, 소시민, 기업가 등을 총동원해서 임노동자기금안을 지지하는 사민당에 대해 공격을 퍼부었어요. 자본주의사회에서 자본주의를 약화시키거나 타도하려는 시도가 얼마나 어려운가를 다시 한번 보여 주는 것이죠.

중앙단체협약의 붕괴 | 스웨덴 모델은 임노동자기금을 둘러싼 대투쟁을 겪으면서 1983년부터 해체되기 시작합니다. SAF와 LO 사이의 중앙집권적인 단체교섭제도와 연대임금정책이 붕괴하기 시작한 거죠. 자본가들이 LO가 너무 강력해져서 자기들의 소유권까지 침해하고 있다고 판단해 LO 세력을 약화시키기로 작정한 거예요. LO가 노동조합을 통일시키고 있는 가장 중요한 수단이 중앙단체협약과 연대임금정책이기 때문에 자본가들은 이 두 제도를 공격한 것입니다. 그래서 사용자연합은 임금협상을 중앙집중적으로 하지 말고 산업별이나 기업별이나 개인별로 하기로 결정합니다. 이렇게 되면 동일 노동에 대해 동일 임금을 주는 연대임금정책도 당연

히 사라지게 되는 거죠. 물론 노동자들도 불만을 표시했어요. 특히 금속노조는 금속·기계공업의 이윤율이 매우 높은데도 중앙단체협약과 연대임금정책 때문에 훨씬 낮은 임금을 받았다고 불만을 토로했지요.

이렇게 해서 두 제도가 사라지기 시작한 것입니다. 1983년에 금속·기계공업에서는 산업별 사용자연합과 금속노조가 중앙단체협상을 기다리지 않고 바로 산업별 단체협상을 체결해버렸어요. LO가 불필요해진 것이죠. 연대임금정책은 이전에도 임금 인상을 억제하는 효과가 크지 않다는 비판을 받았어요. 왜냐하면 각 산업과 기업은 중앙단체협약에 의한 임금 인상률을 하나의 가이드라인으로 삼아 각자의 임금 인상률을 정할 수가 있었기 때문이에요. 특히 자본가들은 세계적으로 신자유주의가 확산되어 세계시장에서 무한 경쟁이 전개되고 있기 때문에 항상 노동을 유연화하는 조치를 실시해야 하는데, 중앙단체협약은 시간이 너무 많이 걸리며 자본가들이 원하는 조치가 통과될지도 미지수이기 때문에 중앙단체협약을 폐기하기로 작정한 측면도 있어요.

스웨덴
사회민주주의에
대한 평가 │ 현재 스웨덴 모델에서 거시경제정책은 스웨덴 모델의 전성기 — 1930년대에서 1960년대 말까지 — 에 비해 재정금융 긴축정책이 한결 강화되고 있는 상황입니다. 세계 전체가 자유화와 개방화를 통해 세계화되고 있으므로, 인플레이션율이 높거나 금리가 낮거나 통화 가치가 저하하면 스웨덴 안에 있는 금융적 자본들이 전부 해외로 나가버릴 위험성이 있기 때문이지요. 또 경제정책 전반에서 규제를 풀어 정부의 개입을 축소하는 등 시장주의적 요소가 강화되고 있습니다. 그러나 보편주의적인 원리에 의해 편성된 사회복지제도는 여전히 유지되고 있습니다. 보편주의적 원리는 소득이 높든 낮든 누구라도 교육과 의료 같은 것은 무상으로 받을 수 있다는 말이지요. 또한 중요한 문제에 관해서는 정부, 노동조합, 사용자연합 및 여타의 이익집단들과 함께 논의해 합의를 보는 조합주의적 의사결정구조가 여전히 작동하고 있습니다. 이는 영국과 같이 조합주의적 의사결정구조가 사라진 결과, 개별 기업들이 정치인이나 정부 관리들에게 로비하는 행태가 널리 퍼져서 부정, 부패 등 도덕 불감증(sleaze)이 큰 사회적 문제로 등장하고 있는 것과는 대조적이라 할 수 있습니다.

스웨덴 모델은 과거나 현재나 자본가 계급이 생산수단의 전부를 소유하고 있고, 투자나 생산, 고용이 시장메커니즘에 의해 결정되고 있다는 점에서 여전히 자본주의라 할 수 있습니다. 그러나 자본주의의 기본 골격을 유지하면서도 상당히 높은 수준의 평등주의적 소득 분배와 사회복지를 달성할 수 있음을 보여주는 사례이기도 합니다. 성장과 분배가 양자택일의 문제가 아니라 상당한 정도로 양립 가능하다는 것을 보여주는 것이죠. 또한 자본주의에서도 높은 수준의 '참여민주주의'를 달성할 수 있음을 보여줍니다. 선거와 조합주의적 의사결정과정을 통해 스웨덴 사회의 지향점을 결정하는 '정치적' 민주주의가 발달하고, 보편적인 사회보장제도를 통해 사회적 불평등을 해소하는 '사회적' 민주주의도 발달하며, 공동결정법과 같이 회사 안에서 노동자들이 기업의 경영에 실질적으로 참여하는 '경제적' 민주주의도 달성되고 있지요. 또 스웨덴에서는 평화와 연대의 문화가 크게 성장한 것도 볼 수 있습니다. 스웨덴은 제1차 세계대전과 제2차 세계대전에서 어느 편도 들지 않았고, 여전히 중립국으로 남아 있습니다. 또한 개개인의 불행을 개인의 문제라고 보지 않고 사회적 문제로 보는 연대의식도 크게 발달해 있습니다.

여기서 몇 가지 통계자료를 들어 스웨덴 사회의 장점을 구체적으로 이야기해보죠. 첫째는 국내총생산 중에서 사회적 지출이 차지하는 비율을 살펴

표 7.1 _ 사회적 지출/GDP		(단위: %)
	1980년	2001년
스웨덴	28.8	28.9
미국	13.3	14.8
일본	10.2	16.9
영국	17.9	21.8
OECD 평균	18.3	22.5

자료: 글린(2008), 253쪽.

봅시다(〈표 7.1〉 참조). 이 통계의 사회적 지출에는 정부가 의료, 사회적 서비스, 실업급여, 연금급여에 지출한 것만 포함되어 있어요. 스웨덴은 2001년에도 사회적 지출이 국내총생산에서 28.9%를 차지하고 있는데,

미국은 14.8%밖에 되지 않습니다. 미국은 OECD 전체의 평균보다도 매우 낮은 수준이죠. 그러니까 빈곤으로 인해 매춘, 마약, 살인, 강도와 같은 사회적 문제가 발생하는 것이지요. 이런 사회적 문제의 원인을 개인의 탓으로 돌리지 말고, 사회적 잘못임을 인정해 '더불어 사는 사회'로 만들어가는 것이 바로 '연대'입니다.

두 번째로 소득불평등 지수를 한번 볼까요? 소득을 가장 많이 받는 최상

표 7.2 _ 빈부격차		(단위: 배수)
	1980년	2000년
스웨덴	2.4	3.0
미국	4.7	5.4
영국	3.5	4.6
OECD평균	3.4	3.7

주: 최상위 10%의 납세 후 소득을 최하위 10%의 납세 후 소득으로 나눈 수치이다.
자료: 글린(2008), 257쪽.

위 10%의 사람들이 세금을 낸 뒤 가진 소득이 최하위 10%가 세금을 낸 뒤에 가진 소득의 몇 배인가를 보면(〈표 7.2〉 참조), 스웨덴은 2000년에는 3.0배인데 미국은 5.4배로 매우 높다는 것을 알 수 있습니다. 물론 스웨덴도 신자유주의 아래서 소득 불평등이 더욱 심해지긴 했지만 미국의 빈부 격차만큼 심각한 상태는 아닙니다.

표 7.3 _ 빈곤율(2000년)		(단위: %)
스웨덴	미국	영국
6.4	17.0	12.3

주: 빈곤율 = 가계소득이 중앙값의 50% 미만인 사람들의 수 / 전체인구.
가계소득의 중앙값(median)은 평균값과는 달리 가계소득을 기준으로 전체 가계를 한 줄로 세울 때 그 중앙에 있는 가계의 소득을 가리킨다.
자료: 글린(2008), 260쪽.

세 번째로 빈곤율을 보면(〈표 7.3〉 참조), 스웨덴은 6.4%밖에 되지

않는데 미국은 17%에 달합니다. 엄청난 차이가 나는데, 이는 두 나라 사이의 삶의 질을 나타내는 것입니다.

그래서 자본주의사회로서는 스웨덴이 가장 좋은 사회라고 보는 것이지요.

그런데 스웨덴이 어떻게 복지사회를 유지할 수 있었을까요? 스웨덴에도 잘사는 사람들은 혼자 잘살고 싶다고 생각하지 않겠어요? 하지만 선거에서 '모두가 평등하게 더불어 사는 복지사회'를 지향하는 사민당이 계속 승리하게 되니까 이런 생각을 가진 사람들도 어쩔 수 없는 거죠. 스웨덴의 복지사회는 주민들 모두가 인심 좋은 사람이기 때문에 성립한 것이 아니라 다수의 정치적 결단, 즉 투표를 통해 탄생했다는 것을 명심해야 합니다.

질문을 하시든지 자기의 의견을 한마디씩 얘기해 주세요. 너무 어려운 이야기는 하지 말고요. (웃음)

질문 연대의식이라는 것은 역사적 시련을 통해 만들어지는 것 같습니다. 유럽은 양차대전을 겪으면서 자본주의에 대한 비판의식과 연대의식이 성장할 수 있었지만, 한국사회는 역사적 시련을 더 겪어야 하지 않을까 싶은데요?

답변 내가 영국 이야기를 좀 해볼게요. 제2차 세계대전에서 영국은 독일의 폭격으로 큰 피해를 입었습니다. 특히 독일은 V2라는 미사일을 런던뿐 아니라 중부 공업지대에 수없이 쏟아부었지요. 그럴 때 영국 정부가 한 일은 모든 학생을 평등하게 교육하는 일이었습니다. 부자건 가난하건 가리지 않고 모든 학생을 서쪽 해안가로 데리고 가서 공부를 시켰지요. 부모들은 도시에서 불 끄느라 정신이 없었지만, 학생들은 모두가 같은 방에서 자면서 공동생활을 한 거죠. 영국은 귀족과 평민의 구별이 심하고 빈부격차가 크지만, 학생들끼리는 평등하게 되면서 연대감이 생긴 거예요. 그런데 우리도 한국전쟁 때 큰 고통을 당했잖아요. 피난길의 북새통에서 잘사는 사람 못사는 사람이 무슨 차이가 있었겠어요? 그런데 왜 연대감이 생기지 않았을까요? 그 이유는 상당 부분 반공 이데올로기에 책임이 있다고 생각합니다. 집권세력과 지배세력이 자꾸 반공 이데올로기를 내세워 국민들을 분열시켰잖아요. 지금도 연대를 형성하거나 강화하기 위해서는 양심적이고 진보적인 정치세력이 많이 나타나 '더불어 사는 사회'가 좋을 뿐 아니라 가능한 것이라고 자꾸 이야기해야 합니다. 그래야 국민들이 연대하려고 할 것 아니겠어요? 경제가 더욱 어려워져야

체제에 대한 반감이 커져서 혁명이 일어난다고 생각하는 것은 옳지 않다고 생각해요. 1930년대 세계적 대공황 시기에도 혁명이 아니라, 미국에서는 뉴딜(New Deal)이, 독일과 이탈리아와 일본에서는 파시즘이 등장했잖아요. 살기가 좀 넉넉할 때, 먹고사는 걱정을 하지 않을 때, 사회를 개선할 수 있는 여러 가지 아이디어를 생각할 수 있지 않을까요? (웃음) 마르크스도 그렇게 이야기했어요. 혁명을 하기 위해서 가장 필요한 것은 노동시간을 단축하는 것이라고요. 노동자들이 매일 열 시간 넘게 공장에서 일하면 집에 와서는 피곤해서 잘 수밖에 없잖아요? (웃음) 언제 혁명을 생각하겠어요. 노동시간을 단축해야 시간이 생겨서 "이 사회를 어떻게 망가뜨릴까? (웃음) 이 사회를 어떻게 개조할까?"를 자꾸 생각할 수 있다는 겁니다. 어쨌든 1930년대의 대공황에서나 1974~1975년의 대공황에서나 어려울 때는 혁명이 일어나지 않았습니다. 지금도 신자유주의 때문에 빈부격차, 양극화가 엄청나게 심화되고 빈곤율이 크게 올라가고 있는데도 노동조합이나 시민운동이나 아무런 힘도 못 쓰고 있잖아요?

질문 스웨덴이 '적극적 노동시장정책'을 실시했는데, 취업보장 정책이 없다면 방출되는 노동자가 사회문제를 일으킬 수 있을 텐데 어떻게 취업을 보장한 것인가요?

답변 적극적 노동시장정책은 연대임금정책 때문에 파산하는 기업에 종사하다가 실업자가 된 사람들을 다시 취업시키는 정책입니다. 스웨덴에서는 실업급여가 그 전에 받던 임금의 80% 수준이고 그것을 몇 년 동안 받을 수 있습니다. 그래서 실업자는 여유롭게 자기의 적성에 맞는 일자리를 찾는 거예요. 자기가 잘 모르는 새로운 업종의 일자리를 원한다면, 정부가 무상으로 교육도 시켜주고 이사 갈 때는 이사비와 정착비도 주는 것이죠.

임노동자기금은 왜 실패했나요?

답변 임노동자기금은 기본적으로 회사의 소유, 다시 말해 생산수단의 소유를 자본가 계급으로부터 노동조합이 관리하는 임노동자기금으로 전환시키는 문제잖아요? 그래서 자본가 계급이 크게 반발해서 계속 반대시위를 했습니다. 이러다가 사민당이 선거에서 패했기 때문에 임노동자기금이 실패한 것이지요. 앞의 강의에서 스웨덴의 계급을 자본가 계급과 노동자 계급으로 나누고 노동자 계급의 수가 자본가 계급의 수보다 크다고 이야기했지만, 이것은 경제적인 논리에 따라 구분한 것뿐이에요. 경제적 지위가 반드시 정치적 성향이나 사상적 성향을 결정하는 것은 아니지요. 노동자들이나 자본가들도 여러 가지 투표 성향을 가지고 있고 그 중간에 있는 자영업자, 농민, 지식인, 종교인 등의 투표성향도 다 다르잖아요. 그렇기 때문에 선거를 통해 복지사회를 유지하고 확대한 것만도 사실상 엄청난 연대의식이 있었기 때문에 가능한 일이라고 생각합니다. 사실 임노동자기금은 그것보다 더욱 큰 연대의식이 필요했는데, 사민당이 그런 지지를 얻지 못했기 때문에 실패한 것이죠. 성공회 대학의 신정완 교수가 임노동자기금으로 박사논문을 썼고, 그것이 출판되어 있으니까 참조하시기 바랍니다.

참고문헌

글린, 앤드류. 2008. 『고삐 풀린 자본주의: 1980년 이후』. 김수행 · 정상준 옮김. 필맥.

신정완. 2000. 『임노동자기금 논쟁과 스웨덴 사회민주주의』. 여강.

신정완. 2007. 「스웨덴 사회민주주의」. 김수행 · 신정완 엮음. 『자본주의 이후의 새로운 사회』. 서울대학교 출판부.

정세은 · 이상이. 2008. 「역동적 복지국가를 위한 재정 및 조세제도 개혁의 모색」. 시민+복지 기획위원회 엮음. 『한국사회와 좌파의 재정립』. 산책자.

O8

새로운 세상

　　이전 강의에서 자본주의를 타도하고 '새로운 세상'을 만들자는 이야기는 많이 나왔지만, 새로운 세상이 어떤 사회인지, 그리고 어떻게 새로운 세상으로 갈 수 있는지는 분명히 밝히지 않았지요. 오늘은 이 새로운 세상에 대해 더 구체적으로 이야기해보기로 합시다. 새로운 세상에 대해 가장 체계적으로 연구한 사람은 사회주의, 공산주의를 꿈꾸었던 마르크스와 엥겔스입니다. 그래서 이 강의에서는 이들의 연구를 자세히 정리하고, 이들의 논리에 어떤 문제점이 있는지를 지적한 뒤 마지막 강의를 마치도록 하겠습니다. 그 뒤에 여러분들이 좀 길게 자기의 의견을 밝히면서 토론을 해주시기 바랍니다. 특히 오늘 이재정 전 통일부 장관께서 와 계시니, 우리가 잘 모르는 북한에 관한 이야기를 해주실 것으로 기대합니다.

**새로운 사회의
밑거름** 어느 사회에서든 사람들은 불만이 많지요. (웃음) 그
리고 불만을 품고 가만히 있는 것이 아니라 자꾸 그
것에 대해 이야기하잖아요. "이 사회가 이래서 참으로 문제가 많다. 이 문제
를 이렇게 해결해서 이런 사회를 만들자"는 식으로 자꾸 이야기하지요. 그러
면서 새로운 사회의 내용을 이야기할 뿐만 아니라 새로운 사회를 위한 이론
을 만들고 직접 실행에 옮기기도 한단 말이에요. 결국 "이 긴 투쟁 과정 속에
서 새로운 사회의 윤곽이 드러나고 새로운 사회가 형성되어간다"고 조금 느
슨하게 생각할 필요가 있습니다. 왜냐하면 어느 사회든지 어떤 하나의 목표
를 향해 나아가고 있다고는 말할 수가 없기 때문입니다. 특정한 주민 집단이
어떤 내용과 형태의 새로운 사회를 건설하려고 하더라도 그 사회의 대다수가
신통치 않게 여기면 그런 사회로 갈 수가 없잖아요. 그렇기 때문에 새로운 사
회의 내용과 형태는 투쟁과정에서 항상 조금씩 변동하게 마련이지요. 여러분
들이 지금 가지고 있는 미래상이 과연 실현될 수 있는 것인지, 그 내용에서 더
개선할 점은 없는지 자꾸 생각하는 것이 새로운 사회를 위한 하나의 '실천'이
라고 할 수 있습니다. 그러니 새로운 사회를 생각할 때는 언제나 열린 마음을
가져보세요.

**마르크스와
엥겔스의 새로운
세상** 이제 마르크스와 엥겔스 이야기로 넘어가볼까요?
마르크스의 주된 저작은 『자본론』이죠. 제목 그대로
'자본'에 대한 이야기가 바로 자본론이에요. 새로운 사회에 대한 이야기가 아
니라 자본주의사회에 대한 이야기지요. 『자본론』에는 "새로운 사회, 사회주
의, 공산주의를 어떻게 건설하느냐"에 관한 이야기는 거의 없어요. 다만 마르

크스가 "세상의 모든 것은 변화한다"는 변증법적 세계관을 가지고 있기 때문에 우리가 새로운 사회를 상상할 수 있는 것이죠. 마르크스는 자본주의가 봉건사회로부터 탄생해서 자신을 확대재생산하다가 결국은 새로운 사회로 변화한다는 기본적인 역사인식 위에서 『자본론』을 쓴 것입니다. 이 세상에 변하지 않는 것은 하나도 없기 때문에, "자본주의는 영구불멸하다"고 보는 것은 전혀 과학적이지 않다고 생각한 거죠.

이러한 역사인식 때문에 마르크스는 '자본주의가 어떻게 유지되고 발전하는지'를 이야기하면서도 '자본주의가 무슨 이유로 새로운 사회로 넘어가며, 새로운 사회의 특징은 무엇인가'에 대해 관심을 가질 수밖에 없었습니다. 내가 번역한 『자본론』의 분량을 보니까 제1권이 1,150쪽, 제2권이 659쪽, 그리고 제3권이 1,143쪽, 합계 2,952쪽이더군요. 여기서 자본주의 이후의 새로운 사회를 언급한 분량을 계산해보니 13쪽밖에 안 되더라고요. 결국 『자본론』에서는 "자본주의가 어떻게 유지되고 발전하느냐"에 관한 연구가 전체의 99.6%를 차지하는 데 반해, "자본주의가 무슨 이유로 새로운 사회로 넘어가는지, 새로운 사회의 특징은 무엇인지"에 대한 언급은 0.4%에 불과한 거죠. 마르크스와 엥겔스는 이 '새로운 사회'를 공산주의 또는 사회주의라 불렀습니다.

이 얼마 되지 않는 곳에서 마르크스가 새로운 사회에 대해 이야기한 이유는 자본주의가 굉장히 독특한 사회라는 것을 부각시키기 위해서였습니다. 예를 들면, 자본주의에서는 자본가 계급이 생산수단을 모두 독점하고 있지만, 새로운 사회에서는 사회 전체가 생산수단을 독점한다고 말합니다. 이렇게 이야기하면 자본주의가 굉장히 독특하다는 것이 금방 드러나잖아요. 따라서 새로운 사회의 가장 핵심적인 특징은 자본주의의 가장 핵심적인 특징이 사라진 사회겠지요. 자본가 계급이 노동자 계급을 착취하는 것이 자본주의의 가장 핵심적인 특징이니까 이것이 없어져야 새로운 사회가 된다는 것입니다. 노동자들이 스스로 자본가 계급의 착취에서 해방되는 것, 즉 '노동해방'이 새로운 사회의 가장 핵심적인 특징이라고 마르크스는 말합니다. 여기서 '노동해방'은 노동자가 노동을 하지 않고도 먹고산다는 것이 아니라, 노동자 계급이 자본가 계급의 억압과 착취를 받지 않고 사회의 주인공으로 살아가면서 자발성, 창의성, 헌신성을 발휘하게 된다는 뜻입니다.

그런데 노동자 계급이 해방되면 노동자 계급을 착취해 이윤을 얻던 자본가 계급은 사라지게 됩니다. 착취할 대상이 사라졌기 때문에 이는 당연한 귀결이지요. 이전에 자본가 계급은 노동자 계급을 어떻게 착취할까 고민하면서 골머리를 앓았는데, 이제는 착취할 대상이 사라졌기 때문에 자본가 계급도 해방된다고 할 수 있습니다. 좋은 사람이 된단 말이지요. (웃음) 그렇잖아요? 나쁜 짓을 할 대상이 없어졌기 때문에 좋은 일에 정신을 쏟게 되는 것이죠. 그래서 마르크스는 노동자 계급이 해방되면 자본가 계급도 해방되며, 따라서 노동해방이 곧 인간해방의 길이라고 이야기한 것입니다. 즉, 새로운 사회에서는 인간에 의한 인간의 착취가 사라지고 나아가 모든 계급이 사라진다는 것이죠.

또 마르크스는 모든 계급이 사라지면 국가도 사라진다고 이야기합니다. 그에 따르면 국가는 착취자가 피착취자를 통제하고 억압하는 기구예요. 국가가 무엇을 하는지 우리도 경험하고 있잖아요? 촛불시위를 통해 국민들이 자기주장을 외칠 때, 국가인 이명박 정부가 하는 짓은 그런 국민의 목소리에 귀기울이는 것이 아니라 물대포로 촛불을 꺼버리고 몽둥이로 시위자들을 몰아세우는 것이죠. 그래서 국가를 자본가 계급을 위한 억압기구라고 부르는 것입니다. 그런데 계급이 소멸되면 어떤 특정한 계급을 옹호하고 그 계급의 이익을 증진시키는 것을 도와주는 그런 기구가 필요 없어지겠죠. 국가가 사라지는 것입니다. 그러면 직접적인 생산자들이 착취당하지 않고 새로운 사회의 주인공이 되면서, 자유로운 생산자들이 연합해 새로운 사회를 운영하게 되는 것입니다.

여기서 '자유로운 생산자들의 연합(association of free producers)'이 사회를 지휘하고 계획한다면, 이것이 사실상 국가와 같은 것이 아닌가 하는 의문이 생길 수 있습니다. 그런데 마르크스는 국가를 기본적으로 착취자나 억압자를 도와주는 기구라고 보았기 때문에 '자본가 계급의 운영위원회'라 불렀고, 의회를 '자본가들의 영구적인 동업조합'이라고 불렀습니다. 노동자 계급이나 자본가 계급이 모두 자유로운 주민이 된 상황에서는 어느 특정한 계급을 옹호하거나 억압할 필요가 없기 때문에, '자유로운 생산자들의 연합'에 국가라는 이름을 붙일 이유가 없다는 것이죠. 이 연합이 하는 일은 오케스트라에서 지휘자가 하는 일과 같습니다. 즉, 전국적인 분업과 협업에 의해 이루어지는 공동노동을 계획하고 지휘해서 조화롭고 균형적인 경제발전을 달성하는 것이 바로 생산자 연합의 역할이 되는 것입니다.

사회주의와
공산주의

이제부터 이야기할 문제는 자본주의에서 새로운 사회로 단번에 갈 수가 없고, 긴 이행기 또는 과도기가 필요하다는 것입니다. 봉건사회에서 자본주의로 넘어올 때도 역사적으로 300~400년의 이행기가 있었잖아요. 그러니까 자본주의에서 새로운 사회로 전환되는 데도 상당히 긴 시간의 이행기가 필요하다고 보아야 합니다. 레닌은 자본주의에서 '공산주의'라는 새로운 사회로 가는 이행기를 '사회주의'라 불러서 마르크스와 엥겔스가 혼용한 공산주의와 사회주의를 구분했는데, 이런 구분은 유용하다고 생각해요. 이렇게 보면 1917년 혁명으로 차르의 러시아를 타도한 뒤 70여 년 동안 생존하다가 붕괴한 소련 사회는 자본주의에서 공산주의로 가던 이행기의 사회주의였다고 말할 수 있습니다. 러시아의 자본주의가 사회주의를 거쳐 '자기 발로 서는' 공산주의로 성장, 전환하지 못하고 다시 자본주의로 퇴행한 것이지요. "자기 발로 선다"는 것은 공산주의가 스스로 자기 자신을 재생산하고 확대하면서 나아간다는 것입니다. 그리고 공산주의도 다른 새로운 형태의 사회로 변화하게 되겠죠.

자본주의에서 새로운 사회인 공산주의로 가는 이행기인 사회주의의 과제가 무엇이고 이것을 어떻게 완수하느냐가 우리가 가장 힘을 쏟아 연구해야 할 주제입니다. 레닌이 사회주의 혁명을 통해 러시아 사회를 공산주의로 전환시키려고 엄청난 노력을 했지만, 스탈린과 그 뒤의 지도층이 공산주의에서 필요한 제도와 주체적 역량을 형성하는 데 실패함으로써 자본주의로 다시 퇴행했다고 할 수 있기 때문에 이는 더욱 중요한 문제입니다. 공산주의의 특징이 노동자 계급이 자본가 계급의 착취로부터 해방되어 사회의 주인공이 되는 것이라면, 사회주의의 과제는 정치·경제·문화 등 모든 영역에서 노동자 계급이 자본가 계급의 지배 또는 헤게모니를 타도하고 공산주의로 나아갈 수 있는 제도와 역량을 마련하는 것입니다. 따라서 사회주의의 기본 전제는 노동자 계급이 국가의 공권력을 장악하는 것입니다. 국가는 경찰, 검찰, 군대, 국가정보원 등 폭력적인 수단을 가지고 있을 뿐 아니라 신문, 방송, 텔레비전, 인터넷, 학교, 교회 등 이데올로기적인 수단도 가지고 있지요. 노동자 계급이 대다수 주민들과 연대를 형성해서 선거나 혁명을 통해 국가 권력을 장악하고, 국가가 가진 폭력적 수단이나 이데올로기적인 수단을 사용해서 자본주의 사회의 특징을 제거하고 변혁하는 것이 사회주의의 과제가 될 것입니다. 이 이행기에는 사실상 노동자 계급과 자본가 계급 사이에 치열한 계급투쟁이 벌어질 수밖에 없다는 것을 명심해야 합니다. 따라서 이 시기에는 국가의 공권력이 상당히 강력하게 행사될 것입니다. 그러나 공산주의로 가려면 국가가 없어져야 하기 때문에 국가관료체제나 전문경영인의 역할을 점점 더 축소해야겠지요.

사회주의에서는 자본가 계급이 독점하고 있는 생산수단을 모든 사회 구성원들의 공동 소유로 전환시키고, 여러 가지 언론 매체와 학교, 교회가 일방적으로 자본가 계급을 옹호하고 자본주의의 장점을 선전하는 것도 중단시켜야 하며, 주민들이 사회의 각종 문제를 해결하는 데 직접적으로 참여하는 민주주의를 실현해야 합니다. 또 공장과 기업에서는 노동자들이 직접적으로 기업의 운영에 참여해 기업을 자주관리해야 할 것입니다. 물론 분업과 협업으로 복잡하게 얽힌 경제 전체를 계획하고 지휘하기 위해서는 각 기업별 자주관리위원회와 이들로 구성된 각 산업별 자주관리위원회, 그리고 각 산업별 자주관리위원회로 구성된 경제 전체의 계획위원회가 있어야 하는데, 이런 조직이 '자유로운 생산자들의 연합'의 구체적인 존재형태라고 할 수 있습니다.

또 새로운 사회에서 생산의 목적은 사회구성원들의 필요와 욕망을 충족시키는 것이 되어야 합니다. 즉, 사회의 인적·물적 자원을 계획적으로 이용해 구성원들의 필요와 욕망을 충족시켜주는 체제를 확립해야 한다는 것입니다. 이를 통해 공산주의에서는 자본주의보다 인적·물적 자원이 낭비되지 않는다는 것을 보여줘야 해요. 또한 온갖 사기꾼들이 사라지고, 퇴폐적인 사업이나 상업, 금융업에 종사하는 사람들이 사라지기 때문에 노동생산성이 자본주의보다는 더욱 상승하게 될 것입니다. 그리고 사회가 온갖 발견과 발명을 촉진하고 이것을 광범위하게 이용해야 해요. 자본주의에서는 독점적인 기업가들이 자신의 기존 설비를 폐기하면 큰 손실을 입기 때문에 새로운 발견과 발명을 매수해 사장해버리는 경우가 많습니다. 그러나 사회주의에서는 발견과 발명을 계획적으로 창출해서 도입함으로써 낭비를 없애야 합니다. 그리고 노동할 수 있는 모든 주민을 생산에 참여시킴으로써 노동시간을 단축해야 해요. 노동시간이 단축되면 주민들이 자기가 하고 싶은 것을 하게 되니까 삶이 즐거워지며, 새로운 발명과 발견이 증가하고, 전면적으로 발달한 개인이 형성되어 정신노동과 육체노동 사이의 분업이 없어질 것입니다. 또 모든 노동자들이 경영, 회계, 계획, 수리, 생산 등을 번갈아 가면서 할 수 있을 것입니다.

그렇다면 사회주의에서나 공산주의에서 사회의 총생산물은 어떻게 분배될까요? 사회가 인적·물적 자원을 사용해 생산한 총생산물을 생산재와 소비재로 나누어서 생각해봅시다. 생산재는 기계, 원료와 같은 것을 말하는데, 이는 마멸된 기계나 원료를 보충하거나 생산 설비를 확대하기 위해 사용될 것입니다. 또 도로, 철도, 학교, 병원, 종합운동장, 공원, 연구소 등을 유지하고 확대하는 데도 사용되겠지요. 소비재는 노약자나 아이들, 노동에 참여할 수 없는 사람들에게 일단 나누어줘야 합니다. 또 직접적인 생산에 종사하지 않고 계획, 회계, 정부정책 등 일반적인 관리 업무를 하는 사람들에게도 소비재를 나누어줘야겠지요. 그리고 남은 소비재가 직접적으로 생산활동에 참가한 사람들에게 '노동시간'에 따라 분배되는 겁니다. 물론 노동자들이 자유롭고 평등해지고, 자기들이 직접적으로 모든 결정을 하게 되니까 창의성, 자발성, 헌신성이 증대하면서 생산량이 증가하면, "각자는 능력에 따라 일하고, 필요에 따라 분배받는" 현상이 나타날 수 있겠지요. 예컨대 보통 사람은 하루에 6시간 일하는데, 몸이 좋지 않은 사람은 4시간밖에 일을 못하더라도 두 사람의 필요 또는 일용할 양식은 거의 같을 수가 있어요. 그래서 각자는 능력에 따라 일하고, 필요에 따라 분배를 받게 되는 거죠. 그런데 이 원리 자체는 이전에는 없었던 전혀 새로운 것이 아닙니다. 내가 런던에 10년을 살았지만, 아픈 적이 없어서 공짜 병원을 한 번도 간 적이 없다고요. 이것이 "필요에 따라 분배받는" 사회인 거죠. 이러한 원리가 노동의욕을 저하시킨다고 말하는 것은, "일하지 않고 많이 가져가려고 하는" 특수한 사람을 가정하기 때문이에요. 이런 사람은 사회의 분위기나 법에 의해 규제될 수 있겠죠.

이행기 사회주의의 중요한 역사적 과제는 생산수단의 공동소유, 직접민주주의의 확대, 참여계획경제 등인데, 이런 제도는 모두 공산주의의 요소입니다. 따라서 사회주의에서 이런 요소들이 정치·경제·문화 등 모든 영역에서 자본주의보다 훨씬 더 우수한 결과를 만들어낸다는 것을 증명해야 합니다. 그래야 사회구성원들이 모두 공산주의가 자본주의보다 훨씬 더 낫다고 생각해서 공산주의로 나아가자고 요구할 수 있겠죠. 이 이행기에 모든 사람들이 공산주의가 자본주의보다 훨씬 더 낫다는 것을 피부로 느껴야 공산주의로 넘어갈 수 있습니다. 그래야지 투표를 해도 이길 것 아니겠어요? 이것이 이행기의 가장 중요한 과제입니다.

그런데 사회과학도들은 공산주의만 알고 이행기 개념을 고려하지 않는 경우가 너무나 많아요. 소련과 동유럽의 사회주의는 공산주의의 요소인 생산수단의 공동소유, 직접적 민주주의의 확대, 참여계획경제가 자본주의보다 더욱 우수하다는 것을 보여주지 못했기 때문에 자본주의로 다시 후퇴했다고 할 수 있어요. 실제로 소련이나 동유럽에서는 노동자들이 공산당, 정부 관료, 공장 경영자의 지배를 받아 주인 행세를 할 수 없었지요. 노동조합을 만들지도 못했고, 선거를 해서 공산당 간부, 정부 관료, 공장 경영자를 선출한 적도 없어요. 사회주의에서 관료, 경영자, 공산당 간부가 사실상 자본주의의 자본가 노릇을 한 것이죠. 이런 사회에서 노동자들이 어떻게 창의성, 자발성, 헌신성을 발휘하겠어요? 그러니까 정부가 독재를 강화해서 노동자들을 자꾸 밀어붙이게 되는 거죠. 혁명이나 선거를 통해 자본주의를 변혁하려는 세력이 이기는 것이 전부가 아니라, 국가의 공권력을 기반으로 온갖 변혁을 완수함으로써 공산주의가 자본주의보다 훨씬 더 낫다는 것을 보여주는 것이 중요하단 말이에요. 그래야지 사회주의에서 공산주의로 진전할 수 있다는 것을 항상 명심해야 합니다. 10분쯤 쉬고 다시 시작합시다.

　자본주의에서 공산주의로 나아가는 이행기인 사회주의에 관해 길게 이 야기했는데, 마르크스가 봉건사회에서 자본주의로 가는 이행기인 '시초축적'을 어떻게 설명했는가를 살펴보면 사회주의의 '이행기적 특성'을 파악하는 데 큰 도움이 될 것입니다. 봉건사회에서는 농노가 일정한 토지를 점유해 스스로 의식주를 해결하면서 영주에게 부역을 제공하거나 영주의 토지를 경작해서 나온 생산물이나 화폐를 지대로 바쳤지요. 이러다가 영주가 상품교환과 화폐경제의 발달로 몰락하면서 자급자족적인 봉건사회가 해체되기 시작합니다. 이 해체과정에서 농노의 토지나 공유지를 사유화한 부농이 탄생하고, 농노는 토지를 빼앗겼기 때문에 자기의 노동력을 팔아서 살아갈 수밖에 없는 프롤레타리아가 된 것이죠. 이 프롤레타리아의 일부는 부농의 농업노동자가 되고 나머지는 도시로 쫓겨납니다. 도시에서는 상인과 고리대금업자가 식민지 무역이나 원거리 무역, 국채의 매입이나 대부를 통해 재산을 축적한 상태였죠. 그들 중 일부가 프롤레타리아를 고용함으로써 산업자본가로 성장하게 된 것입니다. 여기서 자본주의의 기본적인 양대 계급인 자본가 계급과 노동자 계급이 형성됩니다. 이행기의 가장 중요한 과제가 일단 달성된 것이지요.

　그러나 마르크스는 '진정한 자본주의' 또는 '자기 발로 서는 자본주의'가 성립하기 위해서는, 기계를 사용하는 공장제 대공업이 출현해야 한다고 말합니다. 공장제 대공업이 출현하기 이전에 있었던 매뉴팩처(manufacture)를 '자본주의의 시발점'으로 보면서도 아직은 '진정한 자본주의'는 아니라고 주장한 것이죠. 매뉴팩처는 '공장제 수공업'인데, 기술 수준은 봉건사회의 수공업이지만 자본가가 다수의 수공업자를 하나의 공장에서 임금노동자로 고용하고 있다는 점에서는 자본주의적이라는 것이죠. 마르크스의 유물사관에 따르면, 생산력과 생산관계의 모순을 통해 역사가 발전하잖아요. 생산력은 몸이고 생산관계는 옷에 비유할 수 있는데, 생산력(몸)이 발전하면 생산관계(옷)가 변화함으로써 역사가 바뀐다고 보는 것이죠. 그런데 옛날 사회와 새로운 사회를 구별하는 핵심적인 요소는 생산력 또는 기술 수준의 차이가 아니라 생산관계의 차이예요. 몸의 크기가 문제가 아니라 어떤 옷을 입고 있는가가 핵심이라는 것이지요. 봉건사회에서는 수공업자가 자기 스스로 생산을 담당했는데, 자본주의에서는 수공업자가 자본가에게 고용되어 임금노동자로서 임금을 받고 자본가를 위해 생산하게 된다는 거예요. 매뉴팩처는 자본가와 임금노동자라는 자본주의적 생산관계를 내포하기 때문에 '자본주의'의 시발점이 되는 것입니다.

그런데 왜 매뉴팩처는 '진정한 자본주의' 또는 '자기 발로 서는 자본주의'가 아닐까요? 수공업에서는 노동자의 손, 솜씨, 숙련이 가장 중요하기 때문에 자본가는 '숙련노동자'의 임금 인상 요구를 대체로 받아들이지 않으면 안 됩니다. 수공업에서는 자본가가 임금노동자를 '형식적으로는' 지배하고 있지만 '실질적으로는' 지배하지 못하기 때문에, 매뉴팩처는 '자기 발로 서는 자본주의'가 아닌 거죠. 하지만 이제 기계가 나타나면 어떻게 될까요? 기계는 스스로 움직여서 생산하기 때문에 숙련노동자가 필요 없고 기계를 감시하는 미숙련노동자만 있으면 되잖아요? 기계는 숙련노동자가 오랫동안 쌓아온 숙련을 무용지물로 만들기 때문에 자본가는 숙련노동자를 해고할 수도 있고, 자기가 원하는 대로 낮은 임금을 줄 수도 있다고요. 이제 자본가가 노동자를 '실질적으로' 지배할 수 있게 되는 것이죠. 옛날에 신문사나 인쇄소에서 원고에 따라 활자를 골라 뽑는 채자공 또는 문선공은 유식할 뿐 아니라 엄청난 세력을 행사하는 숙련노동자였죠. 그러나 컴퓨터가 채자를 하게 되니까 채자공은 해고되어 버렸다고요. 그래서 마르크스가 자본주의의 시작은 임노동자를 고용하는 매뉴팩처이지만 자본주의가 자기 발로 서는 것은 기계를 사용하는 공장제 대공업이 출현한 이후라고 말하는 것입니다.

이런 논리를 빌리면, 자본가로부터 생산수단을 빼앗는 것이 공산주의의 시발점이고, 사회주의에서 공산주의가 자본주의보다 정치·경제·문화적으로 모든 면에서 훨씬 더 우수하다는 것을 증명해야만 공산주의가 자기 발로 서게 된다고 할 수 있습니다.

역사의 우연성과 경향성

지금까지 마르크스와 엥겔스가 연구한 것을 여러분에게 설명했습니다. '자본주의 → 사회주의 → 공산주의'라는 도식을 마르크스와 엥겔스가 역사의 경향성으로 제시한 것은 사실이에요. 그러나 내가 보기에 이 도식은 꼭 그렇다는 이야기가 아니라 하나의 가능성일 뿐이에요. 왜냐하면 인류의 역사는 어떤 목표를 향해 나아가는 것이 아니라 계급투쟁 속에서 온갖 우연적인 사건이 터지면서 좌충우돌할 수밖에 없기 때문입니다. 그러나 어느 역사적 순간에라도 더욱 나은 사회를 위한 청사진이 제시될 수 있고, 그 청사진을 둘러싸고 투쟁이 벌어지면서 사회는 새로운 방향으로 나아갈 것입니다. 여러 가지 의견이 나와야 하고, 어느 것이 옳고 그른지를 토론도 해야 하는 거죠. 그래야 사회의 포용성이 더욱 증진되고 점점 더 많은 사람들이 해방될 수 있을 거예요.

사실 한국에서는 1960년대부터 1980년대까지 학생운동이 굉장히 활발했지요. 대학생 신분을 속이고 공장에 '위장취업'하는 학생들도 많았고요. 그 당시는 지독한 군사독재의 시대였기 때문에 운동권이 살아남는 데 몰두하느라 학생들끼리 진지한 토론을 하지 못했어요. 토론을 하면 금방 그 토론의 내용이 새어나가기 때문이었죠. 체포되고, 구속되고, 간첩단 사건이나 독서회

사건 등으로 엮어서 감옥에 갔단 말이죠. 그러니까 토론은커녕 조장이라는 친구가 하는 말을 머릿속에 집어넣기 바빴죠. 모두 머리를 안 쓰고 그냥 받아들여버리는 거죠. 바깥에는 군사독재가 있고 운동권 내부에도 독재가 있는 안타까운 상황이 벌어졌던 겁니다.

한국에 마르크스주의가 수입되는 경로는 일본에서 번역된 소

> 마르크스와 엥겔스가 제시한 자본주의 → 사회주의 → 공산주의로 나아가는 역사의 경향성은 하나의 가능성일 뿐이다. 왜냐하면 인류의 역사는 어떤 목표를 향해 나아가는 것이 아니라 온갖 우연적인 사건들 속에서 좌충우돌할 수밖에 없기 때문이다. 그러나 어느 순간에라도 더욱 나은 사회를 위한 청사진이 제출될 수 있으며, 그 청사진을 둘러싼 투쟁 속에서 사회가 점점 더 포용적인 사회로, 점점 더 많은 사람이 해방되는 사회로 발전해 나갈 것이다.

련 공산당의 교과서를 통해서였어요. 주로 스탈린주의자가 쓴 소련 교과서가 일본에서 일본어로 번역되고, 이 일어판을 우리말로 번역해서 마르크스주의의 진수라고 배웠지요. 소련의 마르크스주의는 모두 엉터리예요. 그런 엉터리를 읽고 배우다가, 소련이 망하니까 "아이고! 마르크스주의가 다 망하고, 공산주의나 사회주의는 아무런 쓸모가 없게 되었구나" 하면서 마르크스주의를 비판한 것이지요. 이런 상황에서 1987년 6월 민주화 투쟁의 승리는 학문의 자유를 확대하면서 토론을 자유롭게 했다는 점에서 엄청나게 큰 사건이었어요. 물론 내가 그 덕택에 서울대학교에 들어갈 수 있었죠. (웃음) 언제나 자기 의견을 발표하고 토론을 해야, 머리가 개발되고 새로운 것을 알 수가 있고 동지애가 생기는 겁니다. 그리고 이런 상황이라야 새로운 사회에 대한 좀 더 창의적인 이론과 실천이 탄생할 수 있는 것입니다.

새로운 사회:
스웨덴의
사회민주주의

한국이 지금보다 좀 더 나은 사회로 가기 위해서 해
야 할 일은 너무 먼 장래를 꿈꾸기보다는 자본주의
의 더 나은 형태를 먼저 도입하려고 노력하는 것입니다. 한국은 세계 10위의
경제대국이라고 하면서도 너무나 높은 소득불평등, 빈곤율, 자살률, 비정규
직 비율, 실업률, 사교육비와 같은 문제를 모두 개인의 탓으로 돌리고 있어요.
1인당 국민소득이 2만 달러이면 4인 가족의 연간소득이 세금을 다 빼고도
8,000만 원이 될 수 있다는 계산이 나오잖아요. 평등주의적·연대주의적 사
회보장정책으로 충분히 '더불어 사는 사회'를 건설할 수 있는 여건이 마련되
어 있는 거죠. 그리고 이런 사회보장정책은 주민들의 구매력을 증가시켜 국
내시장을 확대할 수 있기 때문에, 성장과 분배를 양자택일의 문제가 아니라
동시에 달성될 수 있는 문제로 만듭니다. 부익부 빈익빈이 경제성장률을 높
인다는 '무당 경제학(voodoo economics)'의 사슬에서 벗어나기 위해서는 미국
의 깡패자본주의를 모델로 삼을 것이 아니라 스웨덴의 사회민주주의에 조금
이라도 주의를 기울일 필요가 있어요. 일곱 번째 강의에서 각종 경제지표와
사회지표로 증명한 바와 같이, 지금의 선진국 중에서 스웨덴이 미국보다는
훨씬 높은 수준의 삶을 국민들에게 보장하고 있잖아요. 이런데도 이명박 정
부는 왜 하필 미국의 깡패자본주의를 본받으려고 하는지 전혀 이해가 되지
않아요.

우리가 스웨덴 모델에서 배워야 할 것은 생산수단에 대한 사적 소유와
시장 메커니즘에 의한 자원 배분이라는 자본주의 경제의 기본골격을 유지하
면서도, 정부의 사민주의적 정책을 통해 원활한 경제성장과 평등주의적 재분
배를 동시에 달성할 수 있다는 것입니다. 또 이런 가운데서 높은 수준의 참여
민주주의(정치적·사회적·경제적 민주주의)를 실현할 수 있으며, 평화와 연대

232   새로운 사회를 위한 경제이야기

의 문화를 확산시킬 수 있다는 거죠. 스웨덴과 같은 '더불어 사는 사회'를 만들기 위해서는 무엇보다도 먼저 유권자들이 올바른 선택을 해야 합니다. 미국의 깡패자본주의를 찬양하고 양극화를 옹호하는 낡아빠진 정치세력에게 투표해서는 안 된다는 거죠. 지금과 같은 국민분열적인 양극화 정책을 계속 추진하는 이명박 정부가 한국 정치사에서 최후의 친미 보수정권이 될 수밖에 없도록 국민들이 단결해야 해요. 촛불집회의 한국사적 의미가 바로 여기에 있다고 나는 확신합니다. (박수)

스웨덴처럼 자본주의 체제를 유지하면서도 상당한 수준의 평등주의, 참여민주주의, 더불어 사는 사회를 이룩할 수 있다면, 박정희 체제 때부터 계속되어온 한국의 깡패자본주의를 조금씩 해체하는 전략을 채택하는 길이 더욱 유효하지 않을까요? 자본주의를 확 뛰어넘는 "생산수단을 사회화하자"는 슬로건을 내걸지 말고, 자본주의 안에서 '더불어 사는 사회'를 이룩할 수 있는 각종 대안을 제시하면서 기득권층으로부터 하나씩 양보를 얻어내는 것이 국민들의 시야를 조금씩 넓히면서 새로운 사회에 대한 사회적 합의를 도출하는 길이 될 것입니다. 한국 사회가 어떤 고정된 '궁극적 목표'를 향해 매진해야 한다고 주장하는 개인이나 집단은 결코 강력한 사회세력이 될 수 없어요. 그때그때의 투쟁과정에서 사회적 지지를 가장 많이 받는 '당면 목표'를 달성하려고 노력해야, 강력한 사회세력으로 등장할 수 있는 것입니다. 투쟁을 통해 일정한 성과를 얻고, 이 성과를 통해 차근차근 사회를 개선하면서 사회구성원의 능력도 향상시키는 것이 박정희 대통령을 가장 훌륭한 대통령으로 꼽는 국민들의 정서를 바로잡을 수 있는 길이고, 좀 더 높은 당면목표를 제기할 수 있는 길이지요. 현실적인 투쟁에서는 너무 멀리 떨어져 있는 목표를 바라보고 투쟁하면 투쟁의 동력이 생기지 않아요. 그러나 조금만 투쟁하면 얻을 수 있는 그런 것을 목표로 삼아 투쟁한다면, 참여하는 세력도 늘어나고 그들 사이의 협동, 단결, 연대가 생겨 당면 목표를 어렵지 않게 달성할 수 있을 것입니다. 또 이런 훈련과정을 거쳐야 앞으로 점점 더 큰 목표를 제기해 쟁취할 수 있는 역량도 함양되는 것이지요. 그래서 나는 스웨덴의 사민주의를 본받는 것이 한국의 깡패자본주의를 개혁하는 길이라고 생각합니다. 정치적 · 경제적 · 이데올로기적 투쟁을 통해 소득불평등과 재산불평등을 개선하고, 보편적인 사회보장제도를 확대함으로써 더불어 사는 사회를 만드는 것이 장래의 노동해방과 인간해방을 위한 전제조건이 될 수 있을 것입니다.

> 한국이 지금과 같은 사회에서 좀 더 나은 사회로 가는 길 중 하나는 스웨덴식의 사회민주주의를 소화, 흡수하는 것이다. 한국도 스웨덴처럼 작은 나라이고, 전통적으로 평등주의와 연대주의가 널리 퍼져 있기 때문에 이는 현실성 있는 대안이라 할 수 있다. 소득불평등과 재산불평등을 개선하고, 사회보장제도를 확대함으로써 '더불어 사는 사회'를 만드는 정치적 · 문화적 투쟁이 노동해방과 인간해방을 위한 전제조건이 될 수 있을 것이다.

물론 스웨덴이 자본주의인 것은 분명합니다. 하지만 생산수단을 자본가 계급으로부터 빼앗고 계획경제를 실시한다고 새로운 사회가 저절로 나타나는 것은 아닙니다. 새로운 사회의 가장 핵심적인 특징은 자본주의에 존재하는 지배와 억압을 제거하는 것 아니겠어요? 자본주의에서는 자본가들이 이윤을 얻기 위해 생산을 수행하기 때문에 노동자 계급을 지배하고 억압함으로써 잉여가치를 착취해야 하잖아요. 그래서 노동자 계급은 지배와 억압으로부터 해방될 수 없는 것이죠. 그러나 자본주의에서 새로운 사회로 가는 '이행기'에는 새로운 사회에 필요한 제도들, 주체들의 의식형태와 행동양식 등을 확립해야 합니다. 이 이행기에는 지배계급과 피지배계급 사이에 거대한 계급투쟁이 일어날 것이고 기나긴 시간이 걸리겠지요. 이 이행기의 기본 과제는 탄생할 새로운 사회가 지금의 자본주의보다는 훨씬 더 살기 좋은 사회가 될 것이라는 점을 실증함으로써 국민들의 자발성, 창의성, 헌신성을 충분히 동원하는 데 있습니다.

소련의 예를 볼까요? 소련에서는 생산수단을 국가가 소유하거나 협동조합이 소유하기 때문에 자본가 계급은 사라졌지요. 그러나 직접적인 생산자인 노동자는 자본주의에서 노동하던 것과 별반 다르지 않다고 느꼈어요. 왜냐하면 공산당, 정부 관리, 공장의 경영자가 독재적인 권력을 행사했기 때문이죠. 계획당국이 당면 목표나 그것의 달성 방법을 지시하고 노동자는 자본주의에서와 마찬가지로 수동적으로 일만 하게 되어 있었던 거죠. 노동자가 지배와 억압으로부터 해방되지 못한 거예요. 이러니까 노동자들이 신이 나서 일을 할 수가 없는 것이죠. 노동자들의 자발성, 창의성, 헌신성이 발휘되지 못하니까 소련이 자본주의를 추월할 수 없게 된 것입니다. 1917년의 사회주의 혁명 뒤 70년 동안 새로운 사회가 자본주의보다 훨씬 낫다는 것을 대중들에게 보여주지 못한 것이지요. 이 때문에 소련은 다시 자본주의로 후퇴해버린 것입니다. 한국의 깡패자본주의가 스웨덴식 사회민주주의로 방향전환하지 않을 경우 이런 소련 사회와 같은 '타락한 새로운 사회'로 빠져버릴까 우려되네요.

이제 강의는 끝내고, 질문을 받기 전에 이재정 전 통일부 장관님의 북한 이야기를 들어보면 어떨까요? (박수)

반갑습니다. 저는 지난 2월 말을 끝으로 장관직에서 물러나 이번 학기부터 다시 강의를 시작했습니다. 준비를 안 하고 나와서 그런지 긴장되네요. 저는 2007년 5월, 열차시험운행을 할 때 통일이 되면 이렇게 다니겠구나 하고 감동적인 경험을 했습니다. 동쪽에서는 북의 열차가 남으로 내려오고 서쪽에서는 남의 열차가 북으로 올라가는 행사였는데, 마치 한반도의 혈관이 다시 연결되어 피가 흐르고 생명력을 되찾는 그런 느낌이었습니다. 그 열차를 타고 가면서 저는 가슴으로 눈물을 흘렸습니다.

북을 이해하기 위해서는 무엇보다 먼저 그들이 살아온 배경을 알아볼 필요가 있습니다. 간단히 말씀드리자면, 첫째로 북은 1970년대 중반까지만 하더라도 상당히 평탄한 농업기반을 가지고 있었고, 비교적 좋은 생산기반을 가지고 있었는데, 1970년대 중반부터 무너지기 시작했습니다. 북이 주장해왔던 이른바 주체농법과 협동농장 시스템의 생산성이 현저히 떨어지기 시작하면서 북한의 경제체제가 어려움에 부딪히기 시작한 것입니다.

둘째로 1990년대 초에 소련이나 중국, 동유럽의 사회주의권이 무너지고 1990년대 중반부터 자연재난이 계속되면서 북으로서는 도저히 헤어날 수 없는 엄청난 어려움을 겪게 됩니다. 사회주의권이 무너지고 세계경제가 완전히 미국의 패권에 의해 지배되면서 북은 완전히 고립된 상태에 빠졌고, 1990년 초부터 1990년 말까지 큰 어려움을 겪게 된 것이죠. 실례로 북의 대외무역량이 1990년에는 약 42억 달러에 달했으나 1990년 중반에는 14억 달러까지 떨어졌고, 2006년에는 30억 달러까지 어느 정도 회복되었으나 2007년에는 다시 29억 달러 정도로 후퇴한 것을 들 수 있습니다. 사실 북으로서는 중국과의 경제협력만으로는 한계가 있었고 남북관계를 통한 경제협력이 절실히 필요한 상황이었죠.

결국 위의 두 가지 요인 때문에 북한 사회는 경제적으로나 국제경제관계에서나 극심한 어려움에 빠지게 되었고, 여기에 미국의 군사적 선제공격 정책의 위협 속에서 안보의 불안과 다양한 경제제재마저 겪어야 했죠. 북을 결국 핵실험으로까지 몰아간 배경에는 바로 이러한 어려운 상황이 있었다는 것을 염두에 두셔야 합니다. 북에게 북미관계의 정상화나 북일관계의 정상화는 국제사회에서 대등한 외교적 관계를 가진다는 의미도 있지만, 북의 안전과 사회를 유지하는 데 절대적으로 필요한 일이기도 합니다. 이런 점에서 6자회담이 이끌어 낸 9 · 19 다자간 합의는 아주 중요한 의미가 있었지요. 그런데 미국은 9 · 19 합의를 발표하던 바로 그날 BDA(방코 델타 아시아: 마카오에 있는 북한정부가 거래하는 현지 은행)를 통한 북의 불법외화문제를 내걸어 철저한 경제통제에 들어갔고, 이에 따라 9 · 19 합의의 이행도 훨씬 늦어지고 말았습니다. 그리고 지금도 이러한 갈등은 계속되고 있지요.

북을 이해하는 데 도움을 줄 수 있는 몇 가지 실례를 말씀드리겠습니다. 우선 북한이라는 사회는 '명분 사회'라는 것을 항상 염두에 두는 것이 중요합니다. 명분이 없으면 누구도 움직일 수 없고, 국가도 움직이지 못합니다. 앞서 말씀드린 핵실험까지의 과정도 북으로서는 충분한 이유가 있다고 주장하지요. 남북관계에서도 대화를 해보면, 철저히 명분 싸움이라는 것을 알 수 있습니다. 예를 들어 쌀을 줄 때 그것을 받을 명분이 없으면 못 받는 것입니다. 북이 어려우니까 지원하는 것을 그대로 받는다? 천만의 말씀입니다. 자기들이 받을 만한 명분이 뚜렷할 때 받는 것이죠. 이명박 정부에서 옥수수 5만 톤을 주겠다고 했는데, 완전히 우리만 우습게 되지 않았습니까? 사실 이것은 지난 정부 당시 북의 수해가 극심하여 지원하기로 여야합의 아래 결정한 것이었으나 중국이 대외수출을 제한하는 정책으로 북에 대한 쿼터제를 적용함으로써 작년에 시행하지 못한 것입니다. 그런데 지금 마치 대화를 열기 위한 방편으로 지원을 제안한 것은 잘못이며 북으로서는 받을 수 없는 제의였던 것입니다. 북은 자기들이 필요하다고 생각하는 것은 국가가 판단하지, 개인이 판단하는 것이 아니거든요. 국가가 판단한 우선순위가 있고 이미 정해진 남북 간의 합의가 있는데, 거기에다 대고 지금 옥수수를 주겠으니 실무회담을 하자고 제의했으니 북이 어떻게 받겠습니까? 북에게 어떤 제의를 할 때는 북이 받아들일 수 있는 명분이 있는 것인지 먼저 판단해야 합니다. 민간 지원도 마찬가지입니다. 무작정 먼저 제의부터 하기보다는 북이 필요로 하는 것은 무엇이며, 무엇을 지원해주기를 원하는지 면밀히 검토한 뒤에 제의를 해야 합니다. 북이 어려우니 무엇이든 지원하면 받을 것이라고 생각하는 것은 북을 잘못 이해한 것입니다. 따라서 민간단체의 경우에도 저쪽 사람들이 받을 수 있는 명분을 이야기하지 않으면, 오히려 관계만 어려워진다는 점에 유의해서 북에 접근해야 할 것입니다.

이런 관점에서 또 한 가지 실례를 말씀드리겠습니다. 북이 작년에 정상회담을 하자고 제의할 때 그 명분은 뚜렷했습니다. 하나는 한반도를 둘러싼 국제관계가 호전되고 있다는 것이며, 또 다른 하나는 남북이 그동안 진행해온 남북관계가 많이 발전했다는 것이었지요. 특히 6자회담의 진전이 있어서 핵문제 해결의 길이 열리고 있다는 점이 중요했습니다. 이러한 명분은 아주 의미 있는 북의 판단이었다고 생각합니다. 그런데 저희가 작년에 북과 2차 정상회담을 준비하면서 정상회담을 하니까 정상선언이 나와야 하지 않겠냐고 제안했지요. 남북관계를 더욱 발전시킬 수 있는 경제협력에 관한 여러 가지 사업들을 합의하고 이를 반영해야 할 것이라고 제의했습니다. 그런데 북측 사람들은 정상선언은 6·15 남북공동선언으로 완성된 것이며 더 좋은 것이 어디 있겠느냐, 거기에 원칙과 목표와 방법이 다 제시되어 있다, 그러니 또 다른 정상선언을 만들어낼 필요가 없다고 하더라고요. 그래서 우리가 그때는 김대중 정부고, 지금은 노무현 정부니까 현재의 남북관계나 국제관계를 새롭게 판단해서 정상회담의 결과로 새로운 정상선언을 만들어야 하지 않겠느냐 그랬더니, 그쪽에서는 전혀 납득하지 못하더라고요. 아니, 정상회담하면 늘 선언을 내느냐? 한미 정상회담을 하면 선언을 하냐? 정상회담을 한다고 반드시 선언을 내야 하는 것도 아니고 공동 보도문을 낼 수도 있고, 여러 가지 방법이 있는데 왜 선언만 주장하느냐? 그것은 명분이 다르지 않느냐? 이러는 거예요. 그래서 우리가 이야기하길, "2차 정상회담이라는 것이 두 번째 만난 것인데, 두 번째 만남에서 한 단계 더 앞서가는 이야기가 나와야하지 않겠느냐" 했지요. 결국 마지막에 선언이라는 것을 하되, 공동선언은 안 된다는 거예요. 허 …… 독하더군요. (웃음) 좌우간 공동선언이냐 그냥 선언이냐를 두고 한나절 싸우다가 결국 우리가 공동선언이나 선언이나 마찬가지니 이것을 가지고 싸울 필요가 없다고 판단했지요. 사실 북이 주장하는 것도 일리가 있는 것이었다고 생각합니다. 그것은 철저히 명분과 원칙을 따지는 입장이었던 것이죠. 그런데 문제는 협상에서의 유연성입니다. 만약 그런 체면이나 명분 때문에 실질적인 진전을 이루지 못한다면 이것도 문제라고 할 수 있습니다.

이런 점에서 우리는 북에 조심스럽게 접근해야 합니다. 제가 늘 NGO 대표들에게 이야기하는데, 북이 받아들일 수 있는 이야기를 하는 것이 중요하다는 거예요. 북이 받아들일 수 없는 이야기를 하면 결국 대화가 끊어질 수밖에 없습니다. 제 경험으로 보면 결국 북과의 대화에서 가장 중요한 것은 마음을 열어야 한다는 것입니다. 조건이나 상호주의나 이러한 전제로는 남북문제를 풀기 어렵다고 생각해요. 마지막으로 우리가 역사적으로나 정신적으로나 문화적으로 한민족이라는 인식을 가지는 것이 굉장히 중요합니다. 이번에도 우리가 정상회담을 하면서 정상회담을 정기적으로 하자고 했더니, 김정일 국방위원장 대답이, "정기적으로 회담을 하나? 일이 있으면 하는 것 아니겠냐? 수시로 하자" 이러는 거예요. 이 말이야 전혀 흠잡을 데 없이 그럴듯한 말이죠. (웃음) 사실 일이 있어야 만날 수 있는 것이고, 일이 있을 때마다 수시로 하자는데, 실제로 일이 없는 거예요. (웃음) 저쪽도 정기적으로 하자는 의도를 뻔히 알고 있는 것이고, 우리도 수시로 하자고 하면서도 만나기가 어려울 것이라는 것을 뻔히 알면서 결국 문서에는 "수시로 하자"라고 썼습니다. (웃음) 남북관계가 이렇게 어려운 것입니다. 이명박 정부가 들어서고 나서 상황을 보니 수시로 하는 것이 정말 옳은 판단이었다는 생각이 들더군요. 하지만 정상회담을 수시로 한다는 그런 말 자체는, 북한이 어떻게 해석하든 굉장히 진일보된 일이라고 생각합니다. 그 자세 자체를 순수하게 받아들이면, 북도 순수하게 나오지 않을까 생각합니다. 그러므로 서로 존중하는 입장을 가져야만 합니다. 저는 정말 앞으로 정상회담이 수시로 열려서 한반도 평화를 구축하고 통일을 앞당길 수 있기를 바랍니다.

이제부터는 남북관계 특히 10·4 정상선언을 통해 발표한 남북합의와 그 뒤 제1차 총리회담을 거쳐 합의한 사항을 지키는 것이 남북 간의 신뢰를 만드는 길이며 남북의 미래를 열어가는 상호공존의 길입니다. 특히 이 정상선언은 남북관계발전법에 따라 법적 발효절차도 밟은 것이기 때문에 정권 차원에서 인정하고 안 하고 할 수 있는 것이 결코 아닙니다. 법을 지켜야 하는 거죠. 그리고 이것이 남북에 희망을 주는 것이며 우리 경제를 발전시켜 갈 수 있는 성장 동력입니다. 이 선언을 지키려는 정부의 의지 표명만이 지금의 남북관계 단절을 해소할 수 있을 것입니다. 간단하게 이야기 마치겠습니다. 고맙습니다. (박수)

감사합니다. 우리가 사실은 새로운 사회를 이야기할 때 북한 문제를 빼놓을 수가 없습니다. 선생님, 감사합니다.

질문 우리가 새로운 사회를 구상하는 모델을 스웨덴 모델에서 찾아보자고 이야기하셨는데, 스웨덴이 분배 면에서는 상당히 성공을 거둔 것은 사실인 것 같습니다. 그런데 스웨덴 같은 경우 생산수단을 노동자들이 장악하지 못한 상태에서 부르주아와의 협상에 의해 "이제 너희들의 이윤을 허용해 줄 테니까 세금을 많이 내라" 하면서 넘어간 것 같습니다. 그리고 1950년대부터 1973년까지의 호황기에는 이런 합의가 잘 이뤄졌지만, 1974~1975년의 공황 이후에는 이 합의가 사실 깨져버렸습니다. 그래서 기업들이 스웨덴의 세금 부과율이 높다고 해외로 나갔지요. 이런 문제를 극복하기 위해서는 생산을 사회화하는 것이 필요하다고 생각합니다. 한국도 새로운 사회로 갈 수 있는 아이디어는 60년 전의 제헌 헌법에서도 찾아볼 수 있고, 이는 지금도 유효하다고 생각합니다. 지금은 미국 사회가 신자유주의를 추종하면서 망가졌지만, 제 생각에는 1930년대에 대공황을 극복하기 위해 실시한 뉴딜 정책이 미국을 진보적인 방향으로 이끄는 데 큰 역할을 했다고 생각합니다. 그래서 저는 스웨덴 모델도 좋지만, 예전에 시도되었던 모델들도 연구해볼 필요가 있다고 생각합니다.

답변 맞는 이야기예요. 지금 내가 스웨덴의 사회민주주의가 좋은 모델이 된다고 말했지만, 사실은 각 나라마다 서로 다른 역사와 문화를 지니고 있기 때문에 어떤 나라에서 좋은 결과가 나왔다고 해서 그것을 그대로 가져온다는 것은 사실 무모한 짓입니다. 따라서 스웨덴 모델이 가지고 있는 기본 정신을 우리 사회가 어떤 식으로 살려낼까, 어떤 제도로 이를 살릴 수 있을까, 이렇게 자꾸 고민을 해야 한다는 말입니다. 덴마크에도 좋은 제도가 있고, 네덜란드에도 좋은 제도가 있고, 미국의 독점금지법 같은 제도도 사실 엄청나게 좋은 제도거든요.

　　요새 유럽에서 나오고 있는 아이디어 하나가 "모든 주민에게 기본소득을 주자"는 것입니다. 기본소득(basic income) 제도는 사회적 합의를 통해 갓난아이부터 노인에 이르기까지 모든 주민에게 생활비의 일정한 부분을 현금으로 주는 제도입니다. 이 제도는 사회민주주의를 넘어서는 공동체주의, 연대주의, 평등주의의 발로라고 볼 수 있어요. 이 아이디어가 나온 이유는, 첫째로 주민들이 매일 직장에 나가서 하기 싫은 일을 계속하기보다는 자기가 하고 싶은 일을 할 수 있도록 정부가 지원해야 한다는 데 있습니다. 이렇게 되면 사회가 훨씬 더 창조적이 되고 문화가 발전하여 인간성이 개발되고 인간의 능력이 향상되겠죠? 둘째로 이제 생산력이 크게 발전해서 모든 주민들에게 일정한 수준의 기본소득을 줄 수 있는 수준에 도달했기 때문에 이런 아이디어가 가능한 것입니다. 우리나라도 1인당 국민소득이 연간 2,000만 원 정도 되니까 성인에게는 1,000만 원, 아이들에게는 500만 원을 기본소득으로 줄 수 있을 것입니다. 셋째로 정부가 연금, 실업급여, 소득보조, 주택보조 등을 제공할 때 받는 사람의 자산을 자세하게 조사하고 있어요. 그리고 이런 자산조사급여를 취급하는 공무원의 수가 너무 많고 행정비용이 너무 많이 든다고요. 그런데 기본소득은 정부가 아무 조건도 없이 주민 각각에게 자기의 은행계좌로 돈을 넣어주기 때문에 행정비용이 전혀 들지 않아요. 그래서 자산조사급여와 행정비용을 합하면 기본소득과 거의 같다는 계산이 나오는 겁니다. 기본소득과 같은 아이디어를 좀 더 구체화해서 실행하는 방법을 추구하는 것도 새로운 사회로 나아가는 좋은 방법이 될 것 같네요.

질문 자본주의의 경쟁시스템이 가져온 생산성 향상은 부정할 수 없는 사실이라고 생각합니다. 사회주의나 공산주의 체제에서는 이런 경쟁시스템을 어떻게 해야 하나요?

답변 사람들은 보통 경쟁이라고 하면 자꾸 좋게만 이야기합니다. 경쟁을 하기 때문에 나쁜 것이 사라지고 좋은 것만 살아남는다고 이야기하지요. 그러나 반드시 그런 것만은 아닙니다. 지금 이를 가장 극단적으로 보여주는 것이 금융공황입니다. 비우량 주택담보대출에서 위기가 생겼는데, 너무 경쟁을 했기 때문에 생긴 것이라고 봐도 좋습니다. 모두가 서로 어떻게 하면 이윤을 더 많이 얻을까를 궁리하다가 온갖 새로운 금융상품을 만들어내 팔다보니까 문제가 생긴 것이지요. 그렇기 때문에 경쟁이 반드시 좋은 결과를 가져오는 것은 절대 아니라는 점을 명심해야 해요. 이와 같은 금융위기를 막기 위해서는 정부가 나서서 엄청나게 많은 규제를 실시해야 합니다. 규제를 엄청나게 해야 금융에 질서가 생긴다고 생각합니다.

경쟁의 부작용을 보여주는 두 번째 예로는 자본주의사회에서 나타나는 주기적 공황을 들 수 있습니다. 기업들이 주기적으로 망하고 실업자가 자꾸 생긴다고요. 이 역시 경쟁 때문입니다. 각 기업이 경쟁적으로 상품을 만들어서 시장에 내놓았는데, 결국은 과잉생산되었다는 것이죠. 경쟁, 무정부성, 무계획성은 모두 연결되어 있습니다. 너무 많이 만든 기업은 결국 다 팔 수가 없기 때문에 망하게 되는 거죠. 기업은 망하고 노동자는 실업자가 되는 것입니다. 기업이 망하는 것도 손실이고 낭비이며, 노동자가 실업을 당해서 일을 못하는 것도 마찬가지지요. 경쟁은 많은 낭비를 수반한다는 겁니다. 사람들은 보통 경쟁이 좋은 결과만을 낳는다고 생각하지만 자본주의의 역사를 보면 경쟁 때문에 거대한 인적 자원과 물적 자원이 낭비되는 경우가 많습니다.

그럼 질문은 여기서 마치도록 하지요. (웃음) 사실 한 번의 강의를 위해 한 주 내내 강의안을 만들 정도로 엄청나게 신경을 써서 준비했는데, 여러분께서 많이 참석해주시고 적극적으로 호응해주셔서 감사합니다.

지금 우리는 미국의 금융공황과 이에 따른 세계적인 금융공황을 마주하고 있습니다. 세계적인 규모의 투자은행, 상업은행, 주택담보대출회사, 보험회사, 신용보증회사 등이 줄줄이 도산하고 있고, 이런 금융기관의 주식은 물론 이들이 가진 금융자산도 완전히 가치를 상실하고 있습니다. 시장만능주의를 가장 크게 외치던 미국의 금융엘리트와 정부 관리는 아무런 가치도 없는 금융기관의 주식과 금융자산을 국민의 혈세인 공적 자금으로 구매해야만 지금의 금융공황을 수습할 수 있다고 뻔뻔스럽게 호소하고 있습니다. 지배계급을 위한 시장만능주의와 신자유주의의 시대는 우리가 예상한 대로 수명을 다했습니다. 우리나라도 예외가 아니지요. 주가는 폭락하고 환율은 폭등하고 있으며, 곧 대규모의 파산이 나타날 것입니다. 세계시장에 너무 크게 의존하는 소국 개방경제가 세계경제의 붕괴로부터 어찌 안전할 수 있겠어요.

이제 우리는 어떻게 '새로운 사회'를 만들 것인가를 심각하게 고민해야 할 시점에 도달한 것입니다. 이번의 공개 강의가 여러분의 정열과 상상력에 보탬이 되어 우리 사회를 '더불어 사는 사회'로 만드는 데 기여한다면 나로서는 큰 영광입니다. 다시 만날 때까지 건강하시고 적극적으로 살아가시기를 빕니다. 감사합니다. (박수)

참고문헌

김수행. 2004.『한국에서 마르크스주의 경제학의 도입과 전개과정』. 서울대학교 출
　　판부.

＿＿＿. 2007.「마르크스와 엥겔스」. 김수행·신정완 엮음.『자본주의 이후의 새로운
　　사회』. 서울대학교 출판부.

＿＿＿. 2008.『자본론의 현대적 해석』(제2개정판). 서울대학교 출판부.

김수행·김공회.『한국의 좌파경제학자들』. 서울대학교 출판부.

마르크스, 칼(Karl Marx). 1995.「고타강령 초안 비판」.『맑스·엥겔스 저작선집4』.
　　박종철 출판사.

＿＿＿. 2001.『자본론I-상, 하』(제2개역판). 김수행 옮김. 비봉출판사.

＿＿＿. 2004a.『자본론II』(제1개역판). 김수행 옮김. 비봉출판사.

＿＿＿. 2004b.『자본론III-상, 하』(제1개역판). 김수행 옮김. 비봉출판사.

마르크스, 칼·프리드리히 엥겔스. 1991.「공산주의당 선언」.『맑스·엥겔스 저작 선
　　집 1』. 박종철출판사.

찾아보기

ㄴ

ㄷ

ㄹ

ㅅ

ㅊ

지은이 **김수행**

1942년 10월 일본 후쿠오카에서 태어나 해방과 더불어 귀국했다. 가정 형편이 어려워 모교인 대구상고에서 주는 장학금으로 서울대학교 경제학과를 다녔다. 이후 동 대학원에서 석사 학위를 받았다. 1968년 통일혁명당 사건으로 서울대 조교 생활을 그만두고 외환은행 조사부에 들어갔다. 이후 외환은행 런던 지점에 부임하면서 영국 생활을 시작했다. 영국의 사회보장제도와 1973년 10월의 석유 파동 이후 사회 변화에 흥미를 느껴 런던 대학교 버크벡(Birkbeck) 대학에 들어가 다시 경제학 공부를 시작했다. 1977년에 경제학 석사 학위를, 1982년에 '마르크스의 공황이론'으로 경제학 박사 학위를 받았다.

1982년 10월 귀국하여 1987년 1월까지 한신대학교 교수로 있다가 학장 불신임안 사태로 해직되었다. 민주화의 열기 속에 1989년 2월 좌파 정치경제학의 불모지였던 서울대학교 경제학과 교수가 되었다. 20여 년간 주류 경제학의 틈바구니에서 마르크스 경제학을 가르치다가 2008년 2월에 서울대학교 교수직에서 정년퇴임했다. 현재는 성공회대학교 석좌교수로 있다. 그는 마르크스의 『자본론』 세 권을 완역한 것을 자신의 가장 큰 업적으로 든다. 그는 아직도 많은 사람들이 『자본론』을 재미있게 읽는 것을 보면 매우 흐뭇하다고 말한다. 앞으로 '새로운 사회'를 연구하는 데 좀 더 많은 시간을 보낼 계획이다.

민주주의연구소(Democracy and Social Movements Institute: DaSMI)

한국과 아시아의 민주주의, 사회운동, 시민사회, NGO, NPO 등에 대한 연구를 목적으로 2003년 성공회대학교 내에 설립된 민주주의연구소(소장: 조희연)는 그동안 다양한 학술적·실천적 연구를 진행해왔으며, 그 결과물을 단행본과 보고서로 발간하고 있다. 현재는 학술진흥재단의 중점연구소로서 "'민주화 이후 민주주의'의 복합적 갈등과 위기에 대한 아시아 비교연구"라는 주제의 연구를 행하고 있다. 산하에 민주자료관과 사이버NGO자료관이 있다. '민주자료관(http://demos-archives.or.kr)'은 민주화운동, 노동운동, 진보운동, 시민운동, 아시아 사회운동 등에 관련된 문건과 물건 등 다양한 자료를 수집하여 연구의 기초자료로 활용할 수 있도록 하고 있다. '사이버NGO자료관'으로서 다양한 사회운동 및 NGO에 관련된 자료와 정보들을 인터넷을 통해서 서비스 하고 있다. 사이버자료관은 한글로 운영되는 정보를 제공하는 사이트(http://www.demos.or.kr)와 영어로 한국 및 아시아의 자료를 서비스하는 사이트(http://www.asiarchives.org)를 운영하고 있다. '민주주의와 사회운동연구소'에서 2009년 '민주주의연구소'로 개칭하였으며, 연구센터로서 사회운동센터, 지구화연구센터, 박정희연구센터가 있다. 연구소는 NGO대학원이 아시아 시민사회지도자들을 대상으로 하는 사회운동대학원과정, 즉 MAINS(Master of Arts in Inter-Asia NGO Studies)의 운영에도 참여하고 있다.

http://www.democracy.or.kr

democracy@skhu.ac.kr

한울아카데미 1080

새로운사회를위한 경제이야기

ⓒ 김수행, 2008

지은이 | 김수행
펴낸이 | 김종수
펴낸곳 | 도서출판 한울

편집책임 | 이교혜

초판 1쇄 인쇄 | 2008년 10월 29일
초판 2쇄 발행 | 2009년 7월 25일

주소 | 413-832 파주시 교하읍 문발리 507-2(본사)
　　　 121-801 서울시 마포구 공덕동 105-90 서울빌딩 3층(서울 사무소)
전화 | 영업 02-326-0095, 편집 02-336-6183
팩스 | 02-333-7543
홈페이지 | www.hanulbooks.co.kr
등록 | 1980년 3월 13일, 제406-2003-051호

ISBN 978-89-460-5080-8 03320

* 가격은 겉표지에 있습니다.